Aurica E. Borszik / Hanna Mateo (Hg.)

B. Traven – der (un)bekannte Schriftsteller

IGEL VERLAG
HAMBURG

SchriftBilder
Studien zur Medien- und Kulturwissenschaft
Bd. 10

Hg. von Günter Helmes und Stefan Greif

Aurica E. Borszik / Hanna Mateo (Hg.)

B. Traven –
der (un)bekannte Schriftsteller

LITERATURWISSENSCHAFT

Aurica E. Borszik / Hanna Mateo (Hg.)
B. Traven – der (un)bekannte Schriftsteller
SchriftBilder. Studien zur Medien- und Kulturwissenschaft, Bd. 10

1. Auflage 2017 | ISBN: 978-3-86815-718-5
© Igel Verlag *Literatur & Wissenschaft*, Hamburg 2017
Alle Rechte vorbehalten.
www.igelverlag.de
Covergestaltung: Annelie Lamers
Covermotiv: Polizeifotos Marut (B. Traven), Dezember 1923 (Privatbesitz)

Igel Verlag *Literatur & Wissenschaft* ist ein Imprint der Diplomica Verlag GmbH
Hermannstal 119 k, 22119 Hamburg

Die Deutsche Bibliothek verzeichnet diesen Titel in der Deutschen Nationalbibliografie.
Bibliografische Daten sind unter http://dnb.d-nb.de verfügbar.

Inhalt

Vorwort
Aurica E. Borszik / Hanna Mateo 7

B. Travens literarischer Fingerabdruck
Jan-Christoph Hauschild (Heinrich-Heine-Institut, Düsseldorf) 11

Feige Marut Traven
Will Wyatt 29

Wege zur Individuation: Ret Marut – der Schauspieler
Michael Matzigkeit (Theatermuseum Düsseldorf) 47

Revolution in Schwabing: Ret Marut und sein *Ziegelbrenner*
Wulf Koepke † 75

Intertextualität, Interkulturalität, Intermedialität.
B. Travens Erzählung *Macario* im Spannungsfeld zwischen
literarischen Quellen und filmischer Adaption.
Günter Helmes (Europa-Universität Flensburg) 105

Der Mann Site und die grünglitzernde Frau.
Die Geschichte eines Lebens, das nach einem Ziel strebte
Ein Künstlerroman von Ret Marut
Jörg Thunecke 139

Exil, Selbstübersetzung, Hybridität: B. Travens
Das Totenschiff und fünf Übersetzungen ins Spanische
Heike van Lawick (Universitat Jaume I) 171

Vorwort

Aurica E. Borszik / Hanna Mateo

Fast ein Jahrhundert lang gab die Identität des Pamphletisten, Gewerkschafters, Schauspielers, Schriftstellers und Filmagenten Otto Feige alias Ret Marut alias Hal Croves alias Torsvan alias B. Traven Literaturwissenschaftlern, Journalisten und Biografen immer wieder neue verworrene Rätsel auf. Sein Lebensweg konnte immer nur bruchstückhaft nachvollzogen werden, bis es schließlich dem BBC-Journalisten Will Wyatt gelang, die Identität B. Travens zu belegen. Im Zuge der Recherchen des Literaturwissenschaftlers Jan-Christoph Hauschild zu der 2012 veröffentlichten Biografie „B. Traven – die unbekannten Jahre", konnten die Befunde Wyatts bestätigt werden. Es entstand die Ausstellung mit dem Titel: „Kennen Sie diesen Mann? – B. Traven", die vom Heinrich-Heine Institut und vom Theatermuseum der Landeshauptstadt Düsseldorf herausgegeben wurde.

Um B. Traven den Studierenden sowie der allgemeinen Öffentlichkeit näher zu bringen, wurde eine Reihe von Veranstaltungen an der Universität Valencia organisiert. So wurde die Ausstellung „Kennen Sie diesen Mann? – B. Traven" im November 2015 in Valencia gezeigt. Begleitend dazu fand eine wissenschaftliche Tagung mit Gästen aus Spanien, Deutschland und Großbritannien statt, deren Beiträge den Kern des vorliegenden Bandes bilden. Unser ganz besonderer Dank gilt an dieser Stelle Günter Helmes, der das Erscheinen des Bandes ermöglicht hat. Ebenso möchten wir hier Brigitte Jirku für ihre Initiative und ihren tatkräftigen Beistand bei der gesamten Organisation danken.

Um das inhaltliche Spektrum noch weiter zu öffnen, werden in dieser Ausgabe nicht nur die Beiträge der Tagung veröffentlicht, sondern es werden hier noch weitere Arbeiten diverser Traven-Experten publiziert. Besonders freuen wir uns daher, dass in diesem Band ein bisher nicht veröffentlichter Beitrag von Prof. Dr. Wulf Koepke erscheint.

Inhaltlich lassen sich in diesem Band zwei Teile ausmachen: Im ersten Teil stehen biografische Aspekte in Verbindung mit dem künstlerischen und politischen Schaffen B. Travens im Fokus der Aufmerksamkeit. Der zweite Teil behandelt die Rezeption, die filmische Adaption sowie die Translation einzelner literarischer Werke.

In dem ersten Beitrag widmet sich Jan-Christoph Hauschild der Darstellung des literarischen Fingerabdrucks B. Travens. Dabei nimmt er die von 1926 bis 1940 erschienenen Romane in den Blick und stellt die Besonderheiten und die charakteristischen Bestandteile der Werke Travens heraus. Hauschild untersucht die politische Einstellung des Autors und kann zudem einige Behauptungen Travens widerlegen. Eine spannende Ergänzung dazu bietet der Beitrag des ehemaligen BBC Journalisten Will Wyatt. In seinem dokumentarisch fesselndem Beitrag macht er die Geschichte der Enthüllung der Identität B. Travens nachvollziehbar. Wyatt beschreibt, wie er mit Hilfe spezieller Analysetechniken Fotos von Traven/Marut mit denen des jungen Feiges vergleichen und ihre Übereinstimmung bestätigen und auf diese Weise das Geheimnis um die Identität B. Travens lüften konnte.

Michael Matzigkeit, Redakteur der Traven- Ausstellung, skizziert das Leben und Schaffen Ret Maruts in der Theaterwelt des wilhelminischen Kaiserreichs in den Jahren 1907-1915. Dabei zeichnet er auch die zwischenmenschlichen Beziehungen, die Traven in dieser prekären Zeit eingegangen ist, nach.

Daran reiht sich der Beitrag von Wulf Koepke, der bereits 2009 entstand und nun posthum erscheint. In seinem Beitrag wendet Koepke sich der 1917 bis 1921 erschienenen Zeitschrift *Ziegelbrenner* zu und untersucht, wie viel vom „echten" Traven darin zu erkennen ist und inwieweit es Ret Marut gelang, seine Ziele mit Hilfe der Zeitschrift umzusetzen.

Im zweiten Teil des Bandes stehen einzelne literarische Werke B. Travens und deren Rezeption im Vordergrund. Der Beitrag von Günter Helmes setzt sich mit dem Märchen der Gebrüder Grimm „Der Gevatter Tod" und der drauf gründenden Erzählung B. Travens „Macario" in seinen verschiedenen Varianten sowie dem Spielfilm „Macario" des mexikanischen Regisseurs Roberto Gavaldón aus dem Jahre 1960 auseinander. Es stehen die Transformations- und Adaptionsprozesse, die einerseits durch den Gattungs- und Medienwechsel sowie den Sprachwechsel hervorgerufen werden, im Fokus der Aufmerksamkeit.

Der folgende Beitrag mit dem Titel „*Der Mann Site und die grünglitzernde Frau. Die Geschichte eines Lebens, das nach einem Ziel strebte. Ein Künstlerroman von Ret Marut*" widmet sich dem gleichnamigen Roman B. Travens, den Jörg Thunecke 2008 neu herausgegeben hat. Neben einer Analyse des Romans und den dazugehörigen Erzählkommentaren Ret Maruts stellt Thunecke Parallelen zu Ret Maruts anderem Roman *Die Fackel der Fürsten* und der „Khundra"-Geschichte heraus.

Um die Frage, wie sich die Mehrsprachigkeit Travens in seinen Werken niederschlägt und welche Auswirkungen diese auf die Übersetzungen ins Spanische haben, geht es in dem Beitrag „Exil, Selbstübersetzung, Hybridität: B. Travens *Das Totenschiff* und fünf Übersetzungen ins Spanische" von Heike van Lawick. Hier wird gezeigt, welche Merkmale die verschiedenen

Übersetzungen aufweisen und welche Rolle die jeweiligen Übersetzer/innen dabei spielen. Außerdem stellt sich die Frage, inwieweit B. Traven selbst an den Übersetzungen beteiligt ist.

Es hat sich gezeigt, dass der Autor auf fachwissenschaftlicher Ebene nach wie vor von großem internationalen Interesse ist und es verschiedene interdisziplinäre Zugänge zu seinem künstlerischen und politischen Schaffen sowie seiner geheimnisvollen Identität gibt. Deshalb freuen wir uns sehr, diesen vielseitigen Band „B. Traven – der (un)bekannte Schriftsteller" herausgeben zu können und möchten uns nochmals herzlich bei allen Mitwirkenden bedanken. Unser besonderer Dank gilt dem Deutschen Generalkonsulat Barcelona, dem Germanisten- und Deutschlehrerverband der Autonomen Region Valencia AG-PACV (Asociación de Germanistas y Profesores de Alemán de la Comunidad Valenciana), dem Goethe Institut Barcelona und dem Departament de Filologia Anglesa i Alemany der Universitat de València, ohne deren Unterstützung das Projekt „B. Traven – der (un)bekannte Autor" in Valencia nicht hätte realisiert werden können.

Valencia, November 2016

B. Travens literarischer Fingerabdruck

Jan-Christoph Hauschild (Heinrich-Heine-Institut, Düsseldorf)

Der Mann, der als B. Traven weltberühmt wurde, war ein Mensch von vielseitigem Interesse und vielseitiger Begabung. Familiäre Umstände beschränkten seine Schulzeit auf acht Jahre, parallel zu seiner Lehre als Maschinenschlosser besuchte er weitere drei Jahre die Berufsschule. Einschließlich seiner Lehrzeit war er zehn Jahre in seinem Ausbildungsberuf tätig, sogar etwas mehr, wenn wir die Zeit seines illegalen Aufenthalts in London hinzurechnen, wo er sich als „mechanic" verdingen musste. Viele seiner Texte, gleich unter welchem Namen er sie publizierte, zeugen von einem großen Interesse an Technik und Ingenieurskunst, an Maschinen[1], Eisenbahnen und Luftschiffen[2], an Tunneln und Brücken[3], an „industriellen Anlagen und deren Produktionsweisen"[4]. Fasziniert von der Kunst spanischer Handwerker, die in Chiapas bereits Mitte des 16. Jahrhunderts eine durch ein Löffelrad betriebene Wassermühle errichtet hatten, in der er sogleich einen Vorläufer der modernen Freistrahlturbinen erkannte, verfasste „Traven Torsvan", der sich in Mexiko gelegentlich als Ingenieur ausgab[5], für das „Popular Mechanics Magazine" in Chicago einen kurzen bebilderten Artikel[6], der Anfang 1927 erschien, just zwischen „Der Wobbly" und „Der Schatz der Sierra Madre"[7]. „Torsvan", erinnerte sich sein Arzt Federico Marin, ein Schwager von Diego Rivera, „had what I'd call a scientific bent of mind. He was interested in machines, engineering, skyscrapers, and bridges"[8].

Unser Mann – ich zögere, diesem Virtuosen des Identitätswechsels einen vereinheitlichenden Namen zu geben – war auch Gewerkschafter, und zwar in zwei verschiedenen Organisationen. Als Maschinenschlosser war er Mitglied des Deutschen Metallarbeiterverbands, zuletzt Geschäftsführer der Ortsverwaltung in Gelsenkirchen. Nach seiner Demission nahm er Engagements als Schauspieler an, arbeitete vorübergehend auch als Regisseur und war Mitglied der Genossenschaft Deutscher Bühnenangehöriger (dies übrigens bis 1921, als er der Bühne schon längst Adieu gesagt hatte). Kurzfristig war er auch als Agent einer Geigenvirtuosin tätig.

---

[1] Marut, 1916; unter dem 1919 geänderten Titel in Traven, 1983, S. 272.
[2] B. Traven, „Kunst der Indianer"; zit. nach Guthke, 1987, S. 765 f.
[3] Marut, „Der Mann Site", 2008, S. 148; Marut, „Die Fackel des Fürsten", 2008, S. 12.
[4] Marut, 1912, S. 66 f.; Marut, „Die Fackel des Fürsten", 2008, S. 62.
[5] Unter anderem in seiner Ausländermeldekarte vom 12.7.1930; Abb. bei Guthke, 1987, S. 37.
[6] Guthke, 1987, S. 320; vgl. Nordhausen, 2003, S. 236.
[7] Traven Torsvan, 1927.
[8] Zit. bei Raskin, 1980, S. 36.

Seine literarische Tätigkeit begann spätestens 1912 mit einem Beitrag für die „Danziger Zeitung", aber schon sechs Jahre zuvor hatte er als Gewerkschaftssekretär Artikel in der Mitgliederzeitschrift veröffentlicht, und das älteste von zahlreichen ungedruckten Manuskripten, die Ret Marut bei seiner Flucht aus München hinterließ, ist auf den 21.4.1901 datiert. Da war er 19 Jahre alt und trug noch seinen Geburtsnamen Otto Feige. Er hat praktisch kein literarisches Genre ausgelassen, neben der bekannten Erzählprosa auch Essays und Pamphlete, Gedichte[9], Theaterstücke und Filmdrehbücher geschrieben, hat übersetzt und adaptiert und dabei bisweilen den Grenzbereich zum Plagiat betreten. Ab 1915 gehörte er nicht nur zu den Beiträgern für die sozialdemokratische Parteipresse, für kleinere und größere Tageszeitungen, sondern auch für weit verbreitete Publikumszeitschriften. 1916 ließ er sich zusammen mit seiner Lebensgefährtin Irene Mermet als Verleger in München nieder, publizierte zwei Bücher sowie zwischen 1917 und 1921 dreizehn Ausgaben der Zeitschrift „Der Ziegelbrenner" in loser Folge. Nach Kriegsende übernahm er in Bayern unter der Regierung Hoffmann sowie in beiden Münchner Räterepubliken ein Funktionärsamt.

Und damit sind wir bei der politischen Position. Sie ist, sofern man die ganze Lebensgeschichte in den Blick nimmt, nicht leicht zu bestimmen. Derselbe Mann, der 1919 seiner politischen Wut und Enttäuschung über die sozialdemokratischen Parteiführer in einer geradezu alttestamentarischen Hasstirade Luft machte („Oh Ihr verfluchten Wechselbälge, Ihr Otterngezücht, Ihr faulen Bäuche [...]. Ihr säuischen Säcke [...], die Ihr Euch in alten und neuen Aemtern auf Kosten des hungernden und blutenden Volkes mästet wie die Schweine"[10]) und im selben Atemzug behauptete, „bereits im Jahre 1905 [...] sozialdemokratische Arbeiter" vor einer an „die Macht" gelangten Sozialdemokratie gewarnt zu haben (weil die heute Unterdrückten dann selbst zu Unterdrückern werden würden[11]), hat in eben diesem Jahr 1905, wie wir seit kurzem durch die Recherchen von Lutz Neuber[12] wissen, genau das Gegenteil gemacht, nämlich als Mitglied der SPD Reden und Vorträge gehalten.

Die Weltanschauung unseres Mannes leitet sich von keinem Parteiprogramm her, sondern beruht auf ethischen und moralischen Grundüberzeugungen; sie sind es, die politische Folgerungen generieren. Und diese bleiben nicht

---

[9] Dabei wäre auch an die Gedichte zu denken, die B. Traven seinen Romanen vorangestellt hat (im „Wobbly" den „Gesang der Baumwollpflücker in Mexiko", im „Totenschiff" das „Lied eines amerikanischen Seemanns", im Erzählband „Der Busch" das angeblich „amerikanische Lied" „Im Busch in Mexiko", in der „Weissen Rose" das gleichnamige „mexikanische Rancho-Lied").
[10] Marut, „Geburtswehe der Menschheit", 1919, S. 4-9.
[11] Marut, „Im freiesten Staate der Welt", 1919, S. 10.
[12] Neuber, 2013.

gleich. Wie er 1919 selbst feststellte, lässt der Sozialismus innerhalb seiner Grenzen sehr viele „Gestaltungsmöglichkeiten in geistiger Beziehung" zu[13].

In einem Flugblatt vom späten Frühjahr 1919, nach den Morden an den Spartakusführern und nach der blutigen Niederschlagung der Räterepublik, setzte Ret Marut seine Hoffnungen für die Zukunft auf eine freie Assoziation jenseits der Parteien und Organisationen, eine Bewegung ohne Programme und Statuten, die keiner Führer, keiner Vorsitzenden und keiner Minister bedürfe[14]. Auch er selbst verstand sich lediglich als Agitator, als Beschleuniger, unter keinen Umständen wollte er selbst eine leitende Rolle spielen. Politischen Ambitionen misstraute er, hielt sie für faulig und korrumpierbar. Ende 1919 bekannte er sich entschieden zur Zerstörung des Staates, verstieg sich dabei sogar zu einer Abschaffung der gesamten Industrie: Die Welt solle wieder in den Zustand einer vorindustriellen Agrar- und Handwerkergesellschaft zurückversetzt, Geldhandel durch Warentausch ersetzt werden[15]. Im letzten „Ziegelbrenner"-Heft vom Dezember 1921, gewissermaßen Ret Maruts politisches Vermächtnis, forderte er die Arbeiter zum Arbeitsboykott und passiven Widerstand auf. Damit erscheint er als Vordenker der italienischen Operaisten, die in den 1960er Jahren in der Störung der Entwicklung der Produktivkräfte ein wirksames Mittel im Kampf gegen den Kapitalismus sahen. Gleichzeitig verlangte er vom Proletariat nicht weniger als den Bruch mit dem herrschenden Konsummodell und damit die Abwendung vom Zukunftsideal einer kommunistischen Überflussgesellschaft. Denn was durch das System hervorgebracht und konsumiert werde, trage umgekehrt zur Stärkung des Systems bei. In der Reduzierung auf die nötigsten Bedürfnisse sah Marut die Chance auf die Selbstbefreiung des Menschen vom Trieb des Erwerbs als Voraussetzung für ein weitgehend herrschaftsfreies Leben[16] – womit er sich im Grunde für eine globale Rücknahme des Konsum- und Produktionswachstums aussprach, wie sie spätestens seit der Studie des Club of Rome breit diskutiert und heute keineswegs nur von Kapitalismuskritikern gefordert wird. Jahrzehnte später feierte der Aufruf zur freiwilligen Senkung des materiellen Lebensniveaus Wiederauferstehung in sozialphilosophischen und sozioökonomischen Konzepten, die sich mit der Reduzierung von Lohnarbeit, dem Konsumverzicht und der Wachstumsrücknahme beschäftigen: *New Work, Smart Consumption, Degrowth.* Soweit Ret Marut.

B. Traven dagegen sprach sich 1928 im Chiapas-Reisebericht „Land des Frühlings" gegen agrarische Kleinbetriebe und für eine staatlich errichtete

---
[13] Marut, „Presse und Revolution", 1919.
[14] Richter, 1977, S. 393.
[15] Marut, „Geburtswehe der Menschheit", 1919.
[16] Marut, 1921, S. 9-20.

Großindustrie aus, weil nur sie „den Menschen genügend Zeit und überschüssige Lebenskraft" gebe"[17]. In diesem Zusammenhang bezeichnete er die Arbeitsorganisation in den Ford-Werken in Detroit als „mustergültig"[18]. Wenn Mexiko „ein moderner Großstaat" werden wolle, dürfe es „nicht imitieren", sondern müsse „Neues schaffen", „seine Eigenheit hervorkehren". „Die hochentwickelten Formen solidarischen Zusammenarbeitens des ganzen Volkes" müssten schnellstmöglich mit den fortschrittlichsten Produktionsmethoden, wie sie in den Vereinigten Staaten entwickelt worden seien, verbunden werden; Ziel müsse „eine zusammengefaßte Kooperation aller mexikanischen Volksgenossen auf moderner großkapitalistischer Grundlage" sein. [19]

Solche konkreten Zielvorstellungen hat Traven fast nur außerhalb seiner Romane formuliert, zum Beispiel 1931 in einem Gastbeitrag für die Zeitschrift „Die Büchergilde": „Was die Menschen brauchen, ist Organisation und Verwaltung. Was die Menschen nicht brauchen und darum beseitigen müssen, ist Regierung"[20]; am ausführlichsten im bereits zitierten Reisebericht. Bezogen auf Mexiko lauteten seine Forderungen: „Beseitigung der Nationen", „Beseitigung der Grenzen", „Beseitigung des Privatkapitalismus"[21]. In der mexikanischen „Indianerkommune", wie er sie im Bundesstaat Chiapas kennen lernte, erblickte Traven eine Wirtschaftsform, die seinem Ideal von Selbstverwaltung und Gemeineigentum sehr nahe kam[22]. Wegen der Staatsferne seiner indigenen Bevölkerung hielt er Mexiko für die „Kinderstube der Menschheit"[23], die Wiege einer kommenden Sozialordnung: „In dem bolschewistischen Russland ist der Staat der bestimmende Machtfaktor, in dem nichtbolschewistischen Mexiko sind die gewerkschaftlichen Syndikate der bestimmende Machtfaktor"[24]. Den sozialdemokratischen Richtungsgewerkschaften schrieb Traven dagegen eine systemerhaltende Rolle zu: In „Land des Frühlings" wandte er sich entschieden gegen eine Gewerkschaft, die sich „lediglich damit" begnüge, „die Härten des kapitalistischen Systems zu mildern", anstatt es zu „stürzen"[25]; in der „Weissen Rose" führt er aus: „Was immer Arbeiter auch tun mögen, innerhalb des kapitalistischen Wirtschaftssystems werden sie das tun, was dem Kapitalismus dienlich ist, weil sie ein Teil des Kapitalismus sind, weil sie mit ihm, während der Herrschaft dieses Systems, verbunden sind auf Tod und Verderben, auf Leben

---

[17] Traven, 1928, S. 414.
[18] Ebd., S. 416.
[19] Ebd., S. 419 f.
[20] Traven, 1931, S. 260 f.
[21] Traven, 1928, S. 424.
[22] Ebd., S. 417.
[23] Ebd., S. 351.
[24] Ebd., S. 154.
[25] Ebd., S. 153.

und Untergang"[26]. Seine Stieftochter Rosa Elena Montes de Oca zitierte ihn mit den Worten, die Gewerkschaften seien nur dazu da, die Arbeitnehmer im Interesse der Kapitalisten im Zaum zu halten. Und mit Streiks würde auch nichts erreicht, solange es kein Generalstreik sei, der sich gegen das gesamte System richte[27]. Mit dem Stichwort „Generalstreik" schließt sich ein Kreis, denn als unser Mann noch Otto Feige hieß, im Sommer 1905, hat er sich auf einer Sitzung des Magdeburger Gewerkschaftskartells für eine öffentliche Gewerkschaftsversammlung mit dem Thema „Generalstreik und Maifeier" stark gemacht.

Soviel zur politischen Einstellung unseres Mannes. Gewiss könnte man sie mit den Begriffen „Individual-Anarchismus" und „Anarcho-Syndikalismus" auf einen griffigen Nenner bringen. Ich tue es nicht, weil ihm jede Zuordnung zuwider war. In einem Brief aus seiner Münchner Zeit erklärte er, „jeder -ismus" sei ihm „gleichgültig. Gerade der -ismus, in welcher Gestalt er auch immer erscheint, ist an der Sklaverei der Menschheit allein schuld [...]. Schimpft auf alle Disziplin, auf alle Programme, auf alle Resolutionen, auf alle Proklamationen, auf alle Parteien und Ihr seid mit einemmale frei, mit einemmale seid Ihr Götter!"[28]

Aber Leben und Meinungen sind nur zwei Aspekte der öffentlichen Erscheinung, gewichtiger in unserem Zusammenhang sind die Werke. Ich will im Folgenden charakteristische Bestandteile untersuchen, die eine Art literarischen Fingerabdruck darstellen. Aus Zeitgründen beschränke ich mich auf die Romane, die zwischen 1926 und 1940 von Mexiko aus veröffentlicht wurden. Was ist das Besondere, Unverwechselbare an ihnen, was macht quasi die „Marke" B. Traven aus?

Ein wichtiges Ingredienz ist zweifellos die Darstellung von Gewalt: solche, die sich als strukturelle Gewalt in den gesellschaftlichen Verhältnissen verbirgt, und solche, die konkreten, personalen Akteuren zugerechnet werden kann; Gewalt, die der Unterdrückung und Ausbeutung dient, und Gewalt, die zur Befreiung führt, revolutionäre Gewalt. In all diesen Spielarten tritt sie auf: als Duell mit selbstgebastelten Speeren, das für einen der Kämpfer tödlich verläuft; als Schiffsunglück mit zahlreichen Toten; als Banditenüberfall mit anschließendem Massaker; als versuchter und als vollendeter Raubmord; als Auftragsmord; als Tötung und Zerstückelung einer ganzen Familie; als Schuldsklaverei und schließlich als blutige Meuterei und grausamer Rachefeldzug mit Massenenthauptungen, dem willkürliche Auspeitschungen, Verstümmelungen und andere sadistische Quälereien vorangegangen sind.

---
[26] Traven, *Die weisse Rose*, 1929, S. 85.
[27] Zit. bei Raskin, 1980, S. 120.
[28] Brief an Ellen Diehl-Förster vom 15.7.1918, zit. nach Hauschild, 2012, S. 401.

Zu den Erzählstoffen dieses Werks gehören die pikaresken Irrfahrten eines passlosen Seemanns in West- und Südwesteuropa, die wechselnden Jobs eines cleveren Gelegenheitsarbeiters in Zentralmexiko, Goldsuche in den Bergen der Sierra Madre Occidental, das mysteriöse Verschwinden eines Kindes und die magische Suche nach ihm in einem Dschungeldorf am Tamesi im Bundesstaat Tamaulipas, die betrügerische Inbesitznahme einer Hazienda durch einen US-amerikanischen Ölkonzern im Bundesstaat Vera Cruz – es kann nicht falsch sein, diese Werke der Spannungsliteratur zuzuordnen. Spannende Unterhaltung ist schließlich das übergeordnete Wesensmerkmal aller Traven-Romane. Und wie sollte es auch anders sein bei einem Autor, der sich die Devise „Don't preach, / Don't teach, / Talk plain, / Entertain" hinter die Ohren schrieb, bzw. um korrekt zu sein, in einem seiner mexikanischen „notebooks" notierte[29].

Glaubt man dem Autor, sind Spannung und Unterhaltung jedoch keineswegs Selbstzweck. Es gehörte zu Travens Aufklärungs- bzw. Sendungsbewusstsein, dass er auf Authentizität bestand. Seine Romane „Der Karren" und „Regierung" beispielsweise erklärte er zu einer Art Sittenbild der Zustände in Chiapas unter der Regierung von Porfirio Diaz, mit dem er „Ursachen und Gründe" für die mexikanische Revolution von 1910 habe aufzeigen wollen, wobei er versicherte, dass die von ihm geschilderten „Zustände [...] heute [...] genau noch so" bestünden. „Der Verfasser [...] schreibt keine Märchen für Erwachsene, damit sie leichter einschlafen können, sondern er schreibt Dokumente [...], denen er, leichterer Lesbarkeit wegen, die Form von Romanen gibt"[30], lautet eine Selbstaussage von 1931.

Zu den meisten Traven-Romanen gibt es solche Ansprachen des Autors an seine Leserschaft[31]. So wird „Das Totenschiff" von Traven selbst als „gute und unterhaltsame Geschichte" präsentiert, die „nicht erdichtet" sei[32], und zur „Brücke im Dschungel" bemerkt er gleichfalls, „der Inhalt des Buches" sei „nicht erdichtet, sondern eine wahre Geschichte, so wahr in der Tat, dass man es besser unterlässt, das Werk eine Novelle oder Roman zu nennen"[33]. Schon seinem Lektor bei der Büchergilde, Ernst Preczang, vertraute Traven solche rezeptionssteuernden Informationen an. Als er ihm im Januar 1926 die kleine Erzählung „Die Medizin" schickte, ließ er ihn wissen, dass es sich dabei um „Biographie"

---

[29] Den Eintrag fand Will Wyatt in Travens Nachlass; s. Wyatt, 1980, S. 255.
[30] Traven, *[Der Roman „Regierung"]*, 1931, S. 260 f.
[31] Häufig mit Bildbeigaben, die am Dokumentencharakter der Romane keinen Zweifel lassen sollen.
[32] Traven, *Mein Roman „Das Totenschiff"*, 1926, S. 34.
[33] Es offenbare die Tatsache, „dass der Indianer sich in seinen Empfindungen und Seelenregungen von unserer Rasse in keiner Weise unterscheidet" (Traven, *Traven über sein Buch „Die Brücke im Dschungel"*, 1929, S. 36 f.).

handele[34], also um eigenes Erleben. Im August desselben Jahres verriet er Preczang, dass er die „Oelfelder in Mexico", auf denen im ersten Teil des „Schatz der Sierra Madre" gearbeitet werde, „kenne, zu gut kenne"[35]. Der Anspruch lautet auf wertvolle Echtheit, einem Dokumentarbericht nahe, wo nicht gleich.

Spannungsliteratur, dem Anspruch nach unterhaltend, erzählt mit dokumentarischer Treue – Traven macht es uns nicht leicht, das alles auf einen Nenner zu bringen. Und noch ist sein Hauptthema gar nicht angesprochen, die Kritik am kapitalistischen Wirtschaftssystem und dem modernen Verwaltungsstaat (besonders im „Totenschiff"), ja an der westlichen Zivilisation überhaupt (vor allem in der „Brücke im Dschungel"). Er beschäftigt sich aber auch mit Wirtschaftskriminalität (in der „Weißen Rose"), mit korrupter Regierung bzw. Verwaltung, Menschenhandel, Schuldknechtschaft und der Arbeit in Zwangsverhältnissen (im Caoba-Zyklus). Er schildert Abläufe erfolgreicher Streiks (in den „Baumwollpflückern") und den bewaffneten, revolutionären Befreiungskampf (in „Ein General kommt aus dem Dschungel").

Die Kapitalismuskritik von Karl Marx wird in Travens Romanen anschaulich vor Augen geführt[36]: Seine passlosen Seeleute, proletarischen Farm- und Ölcamparbeiter, Bäckereiangestellten, Holzfäller und Fuhrleute in Lohnsklaverei können aufgrund betrügerischer Arbeitsverträge nicht frei über ihre Arbeitskraft verfügen, sondern müssen sie nach dem Willen desjenigen einsetzen, für den sie arbeiten. Dieser vermehrt sein Kapital durch die rücksichtslose Ausbeutung ihrer Arbeitskraft, indem er ihnen nur einen geringen Teil des von ihnen geschaffenen Wertes vergütet, während er den größten Teil als Mehrwert einbehält, aus dem er seinen Profit schöpft. Demgegenüber tritt Traven für eine gerechte, klassenlose Gesellschaft ein, deren Subjekte ein selbstbestimmtes Leben führen, frei auch von Verpflichtungen gegenüber einer Regierung. Aber er tut dies unaufdringlich, nötigt seinen Lesern nichts auf. Die Welt ist, wie sie ist; es bleibt dem Leser überlassen, sich ein Urteil zu bilden und Konsequenzen zu ziehen. Immerhin setzt er alles daran, um beim Leser die Sehnsucht nach einer Veränderung zu erzeugen.[37]

Gewalt, abenteuerliche Schicksale und exotische Schauplätze; wahre Geschichten, Dokumente in Romanform; Systemkritik, sozialrevolutionäre Ideen.

---

[34] Traven an Ernst Preczang, 24.1.1926; zit. nach Hauschild, 2016, S. 123.
[35] Traven an Ernst Preczang, 8.8.1926; zit. nach Guthke, 1987, S. 394.
[36] Über Marx geht Traven hinaus bzw. denkt an ihm vorbei, wenn er in der „Weissen Rose" die Folgen rücksichtsloser Ausbeutung der Bodenschätze auf Kosten einer nachhaltigen vorindustriellen Bewirtschaftung beschreibt.
[37] Der Literaturwissenschaftler Werner Mahrholz (1889-1930) konstatierte, Traven propagiere „eine neue soziale Gesinnung, die den äußersten Gegensatz zu der des Kapitalismus bildet", er glaube „an eine Zukunft, in welcher der Wille zu wirtschaftlicher und sozialer Macht keine Geltung mehr hat" (Mahrholz, 1930, S. 437).

Und noch immer haben wir das Spektrum des Travenschen Œuvres nicht in allen seinen wesentlichen Zügen erfasst. Denn was sollen wir von einem Roman halten, der mit der klassischen Entwaffnungsszene beginnt, wonach ein Mann in scheinbar einsamer Wildnis plötzlich „in die Mündung eines auf [ihn] gerichteten Sixshooters" blickt. „,Stick 'em up, boy! Die Flossen hoch!'" befiehlt ihm sein Gegenüber. „Seelenruhig zog er mir meinen Shooter aus der Tasche des Patronengürtels und schob ihn in seinen Gurt."[38] Einen solchen Roman werden wir erfahrungsgemäß für einen Trivialroman halten, sogar für Schlimmeres, einen Groschenroman, pulp fiction. Das formelhaft erstarrte Vokabular lässt kaum einen anderen Schluss zu.[39] Der hinterhältige Überfall könnte mit der erfolgreichen Gegenwehr des Überrumpelten eine rasche Wendung nehmen, natürlich im gleichen wohlvertrauten Vokabular, etwa: „Wie gefällt dir das, du Schurke?" – Aber Traven wechselt sofort den Ton.

Und was, um ein gänzlich anders gelagertes Beispiel zu bringen, denken wir uns bei dieser Schilderung: „Der Küchenofen ist eine große flache Kiste, die mit Erde ausgefüllt ist und auf vier Pfählen ruht in einer Höhe, dass sie recht handlich für die Frau ist. Auf dieser Erde in der Kiste brennt ein offenes Holzfeuer, dessen Flammen durch einige rohe Steine zusammengehalten werden, damit die Hitze dicht an die Blechkanne kommt, die unmittelbar auf dem brennenden Holze steht."[40] Die Detailgenauigkeit würde dem Bericht eines Forschungsreisenden alle Ehre machen[41], der sogleich mit der Beschreibung der Speisekammer seine Fortsetzung finden könnte. Es bleibt jedoch dabei.

Noch ein drittes und letztes Zitat. Es lautet: „[D]er Fluch der Zivilisation und die Ursache, warum die nicht-weißen Völker sich endlich zu rühren beginnen, beruhen darin, dass man die Weltanschauung europäischer und amerikanischer Gerichtsaktuare, Polizeiwachtmeister und Weißwarenhändler der ganzen übrigen Erde als Evangelium aufzwingt, an das alle Menschen zu glauben haben oder ausgerottet werden."[42] Diesmal könnte es sich um einen Agitationstext

---

[38] Traven, 1929, S. 8 f.
[39] In der Neufassung des Romans, die 1955 bei der Büchergilde Gutenberg erschien, hat es Traven mit der Angleichung an den Zeitgeschmack ein bisschen übertrieben. Dort beginnt das erste Kapitel direkt mit der Überrumplungsszene: „,Hände hoch, alter Knabe!' ,?' ,Kannst du nicht hören, blöder Kerl? Hoch die Flossen! Und ein bisschen schnell, bitte!' Durch mein verschwitztes Hemd fühlte ich deutlich, dass es keineswegs ein Zeigefinger war oder ein Bleistift, was mir da von hinten in die Rippen drang. Es war ein Schießeisen." (Kap. 1) Das „Schießeisen" allein ließe noch an Friedrich Gerstäcker oder Karl May denken, die Beleidigung „blöder Kerl" verweist ins 20. Jahrhundert.
[40] Traven, 1929, S. 72; in der Neufassung so nicht enthalten.
[41] Die Formulierung klingt holprig, weil schlecht übersetzt, wegen des dreifachen „ist" im ersten Satz (einmal als Kopula, zweimal als Hilfsverb) auch unbeholfen, hat aber durch die Gliederung in Hauptsätze und strikt nachgeordnete Nebensätze den Vorteil leichter Überschaubarkeit.
[42] Traven, 1929, S. 170. In der Überarbeitung von 1955 gibt es nur noch sehr wenige politische oder zivilisationskritische Statements, darunter dieses: „Wer tot ist, ist tot. […] Die Milliarden, die wir für unsere Toten ausgeben, würden der Menschheit bessere Dienste leisten, wenn sie

handeln, ein Flugblatt oder eine politische Broschüre, an die weltanschauliche Unterweisung zum Thema Imperialismus könnte sich eine zum Thema Kolonialismus schließen.[43]

Jedes der drei Zitate enthält, für sich genommen, ein Versprechen auf Kontinuität, das jedoch unerfüllt bleibt. Alle drei Textauszüge stammen aus der „Brücke im Dschungel"[44]. Zusätzlich zu den genannten Stoffen, Themen und Wesensmerkmalen haben wir es also mit einem spannungsliterarischen, einem ethnographischen und einem ideologischen Diskurs innerhalb ein und desselben Werks zu tun[45]. Mit Bezug auf das „Totenschiff" hat Günter Helmes von einem „Genremix" gesprochen; ihn finden wir in allen Traven-Romanen und sogar in seinem Reisebericht „Land des Frühlings". Das Mischungsverhältnis ist jedoch von Werk zu Werk verschieden. Im „Schatz der Sierra Madre" beispielsweise überwiegen ganz eindeutig – wie könnte es auch anders sein – die Spannungselemente, doch gibt es auch hier Teile, die aus einem Roman der Arbeitswelt herausgeschnitten sein könnten[46]. Politische Unterweisungen kom-

---

für Krankenhausneubauten, Arztrechnungen und medizinische Forschungen verwendet würden. Es wäre viel humaner und gewiß auch kultivierter, wenn das Geld, das wir für die Toten aufwenden, den Lebenden zugute käme, damit sie geistig und körperlich gesund und länger in unserer Mitte bleiben." (Kap. 34)

[43] Kritisch anzumerken ist wiederum das schlechte Deutsch: „beruhen darin" statt beruhen darauf; „an das alle Menschen zu glauben haben oder ausgerottet werden" – das ist nicht nur schief, das ist sogar falsch. Kurt Tucholsky beobachtete 1930: „Dieser Proletarier kann [...] nicht richtig Deutsch. Ich hielt seine Werke zunächst für übersetzt, und zwar für schlecht übersetzt. Es ist aber Unkenntnis, verbunden mit bösen Amerikanismen" (Panter, 1930, S. 798-800).

[44] „Die Brücke im Dschungel" ist eines der frühesten Werke von B. Traven, das er bereits im Sommer 1925 der „Büchergilde Gutenberg" anbot; ästhetischer Einwände wegen konnte es jedoch erst 1929 (nach einem Vorabdruck im „Vorwärts" 1927) als Buch erscheinen; vgl. Preczang an Traven, 15.9.1925 (Kopie im Fritz-Hüser-Institut für Literatur und Kultur der Arbeitswelt, Dortmund; Nachlass Ernst Preczang).

[45] Hier drei entsprechende Zitate aus „Der Wobbly" (1926): 1. Spannungsliteratur mit trivialliterarischen Zügen: „An der Wand zur Rechten sah ich etwas liegen, ein großes Bündel. Ich konnte aber nicht sofort erkennen, was es sein mochte, denn die Sonne war noch vor dem Aufgehen. Ich trat näher hinzu: Es war ein Mann. Tot! Es war Gonzalo. Gonzalo war getötet worden. Ermordet! Sein zerfetztes Hemd war schwarz von Blut. [...] Ich suchte seine Taschen durch. Er hatte fünf Pesos und 85 Centavos darin. Er hätte haben müssen: wenigstens fünfundzwanzig bis dreißig Pesos. Also des Geldes wegen" (Traven, 1926, S. 49 f.).
2. Ethnographische Information: „Die Züge haben nur erste und zweite Klasse [...]. Die erste Klasse kostet wenig mehr als das Doppelte der zweiten. Man reist in der ersten ebenso rasch wie in der zweiten und keinesfalls sehr unbequem. In der ersten Klasse sind die Sitze an den Längsseiten, aber man sitzt quer zur Zugrichtung. In der Mitte ist der Gang, der durch den ganzen Zug führt. In der zweiten Klasse, wo die eingeborene ärmere Bevölkerung reist, sind an beiden Längsseiten durchgehende Bänke, und man sitzt mit dem Rücken gegen die Wand des Abteils. In der Mitte sind Quersitze, und an jeder Seite zwischen den langen Bänken und den Quersitzen führt der Gang." (Ebd., S. 152).
3. Politische Unterweisung: „In allen Ländern der hohen Zivilisation, in England, in Deutschland, in Amerika und erst recht in den anderen Ländern, ist es die Polizei, die peitscht, und es ist der Arbeiter, der gepeitscht wird. [...] Wehe den Zufriedenen, wenn die Gepeitschten ‚Rache' schreien! Wehe den Satten, wenn die Peitschenstriemen das Herz der Hungernden zerfressen und das Hirn der Geduldigen auseinanderreißen!" (Ebd., S. 63). Zum Thema vgl. Eigenheer, 2003, S. 384-406.

[46] Traven, 1927, S. 71 f., 128 f.

men so selten wie in keinem anderen Traven-Roman vor[47]. Der Caoba-Zyklus ist ein regelrechter Hybrid[48] aus Reisebericht und Abenteuerroman: Im „Karren" verabschiedet sich der Hauptprotagonist Andreu mit Ende des 4. Kapitels und ergreift erst 33 Seiten später, im 7. Kapitel, wieder das Wort; bis dahin wird 16 Unterkapitel lang über den Hochpass El Calvario und das System der Ochsenkarren und Fuhrleute berichtet.[49] In „Regierung" widmen sich die ersten sieben Seiten des 6. Kapitels der Ortschaft Cahancu, ihrer Architektur, ihren Bewohnern und Gästen, ihrem Handel und Wandel; schließlich der Funktion des Ortssekretärs.[50] Der Text, gäbe es einen Ort dieses Namens wirklich, könnte so auch in „Land des Frühlings" stehen. Im „Marsch ins Reich der Caoba" vergehen 27 Seiten, ehe einer der Protagonisten auch nur beim Namen genannt wird; in Erscheinung tritt er erst fünf Seiten später. Bis dahin wird der Leser über das Leben in Hucutsin unterrichtet, über Handel, Feste und dergleichen mehr.[51]

Jede Kategorisierung setzt eine eindeutige Identifizierung und Unterscheidung der Objekte voraus. Meine Feststellung von eben, wonach wir es mit einem spannungsliterarischen, einem ethnographischen und einem ideologischen Diskurs zu tun haben, basiert auf der stillschweigenden Übereinkunft, dass die genannten Textausschnitte das sind, wofür sie sich ausgeben. Das Beispiel der Eröffnungsszene (Zitat 1) zeigt, dass der erste Eindruck zu täuschen vermag. Niemand wird die „Brücke im Dschungel" zur Trivialliteratur zählen, denn die sicheren Kriterien hierfür oder gar für pulp fiction werden im weiteren Verlauf nicht erfüllt[52], gängige Gesellschaftsmodelle und Kulturvorstellungen eines großen Massenpublikums nicht bedient, sondern gründlich in Frage gestellt, und zwar ganz ohne Rückgriff auf eine alternative heile Welt. Herkömmlich schön ist nichts in diesem Roman, vieles darin ist sogar ausgesprochen hässlich

---

[47] Darunter diese: „Sing Sing ist der unfreiwillige Aufenthalt jener New-Yorker, die gefasst werden. Die übrigen New-Yorker, die nicht gefasst werden, haben ihre Bureaus in der Wall Street" (Ebd., S. 73; s. auch S. 76, 160 Mitte, 208 unten).
[48] Vgl. Rall, 2012, S. 83-94.
[49] Traven, 1931, S. 57-84. „Karretas" und „Karreteras" hatte Traven schon im 28. Kapitel von „Land des Frühlings" ausführlich behandelt; die Entsprechungen sind teils wörtlich: „Die Ochsen wurden nicht mit einer Peitsche angetrieben, sondern mit langen Stäben" („Der Karren", S. 65); „Die Ochsen werden nicht mit einer Peitsche angetrieben, sondern mit einem langen dünnen Stab" („Land des Frühlings", S. 363).
[50] Traven, 1931, S. 99-105.
[51] Wir wissen, dass Traven häufig im Land unterwegs war, mit und ohne Führer, sich auch um Arbeit bewarb, beides mit dem Ziel, mehr über Land und Leute zu erfahren. Seine Notizbücher sind voll von Details, die Eingang in seine Romane fanden. Vgl. insgesamt Wyatt, 1980, Guthke, 1987, Nordhausen, 2003.
[52] Obwohl der Roman als Groschenheft zu 80 Pfennig tatsächlich einmal auf wood-pulp paper, billigem Holzschliff-Papier, herauskam, 1973 als „Roman-Zeitung" im DDR-Verlag Volk und Welt, Auflage: 1 Million (s. Irmtraud Gutschke, „27 Millionen Hefte der Roman-Zeitung verlegt. Gespräch mit Heinz Dieter Tschörtner", in: „Neues Deutschland", 16./17. August 1975, S. 4.).

und schrecklich. Für Kurt Tucholsky war die Novelle das „[wohl] bedeutendste"[53] von allen bis 1930 erschienenen Traven-Büchern[54].

Was Zitat 2, die volkskundliche Beschreibung des Küchenofens angeht, ist die Schilderung zu knapp, um als langatmig empfunden werden zu können, und zu wenig relevant, als dass man sie in Zweifel ziehen möchte. Zusammen mit all den anderen Exotismen trägt sie vielmehr dazu bei, das Werk gemäß der Anweisung seines Verfassers als „wahre Geschichte"[55] zu lesen. Kein Kritiker, sondern Traven selbst, der Meister der Unbescheidenheit, war es, der über die „Brücke im Dschungel" gesagt hat, er kenne keine andere Prosa, die „das intime und [...] wahrhafte Leben im central-amerikanischen Dschungel so gut schildert wie diese Arbeit. [...] Ich glaube auch nicht, dass die ‚Suche mit dem Brett und dem Licht' bis heute jemals in europaeischer Literatur erschienen ist und vielleicht noch niemals von irgend einem Reisenden berichtet worden ist."[56]

Eine „wahre Geschichte", „vielleicht noch niemals von irgend einem Reisenden berichtet" – an dieser Stelle muss ich bekennen, dass ich Autoren ohne Überprüfung nicht das Geringste glaube. Insbesondere Travens vielfach behaupteter Faktentreue misstraue ich gründlich. Er hat, wie wir wissen, nicht nur häufig grotesk übertrieben, er hat auch oft Tatsachen geleugnet und die Unwahrheit gesagt. Ich habe seine Behauptung daher als Herausforderung aufgefasst und mit Hilfe von Googles bewährten Algorithmen in drei Sprachen, erst auf Spanisch, dann auf Englisch und zuletzt auf Deutsch nach genau dieser „Suche mit dem Brett und dem Licht" geforscht. Fündig geworden bin ich in der amerikanischen Literatur, genauer gesagt in dem Buch, über das Heming-

---

[53] „Wie unerbittlich läuft das ab, wie farbig, wie strömend-bewegt, und mindestens alle vier Seiten eine unvergeßliche Wendung, ein Bild, eine Beobachtung ... das ist ein großer Epiker" (Panter, 1930, S. 800). Tucholsky stand mit seiner nicht nur hohen Meinung von Traven nicht allein: Viktor Klemperer etwa las sich 1932 durch „Die Weiße Rose", „Das Totenschiff" (das ihm „viel deklamatorischer u. unreifer als die Rosa Blanca" schien), „Die Baumwollpflücker", „Regierung", den „Schatz der Sierra Madre" (den er für „überwältigend gut" hielt) bis zum „Karren" („Semper im Guten u. Bösen"); er nahm sich sogar noch „über Traven [...] noch einmal" zu „arbeiten"(Klemperer 1996, S. 280 f., 285, 293f., 298 und 306).
[54] Aufgezählt werden „Die weiße Rose", „Das Totenschiff", „Der Busch", „Die Baumwollpflücker", „Der Schatz der Sierra Madre" und „Land des Frühlings".
[55] Traven, Traven über sein Buch „Die Brücke im Dschungel", 1929, S. 36. In einem Brief an Schikowski vom 26.8.1925 merkte Traven zur „Brücke im Dschungel" an: „Ich kam hin, um ein paar Alligatorenhäute zu haben, um Geld zu machen. Ganz unschuldig kam ich hin. Und da war ich auch schon wieder mitten drin im Abenteuer". In einer „Ankuendigung" zum Roman, als Beilage zum Brief an Schikowski vom 21.9.1925 hieß es: „Es sei hier bemerkt, dass [...] die ganze Erzaehlung sich in der Form abgespielt hat, wie sie vom Verfasser niedergeschrieben ist" (zit. nach Traven, 1992, S. 36 f. und 45). In einem weiteren Brief an Schönherr vom 16.10.1927 behauptete Traven: „So wie ich die Kinderleiche schildere, so sah sie aus" (zit. nach Guthke, 1987, S. 399.)
[56] In einem Brief an seinen Lektor Ernst Preczang vom 14.9.1925, zit. bei Guthke, 1987, S. 375. Die Satzkonstruktion lässt wieder einmal zu wünschen übrig.

way gesagt hat, damit beginne die amerikanische Literatur[57], „The Adventures of Huckleberry Finn". Im 8. Kapitel erzählt Huck, um die Leiche eines Ertrunkenen zu finden, würden die Leute am Mississippi Quecksilberstückchen in Brotlaibe stecken und diese dann auf dem Fluß treiben lassen („they always put quicksilver in loaves of bread and float them off, because they always go right to the drownded carcass and stop there"). Nicht schlecht, aber kein Volltreffer. Eine exakte Übereinstimmung ergab sich erst bei diesem Zitat: „Ist Jemand ertrunken, so läßt man in dem Wasser ein kleines Brett schwimmen, auf welchem man ein brennendes Licht befestigt hat. Wo dies Brett stehen bleibt, da liegt der Todte." Die Fundstelle ist allerdings ein Aufsatz, der 1864 im „Archiv für Landeskunde in den Grossherzogthümern Mecklenburg" erschien[58] und sich mit zeitgenössischem Aberglauben im Mecklenburger Volk beschäftigt. Offenbar ist Travens magischer (Mexiko-) Realismus von einer norddeutschen Volkstradition inspiriert.

Ein anderes Beispiel für zweifelhafte Ethnofiction (zweifelhaft wegen des unerfüllten Versprechens der Schilderung existierender „Zustände"[59]), diesmal aus dem Roman „Regierung". In Travens Phantasiepueblo namens Pebvil nimmt der demokratisch auf ein Jahr gewählte Kazike zu seiner Amtseinführung mit „unbekleidetem Gesäß" auf einem Amtssessel Platz, unter dem ein Holzkohlefeuer entzündet wird: Zur Erinnerung daran, „daß er nicht auf diesem Stuhle sitze, um sich auszuruhen, sondern um für das Volk zu arbeiten" und „daß er das Amt aufzugeben habe, sobald seine Zeit abgelaufen sei, um lebenslängliche Herrschaft und Diktatur, die dem Gedeihen eines Volkes schädlich sei, zu verhindern. Und auch, damit er nicht „vergesse, wer ihm das Feuer unter den Hintern gelegt habe"[60]. Traven zufolge vergisst kein neugewählter Häuptling, „was er unter seinem Sitz hatte". Es helfe „ihm in den ersten Monaten seiner Amtszeit beträchtlich darin, das Amt so zu führen, wie es von der Nation bei seiner Wahl erwartet wurde. In beinahe allen Fällen bleiben genug Narben auf jenem abgelegenen Körperteil zurück, dass er nicht nur bis in sein höchstes Alter hinein durch ein unverwüstliches Dokument beweisen kann, einmal die Ehre gehabt zu haben, Häuptling in seiner Nation gewesen zu sein, sondern auch, dass er nicht daran denkt, sich gegen die Sitten seines Volkes ein zweites Mal zu diesem Amt wählen zu lassen."

Kein ernsthafter Mensch – außer vielleicht ein paar verbissenen „Travologen"[61] – wird die gleichnishafte Geschichte vom Feuerstuhl für Wahrheit hal-

---

[57] Lombardi, 2014.
[58] Fromm/Struck, 1864, S. 545.
[59] Traven, [Der Roman „Regierung"], 1931, S. 260.
[60] Traven, 1931, Kapitel 9.2, S. 170.
[61] Dazu Hauschild, 2012, S. 43.

ten. Traven aber, ohne jedes Augenzwinkern, gibt vor, Augenzeuge des Rituals gewesen zu sein, an dessen Beschreibung er eine seiner charakteristischen weltanschaulichen Unterweisungen knüpft: „Es wäre den Proletariern wohl ernsthaft zu raten, jene gut ausgeprobten indianischen Wahlmethoden anzuwenden, insbesondere gegenüber den Beamten ihrer gewerkschaftlichen und ihrer politischen Organisationen. Nicht nur in Russland, wo es am nötigsten ist, sondern auch in allen übrigen Ländern, wo Marx und Lenin zu Säulenheiligen erklärt wurden, könnten kämpfende Proletarier bei weitem sicherer ihnen nützliche Erfolge erzielen, wenn sie ihren Führern jährlich ein heftiges Feuer unter den Hintern legen würden. Kein Führer ist unersetzbar. Und je häufiger neue Führer auf einen glühenden Sessel gesetzt werden, um so lebendiger bleibt die Bewegung. Nur nicht zaghaft sein, Proletarier. Erst recht nicht sentimental."[62]

Zuverlässigkeit ist per se kein Parameter der schönen Literatur; sie wird es aber, wenn der Autor selbst sie in den Mittelpunkt seiner Bemühungen stellt. Ich rufe Ihnen noch einmal Travens Mantra in Erinnerung: „Der Verfasser [...] schreibt keine Märchen für Erwachsene, damit sie leichter einschlafen können, sondern er schreibt Dokumente [...], denen er, leichterer Lesbarkeit wegen, die Form von Romanen gibt."[63] Wir aber müssen konstatieren: Travens Mexiko ist ein Ort der Illusion, und zwar in einem umfassenderen Sinn, als wir das als vernunftbegabte Leserinnen und Leser ohnehin mutmaßen.

Bleibt der ideologische Diskurs, in der Hauptsache Kritik am Staat[64], am Kapitalismus, an den Gewerkschaften, am Proletarier selbst, an den Staatsreligionen, an der herrschenden Ideologie. Kriterien wie Zuverlässigkeit, Glaubwürdigkeit oder Stimmigkeit greifen hier nicht, denn wir haben es mit Meinung zu tun, und zwar nicht als Figurenrede, sondern in reiner Form, gewissermaßen unverkleidet, unmaskiert. Drei vielzitierte Beispiele, diesmal aus dem „Totenschiff"[65]: „Der Glaube versetzt Berge, aber der Unglaube zerbricht alle Sklavenketten." (S. 123) „Die Hoffnung der Sklaven ist die Macht der Herren." (S. 162) „Moral ist die Butter für die, denen das Brot fehlt." (S. 173)

Man mag die Logik oder die Schlüssigkeit von derartigen Meinungsäußerungen kritisieren, man mag überhaupt ihre Existenz beanstanden, wie das Irene Mermet, Maruts Lebensgefährtin von 1915 bis 1923, in einem Brief des Jahres 1927 tat, wo sie derlei als „Schimpfen", „Propaganda" und „didaktische Tendenz" bezeichnete (wovon, wie sie anerkennend konstatierte, der „Schatz

---

[62] Traven, 1931, Kapitel 9.2, S. 172.
[63] Siehe oben Text zu Anm. 33.
[64] Im „Syndikalist", der anarchosyndikalistischen Zeitschrift der „Freien Arbeiter-Union Deutschlands" (FAUD), hob Max Winkler 1926 lobend hervor: „Überall sind in den Fluß der Geschehnisse treffsichere Gedanken über das Untier Staat eingestreut." (Winkler, 1926).
[65] Traven, 1926.

der Sierra Madre" frei sei[66]). Der Echtheit der Sentenzen tut das keinen Abbruch. Hier spricht der Autor. Hier stellt er sich aus. Hier ist er ganz bei sich. Da will uns jemand, der glaubt, die Dinge klar zu sehen, die Augen öffnen, will uns geistreich belehren – ein Agitator. In dieser Rolle ist Traven überzeugend – meiner Ansicht nach, weil es gar keine Rolle ist, sondern lange Zeit seine Existenzform. Als er sich mit 21, 22 Jahren dem elterlichen Bannkreis entzog – dies übrigens, weil ihm die Mutter verbot, am Wohnort Wallensen politische „Ansprachen" zu halten[67]–, trat er in Magdeburg und Gelsenkirchen als Redner in Partei- und Gewerkschaftsversammlungen in Erscheinung[68] – nicht ab und an, sondern vermutlich dutzende Male. Er plädierte für die Gründung eines Diskutierklubs[69] und setzte sich für die Errichtung einer Rednerschule ein[70]. Ja, er machte sogar die Redekunst selbst zum Thema eines Vortrags, unterrichtete im Frühjahr 1906 die Genossen des sozialdemokratischen Vereins Magdeburg-Wilhelmstadt über „Die klassische Beredsamkeit" am Beispiel von Sokrates, Demosthenes und Cicero[71].

Und erst jetzt kann ich mein Ausgangsversprechen einlösen, die Suche nach dem literarischen Fingerabdruck. Er zeigt sich nicht in der Wahl der Stoffe, nicht in der Behandlung der Themen, nicht einmal im Amalgam der Diskurse. Das alles unterscheidet Traven nicht von anderen Schriftstellern seiner Zeit wie Jack London oder Upton Sinclair, um nur zwei unmittelbare Zeitgenossen zu nennen. Die politische Unterweisung ist das distinktive Merkmal. Travens außerliterarische Anmerkungen von aphoristischer Prägnanz[72] sind es, die das ausmachen, was man betriebswirtschaftlich als Alleinstellungsmerkmal, als unique selling proposition bezeichnen würde.

In seinem autobiographischen Großessay[73] „Das Element des Elephanten" erinnert sich Hanns-Josef Ortheil an die Vorstellungen, die er sich als etwa Elfjähriger vom Beruf des Schriftstellers machte. Damals habe er darunter eine „Mischung aus Abenteurer, Reporter und Held" verstanden, der „ein draufgängerisches und abwechslungsreiches Leben führte, um möglichst seltene und außergewöhnliche Geschichten in Erfahrung zu bringen", und dem zugleich

---

[66] „Es ist künstlerisch das beste Buch von allen." „Die höhere Qualität sei durch Entfernung von ‚Schimpfen und Propaganda und jeder didaktischen Tendenz' erreicht worden"; Brief vom 5. Mai 1927 (zitiert nach dem Auszug bei Recknagel, 1982, S. 73).
[67] O-Ton der Schwester Margarethe, zit. nach Wyatt, *Der Mann, der B. Traven war*, 1982 [10:53:44].
[68] S. Anm. 15.
[69] „Volksstimme", Magdeburg, Nr. 223 vom 22.9.1904.
[70] „Volksstimme", Magdeburg, Nr. 96 vom 26.4.1906.
[71] „Volksstimme", Magdeburg, Nr. 96 vom 26.4.1906.
[72] Nicht weniger als 260 (nicht immer korrekte) Zitate stellt ein Portal auf http://gutezitate.com/autor/b.-traven/ bereit.
[73] So die Bezeichnung im Klappentext.

etwas „Geheimnisvolles" eignete: „eine Art Verwandlungskünstler, einer, dem man nie auf die Spur kam".[74]

Am Ende seines Buchs stellt Ortheil die Frage „Was ist ein Schriftsteller?" erneut. Nun aber, mehr als drei Jahrzehnte später, lautet seine Antwort lapidar: eine „Gestalt [...] der Imagination, der Ferne und der Wünsche"[75].

Wer Traven liest und sich dann näher mit ihm beschäftigt, dem kann es passieren, dass er, in wesentlich kürzerer Zeit, die gleiche Erfahrung macht und von der einen zur anderen Auskunft über den Schriftsteller gelangt: eine Gestalt der Imagination, der Ferne und der Wünsche.

---

[74] Ortheil, Hanns-Josef, *Das Element des Elephanten*, München 2001, S. 152-154. Ortheil nennt hier die Namen Karl May, als Fixstern für seine „frühesten Phantasien", und Ernest Hemingway, für eine spätere (noch vorpubertäre) Phase.
[75] Ebd., S. 222.

Literatur- und Medienverzeichnis

1. Primärliteratur und Filme

Marut, Ret: Das arme Kino. In: *Heimat und Welt. Mittwochs-Unterhaltungsbeilage der Danziger Zeitung*, Nr. 17, 24.4.1912, S. 66 f.

Marut, Ret: Der Mann an der Fräse. In: *Licht und Schatten. Monatsschrift für Schwarz-Weiss-Kunst und Dichtung*, Berlin, 6. Band, 1915/16, Nr. 11, 1.3.1916, S. 2–3.

Marut, Ret: Presse und Revolution. In: *München-Augsburger Abendzeitung*, 5.3.1919.

Marut, Ret: Geburtswehe der Menschheit. In: *Der Ziegelbrenner*, Heft 18-19, 3. 12.1919, S. 2-9.

Marut, Ret: Im freiesten Staate der Welt. In: *Der Ziegelbrenner*, Heft 18-19, 3. 12.1919, S. 9-23.

Marut, Ret: Gegensatz. In: *Der Ziegelbrenner,* Heft 35-40, 21.12.1921, S. 9-20.

Traven, B.: *Der Wobbly. Erstes Buch Die Baumwollpflücker.* Berlin/Leipzig: Buchmeister-Verlag 1926.

Traven, B.: *Das Totenschiff. Die Geschichte eines amerikanischen Seemanns.* Berlin: Büchergilde Gutenberg 1926.

Traven, B.: Mein Roman „Das Totenschiff". In: *Die Büchergilde,* Heft 3, März 1926, S. 34-38.

Traven Torsvan: Turbine Water Wheel Carved Centuries Ago. In: *Popular Mechanics Magazine*, Chicago, Vol. 47, Nr. 2, Februar 1927, S. 275.

Traven, B.: *Der Schatz der Sierra Madre.* Berlin: Büchergilde Gutenberg 1927.

Traven, B.: *Land des Frühlings.* Berlin: Büchergilde Gutenberg 1928.

Traven, B.: *Die weisse Rose.* Berlin: Büchergilde Gutenberg 1929.

Traven, B.: *Die Brücke im Dschungel.* Berlin: Büchergilde Gutenberg 1929.

Traven, B.: Traven über sein Buch „Die Brücke im Dschungel". In: *Die Büchergilde,* Heft 3, März 1929, S. 35-37.

Traven, B.: *Regierung.* Berlin: Büchergilde Gutenberg 1931.

Traven, B.: [Der Roman „Regierung"]. In: *Die Büchergilde,* Heft 9, September 1931, S. 260 f.

Traven, B.: *Der Karren.* Berlin: Büchergilde Gutenberg 1931.

Traven, B.: *Die Brücke im Dschungel*. Frankfurt/Main: Büchergilde Gutenberg 1955.

Traven, B.: Die Maschine. In: *Die Geschichte vom unbegrabenen Leichnam. Erzählungen I*. Zürich: Diogenes 1983 (Werkausgabe in Einzelbänden), S. 272-278.

Traven, B.: *„Ich kenne das Leben in Mexiko". Briefe an John Schikowski 1925 bis 1932*. Mit einem Essay von Karl S. Guthke. Frankfurt/Main: Büchergilde Gutenberg 1992.

Marut, Ret: *Der Mann Site und die grünglitzernde Frau. Die Geschichte eines Lebens, das nach einem Ziele strebte*. Hrsg. von Jörg Thunecke. Nottingham: Edition Refugium 2008.

Marut, Ret: *Die Fackel des Fürsten*. Hrsg. von Jörg Thunecke. Nottingham: Edition Refugium 2008.

2. Sekundärliteratur, Medien- und Internetquellen

Eigenheer, Markus: Ästhetische Einordnung von B. Travens Schreiben. In: Thunecke, Jörg (Hrsg.). *B. Traven the Writer / Der Schriftsteller B. Traven*. Nottingham: Edition Refugium 2003, S. 384-406.

Fromm, Ludwig/Struck, Carl: Sympathieen und andere abergläubische Curen, Lebens- und Verhaltungs-Regeln und sonstiger angewandter Aberglaube, wie er sich noch heute im Volke findet. Ein Beitrag zur Kenntniß des mecklenburgischen Volkes. In: *Archiv für Landeskunde in den Grossherzogthümern Mecklenburg und Revüe der Landwirthschaft*, Schwerin, 14. Jg. 1864, S. 497-561.

Guthke, Karl S.: *B. Traven. Biographie eines Rätsels*. Frankfurt am Main: Büchergilde Gutenberg 1987.

Hauschild, Jan-Christoph: *B. Traven – Die unbekannten Jahre*. Zürich: Edition Voldemeer 2012.

Hauschild, Jan-Christoph: „Wer ist Traven? Lesen Sie seine Bücher!" B. Travens Selbstinszenierung als Abenteuerschriftsteller. In: Leucht, Robert und Wieland, Magnus (Hrsg). *Dichterdarsteller. Fallstudien zur biographischen Legende des Autors im 20. und 21. Jahrhundert*. Göttingen: Wallstein 2016, S. 111-134.

Klemperer, Victor: *„Leben sammeln, nicht fragen wozu und warum". Tagebücher 1919-1932*. Berlin 1996.

Lombardi, Esther: Huckleberry Finn – What Have Writers Said About Huckleberry Finn? (2014) http://classiclit.about.com/od/adventuresofhuckleberry/a/huckfinn_writer.htm (14.4.2016).

Mahrholz, Werner: *Deutsche Literatur der Gegenwart. Probleme-Ergebnisse-Gestalten*. Durchgesehen von Max Wieser. Berlin: Sieben-Stäbe-Verlag 1930.

Neuber, Lutz: B. *Traven in Magdeburg? Auf Spurensuche nach Otto Feige* (2013). http://www.geschichtevonunten.de/01_sek-lit/menschen/neuber-traven_in_md.htm (14.4.2016).

Nordhausen, Frank: Der Fremde in der Calle Mississippi. In: *Berliner Zeitung*, 11.3.2000, Magazin, S. 6.

Nordhausen, Frank: „Views most wonderful". B. Travens erste Reise ins „Land des Frühlings". In: Thunecke, Jörg (Hrsg.). *B. Traven the Writer / Der Schriftsteller B. Traven*. Nottingham: Edition Refugium 2003, S. 215-241.

Panter, Peter [d.i. Kurt Tucholsky]: B. Traven. In: *Die Weltbühne*, 25.11.1930, Nr. 48, S. 793-800.

Rall, Dietrich: Diskursvarianten in Reisebericht, Roman und Übersetzung. Am Beispiel von B. Travens „Der Karren" und „Land des Frühlings". In: Dammann, Günter (Hrsg.). *B. Traven: Autor – Werk – Werkgeschichte*. Würzburg: Königshausen & Neumann 2012, S. 83-94.

Raskin, Jonah: *My Search For B. Traven*. New York: Methuen 1980.

Recknagel, Rolf: *B. Traven. Beiträge zur Biografie*. Leipzig: Reclam 1982.

Richter, Armin: *Der Ziegelbrenner. Das individualanarchistische Kampforgan des frühen B. Traven*. Bonn: Bouvier 1977.

Winkler, Max: Bücherbesprechung [„Der Wobbly", „Das Totenschiff"]. In: *Der Syndikalist* 1926/34

https://hoodbooks.wordpress.com/2014/04/21/historische-buchbesprechung-der-wobbly-das-totenschiff-b-traven/(22.6.2015).

Wyatt, Will: *The Man Who Was B. Traven*. London: Jonathan Cape 1980.

Wyatt, Will: *Der Mann, der B. Traven war*. Norddeutscher Rundfunk 1982 (vom NDR bearbeitete deutsche Fassung von *A Mystery Solved*, BBC 1978).

Wyatt, Will: *B. Traven. Nachforschungen über einen „Unsichtbaren"*. Hamburg: Papyrus 1982.

Wyatt, Will: Why won't the buffs face the facts? In: *The Daily Telegraph*, 28.1.1995, S. 8

Feige Marut Traven

Will Wyatt

I should make it clear at the outset that I am not a scholar. My academic life ended when I took my undergraduate degree in history in 1964 at Emmanuel College Cambridge.

The work I did – and still occasionally do – on B. Traven has been in a journalistic rather than a scholarly capacity. My original interest was prompted not by reading the books but by being told of the secrecy that surrounded the identity of the author, by the lure of a mystery. At the outset I had no thought of cracking that mystery; I merely intended to make a documentary film telling the story of an author who hid from his public and his publishers, a person who sought anonymity as others sought fame. I was, in short, a gumshoe, a detective, not an academic. More Philip Marlowe than Richard Ellman, Kurt Wallander rather than Claire Tomalin.

I read most but not all of Traven's books. I read what I could find in the English language about the author and the man. As I did so, and discovered more of what was known about the author, it was impossible not to look for connections between the biography and the works, to try to spot congruencies between the life and the books, to seek psychological similarities between characters and the author.

I must emphasise that I was and am no expert on the writings. You will all know more of the books than I do. I read the books *after* I became interested in the mystery and the man. I did not work *out* from the books to find the man. I had no preconception of what sort of person it was who had written them.

It soon became evident that this was a person who dissembled, who put up smoke screens, who told lies about his life and his background. I resolved to be sceptical about everything he wrote and said about himself.

I searched for external, verifiable evidence about B. Traven and looked to internal evidence to see where it might support; I did not start with internal evidence and look for externalities that might support the texts.

At the time I would probably have said that I wanted to discover Traven's identity but "identity" is a too complicated concept, philosophically and psychologically, for what I sought.

I wanted to know the things that Traven did not want me to know. That's where the fun would lie: where and when he was born; what his name was at birth; who were his parents; where his childhood was spent; when did he decided to abandon all that and strike out on a new life. A life in which he defined who he was and what people could know about him.

I apologise for going through things that you may already know, much of which appeared in my book[1]. However, I have learnt that where people have disagreed with or questioned my discoveries they have picked out just one or two parts of the story. Whereas it was the chronological and cumulative nature of the evidence which convinced.

I suspect all here would accept that the man using the name Traven Torsvan who died in Mexico City on 26th March 1969 was the author. That was pretty much my starting point.

It was only a start because so many names had been linked with B. Traven.

Arnolds; Barker; Heinrich Otto Becker; Robert Bek-Gran; Hal Croves
Traven Torsvan Croves; Fred Gaudet; Kraus; Langer; Martinez
Ret Marut; Rex Marut; Fred Maruth; Fred Mareth; Richard Maurhut
Goetz Ohly; Anton Raderscheidt; Wilheim Scheider
Arthur Terlelm; B.T.Torsvan; Traven Torsvan; Traven Torsvan Torsvan
Traves Torsvan; BrunoTraven; Charles Trefny

Some of these names were ascribed to Traven, some he gave in different places at different times, some were variations on a theme, either taken down wrongly or deliberate confusions by the man himself.

Other researchers established that Ret Marut, a German actor and pamphleteer, was the man who wrote later as B. Traven[2] ; that Hal Croves, who claimed to be Traven's representative when John Huston was shooting The Treasure of the Sierra Madre, was none other than the author himself[3]; that the various Torsvans were also the same man[4].

---

[1] Wyatt, Will: The Man Who Was B. Traven. 1980
[2] Recknagel, 1971; Baumann, 1976
[3] Stone, 1977
[4] Spota, 1958

Marut as an Indian. Düsseldorf Theatre[5]

Marut – here dressed as an Indian for a performance of Peter Pan – gave his birthplace as San Francisco in February, 1882. We inquired. The authorities there informed us that all birth records for San Francisco were destroyed in the fire of 1906. There was no way of confirming the birth, as Marut must certainly have known. Equally, there was no way of disproving it.

Hal Croves. Warner Bros.

Croves – here on the set of John Huston's film of The Treasure of the Sierra Madre – gave his birthplace as Chicago in 1890, either 5.3.1890 or 3.5.1890.

---
[5] All photographs: private property Will Wyatt.

There was no record for either. We also checked the February 1882 date in case he had given the right month but for a different city. No record.

Torsvan. Traven Estate

Torsvan also gave his birth as Chicago, 5th March 1890. No record of that.

We checked other names and cities given by or associated with Traven, without success.

Two other Travenologists, Michael Baumann and Jonah Raskin, had both said that Marut had been in London. Our inquiries led us to a Home Office file on Marut. There were mugshots taken in December 1923.

Police mug shots. Home Office London

They were in the name of Ret or Rex Marut alias Albert Otto Max Wienecke alias Adolf Rudolf Feige alias Barker alias Arnolds. Born 1882. USA.

Here were four new names. We made inquiries in America about these new aliases.

It was only when we received a file from the United States National Archive under the Freedom of Information Act that an interesting new avenue opened up. A letter from the American Embassy in London to the State Department dated 22nd January 1924 referred to what it called "*a rather mysterious case.*" It told of how the Special Branch of the London Police had arrested a man called Ret Marut who had now "*confessed*" that his real name was Herman Otto Albert Max Feige. He said that he had been born in Schwiebus in Germany in 1882.

This was interesting for several reasons. Feige was a name in the file about Marut's arrest held at the British Home Office, albeit with different first names, Adolf Rudolf. Giving four first names made it very specific. Schwiebus, now Swiebodzin in Poland, was an entirely new place in this story.

The letter writer from the American Embassy in London said he had asked the embassy in Berlin to make inquiries. They had done so of the German political police and of the local authorities in Schwiebus but "*could apparently get no information concerning him.*"

This was the first time that Marut had admitted that his name and his origin in San Francisco were both false. Why should this new name be his real one when had hidden so much for so long? Why would he give his true name to the police of all people?

One could begin to invent reasons. Perhaps the word "*confessed*" indicated pressurised interrogation. The important thing was not to wonder why it might or might not be true but whether or not there was evidence of such a person.

We wrote to Poland to inquire if there was a record of a birth in this name. There was a long silence. After several months a typed copy of a birth certificate arrived.

Typed copy of a birth certificate

This was the first name – the only name – connected with Traven to have a birth certificate that matched. It was for: Hermann Albert Otto Maxymilian Feige (his confession had been recorded as Herman Otto Albert Max Feige). Born in Swiebodzin on 23rd February 1882. (Marut had always given his birth as 25th February 1882).

The father's name was Albert Rudolph Feige (One of Marut's aliases in London was Albert Rudolph Feige).

His mother's name was Hormina Wienecke (Another London alias was Albert Otto Max Wienecke).

So, at last there was such a person. But was it Marut? Or was it just someone he had met or knew of and about whom he remembered this information?

After all, when the Americans asked the German political police and the local authorities to make enquiries they had drawn a blank.

BUT it was compelling that

- Marut knew and had used Feige's mother's maiden name. I asked myself, if I remembered the maiden names of friends' or acquaintances' parents from twenty or more years back? I did not. It was not impossible – but unlikely – that Marut could have. (It's interesting that these days a common security question is, "what is your mother's maiden name?")
- He had told the London police that his parents were a potter and a mill-hand. The birth certificate gave them as a potter and factory worker.
- The American Embassy had written that Marut was *"well acquainted with that town (Schwiebus/Swiebodzin) which makes it apparent that he has some connection there."* so it was unlikely this was someone he had met on a ship or travelling or in prison.

BUT it was not conclusive. Why had Marut for the first and only time given the police a biography that could be traced? If this was not his name, he risked exposure when the lie was checked. If it was his name, he was breaking the habit – even the obsession – of a lifetime.

You could speculate, and we did, endlessly, about the reasons for one or the other. Fear of imprisonment? Police pressure? A deal for freedom?

The more important thing was, could we find any further evidence either way?

We went to Swiebodzin to see the actual birth register.

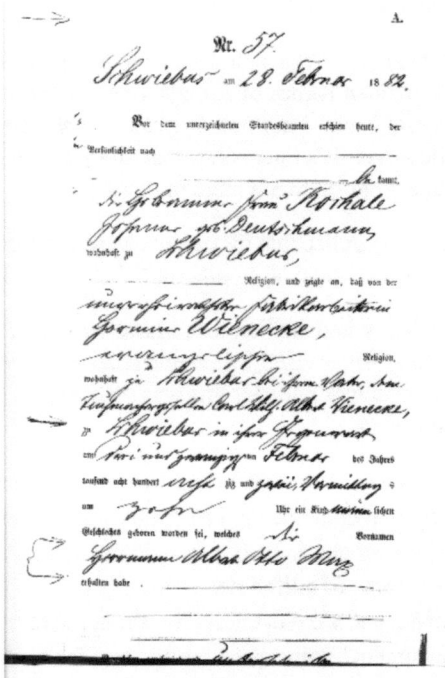

Birth register. Swiebodzin

In the town's hand written records we also found the marriage record for Feige's parents, it took place three months after his birth. Here, too, we discovered that there was a brother, Johannes Walter Ernst Feige, thirteen years younger, born in 1895. He had moved away and at one time lived in Hamburg.

From London we were able to discover the whereabouts of this younger brother, now 83 years old and living in Lower Saxony. We did not tell the German researcher who found the younger Feige's telephone number the reason for our search, so no hints of what we were interested in would be given away.

The very first that Johannes Feige heard was when a German speaking BBC colleague rang him to say who we were and that we were researching a documentary. He added that he was translating the conversation to the people with him.

"Did Herr Feige have a brother?" "Yes."

"Was he an elder brother?" "Yes", he had died ten years earlier. That roughly fitted.

"Whereabouts was he buried?" "Here in Wallensen", said Ernst Feige. He had fought in the First World War and worked in a local factory.

This was a serious blow. This elder brother could not have been Marut/Traven.

Before admitting defeat, I asked the translator to repeat the question. Did Herr Feige have more than one brother?

Yes, there was another.

Did he have a much older brother whose full name had been Herman Albert Otto Max?

"Ah yes!" he said, "Otto." He'd forgotten all about him.

Then came an exciting moment. Remember, Herr Feige had no idea why we were asking him these questions. Unprompted he now volunteered three memories of his brother Otto.

Otto, he said, had left home before the First World War and they never saw him again.

Otto had been a very clever boy.

They had, though, heard from him once more. He had been in England after the war and the authorities had thrown him out.

The name. The knowledge of the parents. Being familiar with the town. The leaving home. The distinctive cleverness. Being in England and being thrown out. If the Feige identity was a stolen one these were extraordinary coincidences, one upon another.

Ernst Feige was not keen to see us but we made contact with the local pastor who smoothed a path and told us that there was a Feige sister, Margarethe, also living in the village.

We flew to meet them and to film them. They had still been told nothing of Marut-Traven-Torsvan-Croves and had no idea of why we were interested in them and their brother.

The pastor told us that the Feige brother and sister had photographs of the young Otto. We took photographs of Marut with us.

Photographs could only be corroborative or supportive. But if the Feige photos were completely unlike the older Marut then the whole line of discovery could be put in question. If somehow we had missed a contradiction and were wrong in our conclusions this was when we were likely to find out. If Marut/Traven had stolen the Feige name and details from someone he had come across, then the photographs could reveal the lie. Thus far, what we had learned about Feige had fitted exactly with what we knew about Marut. There were no contradictions.

But what If the family photographs showed a very tall young man? Or with a thin nose? Or tiny ears? If the photographs could not be proof in themselves, they had the capacity to disprove.

Well, they did not.

Frau Henze, the sister, first showed us her elder brother's confirmation photograph. He was about fourteen at the time.

B. Traven. (Family photograph)

B. Traven. (Family photograph)

There he was. The mouth slightly flattened, a long upper lip. The nose similar, his left nostril angled more than his right.

Another photograph showed the whole family on the parents' 25th wedding anniversary in May 1907. That was the year of the first recorded appearance of Ret Marut. Otto had left home and not returned. So his profile head had been cut from an earlier photo and stuck onto the torso of a stand in, thus making the family photograph complete

25th wedding anniversary in May 1907 (Family photograph)

We then showed photographs of Marut and Torsvan to Ernst and Margarethe. They showed no surprise, commented on the expression in the mugshot and added, "Yes. That's him".

There were other family photographs. This is another picture of Feige's mother, Hormina.

Hormina Feige (Family photograph)

It is evident that he took after her. The nose, the mouth.

The brother and sister told us more about the Feige family. Otto had always been something of an outsider. He had done military service and afterwards became a socialist. He took over a room in the house, made placards, planned a campaign in the village and rehearsed his speeches. It was a row over his political activity that led to him leaving home for good.

There was one very significant memory of a time some years afterwards. Margarethe recalled coming home to discover her mother crying in the lavatory. Her mother said that the police had called earlier in the day and asked for Otto. Knowing that he had been in trouble with the police in London and knowing of his radical politics, she had said she had no son called Otto, the man they were after was nothing to do with her. She had denied her own son.

And of course this may well be the reason why when the American embassy asked the German police to find out about Feige, they had failed to find trace of him.

My book, which wrote all this up, was generally very well received. But there were some doubters, among them the Harvard professor and Traven biographer, Karl Guthke[6]. This niggled away at me as I was absolutely confident that I was right in my identification.

So some years later I wrote an article for the Daily Telegraph in London about one further piece of research.

I had got in touch with Dr. Graham Rabey of Manchester University. He had spent his career studying the human face and how it changed over time. I knew of him because he had helped a prisoner successfully challenge a conviction by proving that the face on a video and that of the prisoner were the faces of two different people.

I asked Dr. Rabey if he would compare the two police mug shots of Marut taken in London in December 1923 when he was 40, profile and full face, with two photos of Otto from the Feige family when he was about 14 and about 20.

---

[6] The autor of the book: B. Traven: The Life Behind the Legends (1990).

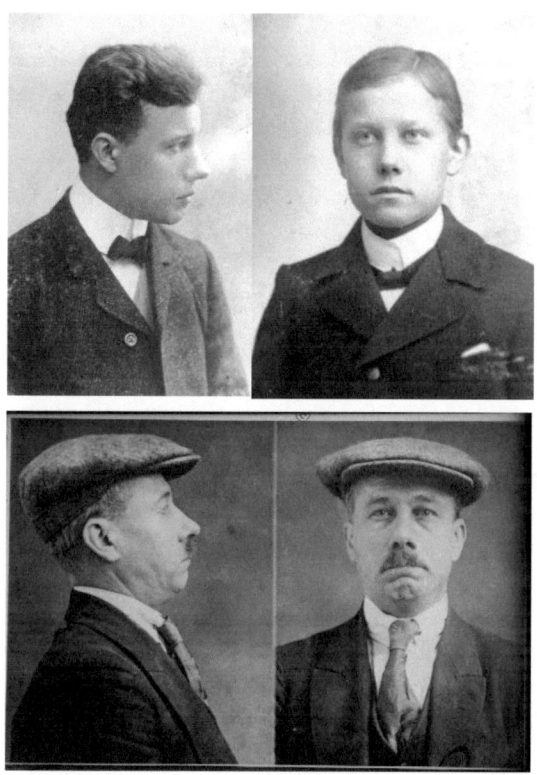

(Family photographs and the police mug shots, London)

Were all four photographs of the same person?

Dr. Rabey[7] told me that one would have to take into account the precise angle of the photographs, the expression (especially as Marut was deliberately puckering his chin in the mugshot), and that some parts of the face change more than others with age. Some features would yield what he called *"soft evidence"*, others *"hard evidence."*

For this reason, he concentrated first on *"hard evidence"*, that of the ear and the nose in the profile pictures.

---

[7] Graham Rabey. Correspondence with the author. Reported in Daily Telegraph 21st January 1995

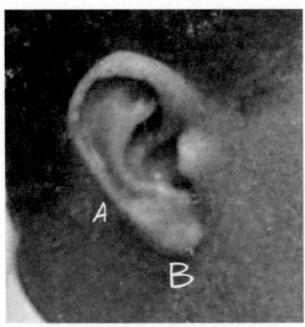 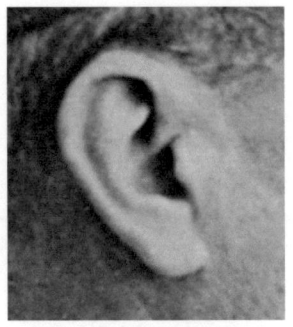

Aged c. 20   *Aged c. 40*

He traced and labelled the ears and found *"a remarkable degree of correspondence discernible and (just as importantly) incompatible forms are not discernible."* Noting the helix (A) and the lobule (B), he added *"after more than 30 years of studying the human face and head on a daily basis, I would estimate that the likelihood of this degree of correspondence occurring by chance ... is at least one in a hundred. To err on the side of caution I suggest a safe probability figure of 1/50."*

Pointing to other elements of the ear he estimated the similarity of these *"on a safe probability. 1/50"*

Adding, *"the likelihood of BOTH of the above high degrees of correspondence occurring TOGETHER by chance .... at least 1 in 2,500."*

Dr. Rabey said that there were other factors which would justify a further multiplication of the odds but *"because I am most anxious to err on the side of caution, I suggest we settle for 1/2500 at this point."*

He then moved on to the nose where he found *"a remarkable degree of correspondence. Again no incompatibilities."*

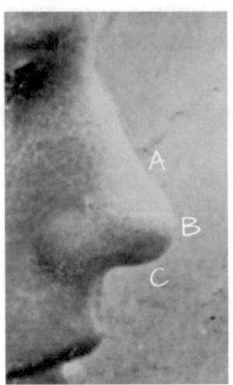 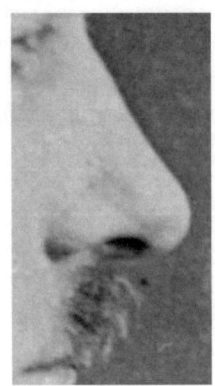

He pointed to the dorsum (A), apex (B) and septal outline (C), *"safe probability of this occurring by chance 1/50"*

For other parts of the nose, the nostril margin and alar margin, *"safe probability 1/30 ... figure for whole nose about 1/1500"*

Taking ear and nose together *"We can say from HARD evidence that the likelihood of the above various close correspondences occurring TOGETHER ... at least one in 3,750,000"*

He then referred to what he called soft evidence, full face view of mouth, jaw and nose.

(Family photographs and the police mug shots, London)

"ALL of the soft evidence features in each photo are COMPATIBLE with the corresponding features in the other photos. The likelihood of this remarkable circumstance occurring by chance alone ... odds of 1 in 100 would be VERY safe."

He concluded *"there is an extremely high degree of likelihood (the odds against being several hundreds of millions to one) that (the 20 year old Feige) is the SAME PERSON as (the 41-year-old Marut) OR A VERY CLOSE BLOOD RELATIVE ... The only serious question remaining is the possibility of the two subjects being brothers."*

But there was no suitable brother. There were four male Feige offspring. One, Ernst, I met in Lower Saxony. The other two, Willi and Max, lived and died in Germany. Both are buried in Wallensen.

So Otto Feige was Marut. Marut was Torsvan and Croves. They were all B. Traven.

I do not expect this to be the end of the matter. Somewhere someone is proving that B. Traven was Shakespeare. I just know it.

Recently, I have sought help from two researchers who work on digital identification but so far, they have not advanced the case either way. I am not sure more physical identification can add anything.

The clinching check would of course be DNA. It is possible.

I saw Malu, Traven's step daughter in Mexico a few years back. She has items, such as his hat, from which I believe DNA could be gathered. This could be compared with the Feige family members in Germany.

Malu said that she was interested in doing this. But I am not so sure. For then we would know for certain and I don't think she wants the man she knew the Skipper, her stepfather, to turn out to have been the apprentice locksmith Otto Feige.

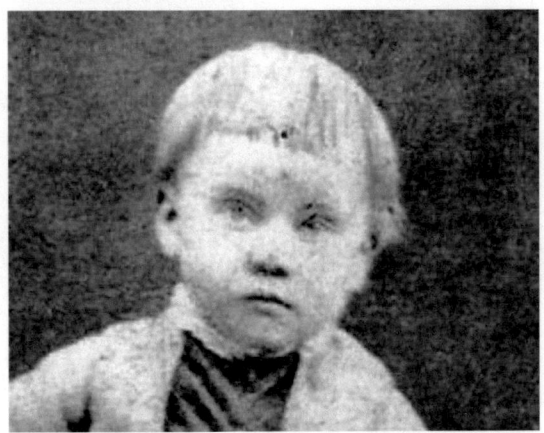

(Family photograph)

But Feige he was.

Bibliography

Baumann, Michael L.: *B. Traven: An Introduction.* University of New Mexico Pr 1976.

Guthke, Karl S.: *B. Traven: The Life Behind the Legends.* Chicago: Lawrence Hill Books 1991.

Recknagel, Rolf: *B. Traven: Breiträge zur Biographie.* Berlin: Guhl 1977.

Spota, Luis: *¡Mañana descubre la identidad de B. Traven!* In: Mañana, México 1948.

Stone, Judy: *The Mystery of B. Traven.* Chicago: Lawrence Hill Books 1977.

Wyatt, Will: *The Man Who Was B. Traven.* London: Jonathan Cape Ltd 1980.

Wege zur Individuation: Ret Marut – der Schauspieler

Michael Matzigkeit (Theatermuseum Düsseldorf)

Vorbemerkung

Dieser Beitrag beinhaltet gleich mehrere Implikationen. Nach einem kurzen Überblick über die Quellenlage wird das harte, wechselvolle Leben des *mystery man* zwischen 1907 und 1915 skizziert. Lebensdokumente, Korrespondenzen und gelegentlich auch literarische Fundstücke bieten mittelbar, manchmal aber auch auf sehr direkte Art einen Einblick in die Lebenszusammenhänge und Arbeitsbedingungen des *selfmade man*. Gleichzeitig werden wir das Theater nach der Jahrhundertwende nahezu in seiner ganzen Vielfalt und Unterschiedlichkeit kennenlernen, das sich in einer radikalen Umbruchphase befand. Maruts unerschrockener Drang, seine Begeisterung für das Schauspiel – 1906/07 zunächst vermutlich als Laiendarsteller – ab Herbst 1907 auch professionell ausagieren zu wollen und sein Ziel, Karriere zu machen, lässt uns an dieser Vielfalt teilhaben. Dabei scheint die Karriere für ihn ein Motor, aber kein Synonym für den vergänglichen Ruhm zu sein. Vielmehr steckt dahinter der Wunsch nach bühnenkünstlerischer Vervollkommnung, für die er den Zugang zu renommierten Häusern sucht. Deshalb ist er zu größten Anstrengungen, wie zu finanziellem Verzicht bereit, wenn sich dadurch die Hoffnung auf Weiterkommen erfüllt. Für ihn ist es offenbar nur ein weiterer Schritt zu seiner Individuation. Zielstrebig und mit strategisch planerischem Geschick verfolgt er diesen Weg. Als Ret Marut erkennt, dass seine Ausdrucksmittel auf dem Theater wohl dauerhaft begrenzt sein werden, zieht er einen Schlussstrich und wendet sich ganz der Literatur zu.

Bekanntlich wurden die intensiven Recherchen zu Travens Leben und Werk mit einem deutlichen Fokus auf Ret Marut seit Anfang der sechziger Jahre durch den Leipziger Bibliotheksdozenten Rolf Recknagel (1918-2006) begonnen. Er blieb mit seinen biographischen Forschungen nicht allein: 1965 legte Peter Lübbe seine Dissertation „Das Revolutionserlebnis im Werk von B. Traven" vor. Armin Richter veröffentlichte 1977 die vorbildliche Dissertation „Der Ziegelbrenner. Das individualanarchistische Kampforgan des frühen B. Traven" und hellte damit die Münchner Episode von Ret Marut auf. Wesentliche Informationen zur Londoner Zeit trug der BBC-Mann Will Wyatt in seiner Publikation „The man who was B. Traven" (1980) bei, der auch der maßgebliche Hinweisgeber auf Travens Identität in der Vor-Marut-Zeit wurde. Allerdings bieten diese Forschungsergebnisse nichts zur Fragestellung meiner

Arbeit. Der deutsch-amerikanische Germanist Karl Guthke (*1933) konnte in seiner monumentalen Monographie von 1987 zu den Erkenntnissen, Hypothesen und Spekulationen von Recknagel nichts wesentlich Neues hinzufügen. Allerdings werden in seinem Buch zahlreiche Dokumente aus dem Altbestand des Dumont-Lindemann-Archivs reproduziert wiedergegeben, die sich heute in der Sammlung Heidemann in Riverside/Kalifornien befinden. Beide Autoren haben, wie die Arbeit von Jan-Christoph Hauschild schlüssig nachweist, auch in dem von mir zu behandelnden biographischen Abschnitt vielfach nur an der Oberfläche gekratzt. Dass ich mich auf Hauschilds gesicherte Fakten beziehe, ist auch eine Verbeugung vor seiner immensen dreieinhalbjährigen Rechercheleistung, bei der er jeder erdenklichen Spur (auch gerade in Riverside) noch einmal nachgegangen ist. So war es eine Selbstverständlichkeit, dass er auf die Studienergebnisse in Danzig und Düsseldorf zurückgreifen konnte, die meine Frau und ich in Zusammenarbeit mit Ille Weissert zusammengetragen haben.

Zur Quellenlage

Die Quellenlage für den biographischen Schwerpunkt „Ret Marut als Schauspieler" wirkt auf den ersten Blick diffus. Sicherlich ist das nicht zuletzt darauf zurückzuführen, dass kein geschlossener Nachlass zu Feige/Marut/Traven vorliegt und damit scheinbar mancher inhaltlichen Spekulation Tür und Tor geöffnet ist.

Bei insgesamt sechs Institutionen bzw. Personen sind nennenswerte Bestände für meine Themenstellung vorhanden. Alle – bis auf die Erbin und Nachlassverwalterin von Traven, seine Stieftochter **Malu Montes de Oca de Heyman** in Mexiko City – gewähren immerhin einen öffentlichen Zugang.

Nehmen wir die auf Otto Feige bezogenen Devotionalien in Familienbesitz aus, weil sie keinen inhaltlichen Bezug haben, so befindet sich der zeitlich früheste Bestandteil – offenbar selbst mit Anteilen, die in die Vor-Marut-Zeit verweisen – in Riverside/Kalifornien (**The B. Traven Collections at UC Riverside Libraries**); darunter sind auch Dokumente, die auf ungeklärtem Wege aus dem damaligen Dumont-Lindemann-Archiv, Düsseldorf, als Bestandteil der Sammlung Gerd Heidemann 2000 in den Bestand der B. Traven Collections wechselten.

Der Travenforscher und -sammler **Wolf-Dietrich Schramm** aus Lübeck, das **Staatsarchiv in Schwerin (Nachlass Hans Franck)**, die **Bibliotheka Gdanska P.A.N.** und das **Theatermuseum Düsseldorf** teilen sich die immerhin noch bemerkenswerten Reste aus Maruts Zeit in Danzig und Düsseldorf zwischen Ende 1911 bis Mitte 1915. Man muss es fast Glück nennen, dass nicht alle Düsseldorfer Bestände den räuberischen Traven-Maniacs zum Opfer fielen. So hatte der damals noch weitgehend ungeordnete Zustand des Nachlasses Schauspielhaus Düsseldorf vor seiner Erschließung ab 1990 auch eine schützende Funktion.

Bei der Ermittlung biographischer Eckpunkte in Maruts Werdegang als Schauspieler sind die Jahrgänge 1908-1920 des „Neue[n] Theateralmanach[s]" hilfreich; gelegentlich legen sie durch manche kurzschlossene Volte unseres Protagonisten ungewollt falsche Spuren. Herausgegeben von der Bühnengenossenschaft deutscher Bühnenangestellter enthalten die Spielzeitbände den Nachweis über die Mitgliedschaft mit Mitgliedsnummer und gegebenenfalls den Hinweis, an welcher Bühne im deutschsprachigen Raum die Person mit ihrer jeweiligen Bühnenfunktion engagiert wurde. Demnach war Marut im bereits erwähnten Zeitraum als zahlendes, später auch pensionsberechtigtes Mitglied namentlich geführt. Offenbar war er sich nach seiner Trennung vom „Schauspielhaus Düsseldorf" Mitte 1915 keineswegs sicher, dass die Bühne für ihn keine weitere Option bot. Zumindest wollte er seine Pensionsansprüche noch 1920 aktiv sichern. Kurios ist das insofern, weil er Mitte 1919 als „fliegender" Verleger des „Ziegelbrenner" auf der Flucht in den Untergrund abgetaucht war. Er muss also auch in der Illegalität noch seinen Bühnengenossenschaftsbeitrag entrichtet haben.

Der Berliner „Theater-Courier" – eine Wochenschrift für Theater, Musik, Literatur und Unterhaltung – mit dem wichtigsten Offertenteil der Theaterbranche ist von Hauschild für den in Frage kommenden Zeitraum zwischen 1908 und 1911 komplett durchgesehen worden. Hier fanden sich wesentliche Hinweise und Hintergrundinformationen auf Maruts frühe Engagements in Idar, Ansbach, Ohrdruf, und die weitgestreuten Aktivitäten der Witwe Thusnelde Schmidt in Crimmitschau, Markranstädt, Eythra und Zwenkau, Hohenmölsen und Meuselwitz. Gelegentlich half auch nur die Durchsicht der Tagespresse. Für die letzte Phase konnte auf Vorarbeiten von Rolf Recknagel zurückgegriffen werden, selbst wenn er Einiges übersah oder nicht so wichtig fand, um es seiner Traven-Monographie hinzuzufügen. Mit Materialien in Riverside und mit Hilfe der Verbandszeitschrift der Bühnengenossenschaft „Der neue Weg" ließ sich auch das Anschlussengagement Maruts unter der Direktion Franz Lange rekonstruieren.

In der Verbandszeitschrift der Bühnengenossenschaft „Der neue Weg" hat Ret Marut mit einer gesunden Portion Selbstbewusstsein, vielleicht auch Eitelkeit – immerhin auf eigene Kosten – zahlreiche Spuren hinterlassen. Spätestens ab 1910/11 beweist Marut bereits sein „modernes" Bewusstsein, dass man für die optimale Selbstpositionierung bereit sein muss, eigene finanzielle Mittel zu investieren. Allerdings sollte er auch bald spüren, dass das Marketing in eigener Sache bei allen Möglichkeiten der öffentlichen Verbreitung nur dann einen Weg zu persönlichem Erfolg garantiert, wenn das eigene Talent auf dem praktizierten Gebiet groß genug ist, um nachhaltige Wirkung zu zeigen. Für ihn war das Organ der Bühnengenossenschaft immerhin eine erstklassige Referenz, wenn es um Anschlussengagements ging, konnte er doch so auch sein vielfältiges Repertoire als Rollendarsteller, bisweilen Regisseur, zumeist aber Chargenspieler nachweisen. In dieser Hinsicht bleibt „Der neue Weg" in seiner vollständigen Form heute eine äußerst rare Quelle, die noch gründlich ausgeschöpft werden muss.

Bleiben als größter Fundus die Originalquellen Maruts in Riverside, die sich im Wesentlichen zwei Beständen zuordnen lassen:

1. Die bereits erwähnte „Sammlung Heidemann", darin die Personalakte Ret Maruts, Schauspielhaus Düsseldorf, 1912-1915

und die

2. Ret-Marut-Sammlung der University of California, Riverside Libraries. In diesem Bestand liegt auch ein von Marut handgeschriebenes Rollenverzeichnis vor, in dem er zwischen dem 7. Oktober 1910 und dem 13. August 1911 minuziös Buch über seine Bühneneinsätze als Schauspieler und Regisseur bei der Direktion Sormand und von Stümer führt, die wegen des unseriösen Geschäftsgebaren der beiden einen traurigen Tiefpunkt in Maruts Schauspielerlaufbahn beschreibt.

Andere Details – gerade aus der Wandertruppenexistenz von Marut – lassen sich nur den zahlreichen ortsansässigen Lokalblättchen entnehmen, die Hauschild akribisch ausgewertet hat. Das trifft besonders auf Maruts Mitgliedschaft im Dessauer Künstler-Ensemble unter der Direktion von Franz Lange 1910 zu, mit dem er an verschiedenen Orten im Vogtland gastierte.

Der Theaterzettelbestand in der Theatersammlung der Bibliotheka Gdanska P.A.N bietet Material für einen vollständigen Überblick über die Tätigkeit Maruts am Stadttheater Danzig. Es sollte sein erstes Engagement an der kommunalen Bühne einer mittleren Großstadt von immerhin 170.000 Einwohnern werden. Im Bibliotheksbestand des Hauses haben sich trotz der schweren Kriegsfolgen für Danzig die drei wesentlichen Lokalzeitungen erhalten, die in den Aufführungsbesprechungen gelegentlich auch über die Chargentätigkeit Maruts berichten.

Schließlich: Was sich aus dieser Zeit im Traven-Nachlass in Mexiko City erhalten hat, können vielleicht die wenigen Glücklichen beurteilen, die noch von Travens Frau oder ihrer Tochter eine Einsichtserlaubnis erhalten haben. Für die Öffentlichkeit dokumentiert ist der Bestand leider nicht.

Vorweg: Meine Aufgabe in diesem Vortrag soll nicht darin bestehen, eine lückenlose Biographie Maruts in seiner Zeit als Schauspieler zu bieten. Dafür reicht trotz aller Anstrengungen die Quellenlage noch nicht aus. Darüber hinaus soll der Leser/ die Leserin auch nicht mit Spielplanausbreitungen ermüdet werden, die einer gewissen Monotonie nicht entbehren.

Stattdessen biete ich zunächst eine biographische Skizze für die Zeit zwischen 1907 und 1915 auf der Basis der nun maßgeblichen Hauschild'schen Publikation[1]. In Verbindung damit werde ich mich mit den Lebens- und Arbeitsbedingungen an dem Theater des Wilhelminischen Kaiserreichs beschäftigen, die gelegentlich auch in Maruts frühem literarischem Werk Spuren hinterlassen haben. Maruts bemerkenswertes Theaterverständnis kann indessen nur angedeutet werden und muss einer späteren Studie vorbehalten bleiben.

Biographische Skizze

Bringt man die Puzzleteile der verstreuten Bestände in eine sinnvolle, chronologische Ordnung, lassen sich die einzelnen Phasen von Ret Maruts Zeit als Schauspieler inzwischen ziemlich genau rekonstruieren.

Als Ret Marut Mitte Oktober 1907 nach Idar fährt, um wenig später am Thalia Theater als graumelierter Graf von Trast-Saarberg in Sudermanns Schauspiel „Die Ehre" zu debütieren[2], ist er fünfundzwanzig Jahre alt. Bis zu diesem Entschluss ist viel geschehen: In Essen wird er zum Saisonbeginn 1907/08 (das heißt im September/Oktober 1907) Mitglied der Deutschen Bühnengenossenschaft[3]. Der Bühnenalmanach für das Jahr 1908 weist ihn als Schauspieler und Regisseur mit der Mitgliedsnummer 8228 aus[4]. Die runden Klammern um die Mitgliedsnummer bedeutet, dass mit diesem Beitritt Marut noch keinen Pensionsanspruch erworben hat.

Wesentlich gravierender als diese offensichtliche Hochstapelei ist aber, dass er in eine völlig neue Identität schlüpft. Er ist nun der in San Francisco geborene Amerikaner Ret Marut. Eine Überprüfbarkeit seiner Angaben braucht er

---
[1] Im Folgenden zit. als Hauschild, 2012
[2] Vgl. Hauschild, 2012, S. 188.
[3] Das genaue Eintrittsdatum lässt sich nur vermuten; es liegt zwischen dem üblichen Saisonbeginn im Herbst 1907 – in der Regel September/Oktober – und dem Drucktermin des „Neuen Theateralmanachs" für das Jahr 1908, der nach Ermittlungen von Hauschild Mitte Dezember 1907 angegeben werden kann.
[4] Vgl. Neuer Theater-Almanach, Berlin, Jg. 19, 1908, S. 715.

nicht zu fürchten, weil durch das Erdbeben von 1906 und das anschließende verheerende Feuer sämtliche Meldeunterlagen an seinem angeblichen Geburtsort vernichtet sind. Beste Voraussetzungen für einen radikalen Neuanfang.

Damit sind auch keinerlei Verbindungen zu seinem früheren Leben als gelernter Maschinenschlosser und Gewerkschaftssekretär Otto Feige in Gelsenkirchen herstellbar. Dort hat er sich am 9. Oktober 1907 polizeilich abgemeldet, angeblich um auf Reisen zu gehen[5].

Dass Marut den Entschluss, Schauspieler zu werden ohne jede Vorkenntnis und Voraussetzung getroffen hat, ist auszuschließen: Spätestens in Gelsenkirchen, möglicherweise aber auch schon während seiner Tätigkeit als Maschinenschlosser und Gewerkschafter 1904/05 in Magdeburg, suchte er noch unter seiner alten Identität Otto Feige bereits die kulturelle Auseinandersetzung.

In Gelsenkirchen richtet er – wohl auch als Werbemaßnahme für den „Deutschen Metallarbeiter-Verband" – „Kunstabende" aus, bei denen neben Kurzweilig-Unterhaltsamen von Fritz Reuter und Wilhelm Busch auch Henrik Ibsen auf dem Programm steht. Anfang Dezember 1906 gründet sich dort ein „Dramatischer Club ‚Freie Bühne'", woran er vermutlich maßgeblichen Anteil hat und in dem er offenbar auch Regieaufgaben wahrnimmt.[6]

Die Freude am Spiel und an der Darstellung dürfte der entscheidende Grund für den radikalen Identitätswechsel gewesen sein. Es spricht ebenso für seinen Mut wie für seinen Willen zur persönlichen Weiterentwicklung, dass er nicht im Stadium des Laienspiels verharrt. Dafür ist er ganz offensichtlich bereit, Opfer auf sich zu nehmen, denn mit der enormen Rollenbelastung bei geringer Bezahlung zählt er wie der weitaus größte Teil seiner neuen Kolleg/inn/en zum Kunstproletariat. Um nicht gleich in einen Zustand der absoluten Rechtlosigkeit zu fallen, ist für ihn, den langjährigen Gewerkschafter, der Anschluss an die Bühnengenossenschaft selbstverständlich.

Ob die Entscheidung, Schauspieler zu werden, aus auch einem „romantischen" Impuls entstand, lässt sich bei der dünnen Quellenlage nur spekulieren. Zumindest seine nun zugelegte amerikanische Legende deutet darauf hin.

Über die Bedeutung des Pseudonyms „Ret Marut" ist schon viel geschrieben worden. Dass der Name ein Anagramm sein könnte, fiel recht bald auf. Besonders der Nachname legt eine Auflösung nach „Traum" oder „Armut" nahe. Viel sinnfälliger, ja sympathischer ist mir aber der Lösungsvorschlag von Jan-Christoph Hauschild, der unter Einbeziehung des Vornamens auf die Ver-

---

[5] Vgl. Hauschild, 2012, S. 169.
[6] Vgl. ebd., S. 138.

sion „Ratet rum" kommt, was immerhin für den subtilen Humor des Namensträgers spräche.[7]

Ret Marut meldet sich auf eine Annonce im „Theater-Courier" vom 4. Oktober 1907:

> „Mitglieder / aller Fächer / ab sofort für Idar a. d. Nahe gesucht. Gespielt wird während der ganzen Saison in Idar. Es wird nur auf gute Kräfte reflektiert. Gagen von 70 bis 120 Mk. Reisevorschuß gegen Sicherheitspapiere. Off. an Carl Hahn, Besitzer und Direktor des Theater-Etablissements ‚Zur schönen Aussicht', / Idar a. d. Nahe".[8]

Einen Monat später trägt das Theater-Etablissement den spartenkompatiblen Namen „Thalia-Theater".[9] Offenbar befand sich der Eigentümer, ein Direktor ohne weitere Erfahrung im Metier, noch in der Findungsphase. Die Kompetenz hatte er sich mit ein paar erfahrenen Berufsschauspielern eingekauft, die die größere Zahl von Anfängern anzuleiten hatten. Marut läuft allerdings nicht als Anfänger; er lässt sich gleich als Charakterdarsteller engagieren.

Gespielt wird in einem Anbau der Wirtschaft. Über die genauen Ausmaße der Bühne und des Zuschauerraums ist nichts bekannt. Legt man die überlieferte Außenansicht der Lokalität zu Grunde, dürfte es sich um eine Bühne von max. 5 Metern Breite mit vielleicht dreieinhalb Metern Tiefe gehandelt haben. Die Anzahl der Sitzplätze schätze ich angesichts der Größe von Idar auf nicht mehr als 150, eher weniger; die Kleinstadt zählt damals rund 5000 Einwohner.

Die Startbedingungen für das Thalia-Theater unter Carl Hahn scheinen relativ günstig: 1907 befindet sich das Unternehmen nur in Konkurrenz mit einem vergleichbaren Etablissement im Nachbarort Oberstein. Allerdings wechselt bereits 1910 der Besitzer. Das Haus nimmt seinen alten Namen wieder an. Der Anbau mit der Bühne läuft nun im Volksmund unter „Korbs Saalbau".[10] Doch da befindet sich Marut bereits auf einer Tournee durch West- und Ostpreußen.

Bemerkenswert ist das erste Engagement von Marut in mehrerlei Hinsicht. Offensichtlich bot die fachfremde Führung des Unternehmens auch relativ unabhängige Gestaltungsmöglichkeiten für den Spielplan, der wohl im Wesentlichen von dem Charakterkomiker und Darsteller 1. Charakterrollen Paul Meischner gestaltet wird.

Das Arbeitspensum für die Berufsanfänger ohne einen eigenen Bestand an sicher sitzenden Rollen muss besonders zum Saisonstart enorm gewesen sein. Sicherlich wurde gelegentlich auch nachts gelernt. Häufig wird alle zwei Ta-

---
[7] Vgl. ebd., S. 181.
[8] Theater-Courier, Nr. 719, 4.10.1907, S. 521; Hauschild, 2012, S. 186, 598.
[9] Vgl. Hauschild, S. 187.
[10] Vgl. ebd., S. 188.

ge ein neues Stück angesetzt. Kaum ein Stück steht drei Tage hintereinander auf den Spielplan. Allein Novität zählt, weil sonst das Publikum wegzubleiben droht.

Allerdings erwartet das Publikum wohl auch keine inhaltliche oder darstellerische Feinheit. Üblich ist vielmehr ein Potpourri aus Possen, Schwänken, Derb- bis Grobkomischem oder leichter Unterhaltung im musikalischen Genre. Gerade bei den Novitäten orientiert man sich auch in der Provinz gerne an den inhaltlichen Standards der Unterhaltungsindustrie Berlins und bewirbt diese besonders. Für Unternehmer wie Carl Hahn in Idar, Oscar Hansen und Albert Eng vom Ohrdrufer Saison-Theater oder Thusnelde Schmidt vom Stadt-Theater in Crimmitschau, um die drei stellvertretend für diese rein kommerzielle Theaterform zu nennen, bei denen Marut engagiert war, steht die dargebotene Unterhaltung ausschließlich unter dem Wirtschaftsaspekt; hier geht es vordringlich um Gewinnmaximierung.

Verständlich, dass der Spielplan bei möglichst geringem eigenen Risiko dem unterstellten Publikumsbedürfnis angepasst ist. Nur in Ausnahmefällen (z.B. zu Dichterjubiläen oder für den schulischen Gebrauch – so am Schlosstheater ins Ansbach/Franken, wo Marut nachweislich im Herbst 1908 engagiert ist –) werden Dramen der gehobenen Literatur oder Weltliteratur aufgeführt, was zwangsläufig noch nichts über die darstellerische oder ästhetische Qualität der Inszenierung aussagt.

So bleibt es erstaunlich, dass sich der verantwortliche Regisseur Meischner auf Maruts außergewöhnlichen Vorschlag einlässt, für dessen Benefiz-Vorstellung am 18. März 1907 „Othello" einzustudieren[11], in der Marut auch gleich die Titelrolle übernimmt. Dass Ret Marut als Benefiziant Berücksichtigung findet, beweist einmal mehr, dass er in Idar als Charakterdarsteller eingestellt worden ist, eine Stellung, um die er später vergeblich gekämpft hat. Vertraglich stehen ihm damit mindestens 50% von den Nettoeinnahmen des Abends zu. Dafür hat er die Kosten für die Annonce in der Lokalzeitung oder für die Theaterzettel zu tragen. Der Gewinn bei einem zugkräftigen Stück kann indessen ungleich größer sein: Am Ende einer Saison gibt die zu erwartende Einnahme auch eine gewisse Beruhigung vor einer Zukunft ohne gesichertes Anschlussengagement.

Uns ist heute „Benefiz" als Wohltätigkeitsveranstaltung für Bedürftige in der sogenannten 3. Welt oder für Opfer von Naturkatastrophen geläufig. Noch im frühen 20. Jahrhundert gehört die soziale Not im Bereich der darstellenden Kunst zur gelebten Wirklichkeit, fallen die Bühnenangehörigen im künstlerischen und technischen Bereich doch nicht unter die Zuständigkeit der von

---

[11] Hauschild, 2012, S. 190, 598.

Bismarck für die Arbeiter eingeführten Sozialgesetzgebung. Erst ab 1919 gibt es einen zwischen den Tarifparteien – dem Deutschen Bühnenverein und der Genossenschaft deutscher Bühnen-Angehöriger – ausgehandelten Tarifvertrag, der auch die Alterssicherung als einen festen Bestandteil des Vertragswerkes berücksichtigt. Bis zu diesem Zeitpunkt ist die Altersvorsorge ein Teil der Selbstorganisation der 1871 in Weimar gegründeten Bühnengenossenschaft und in den seltensten Fällen die Absicherung für einen auskömmlichen Lebensabend.

Kommen wir zu Marut zurück: Seine Stückwahl ist unerwartet glücklich. Das Publikum füllt den Raum; die Presse berichtet enthusiastisch:

> „Herr Ret Marut […] war ein Othello, wie man ihn sich nicht besser wünschen konnte – voll auflodernder Leidenschaft, gleich groß in Liebe wie im Hass, rasend in seiner Eifersucht. […] Das äußerst zahlreich erschienene Publikum dankte den Künstlern für den bereiteten Genuss durch lebhaften Beifall; Herr Marut wurde durch Überreichung eines großen Lorbeerkranzes ausgezeichnet."[12]

Dennoch bleiben mehr Fragen als Antworten. Das Theater des 19. und beginnenden 20. Jahrhunderts spielte immer noch mit der Illusionswirkung auf den Zuschauer. Wie kann man sich also ein wie auch immer reduziertes Bühnenbild zu „Othello" vorstellen, dessen erster Aufzug in Venedig, die folgenden auf Zypern Anfang des 16. Jahrhunderts angesiedelt sind? Oder setzte die Bühnenwirkung lediglich auf „prachtvolle" Kostüme? „Othello"-Aufführungen waren traditionellerweise gerade dafür bekannt. Wo kamen sie her, wurden sie doch nach der aktuellen Kenntnis für den übrigen Spielplan in Idar nicht benötigt.

Auch die Texteinrichtung durch den Regisseur, die Setzung seiner Striche bedeutet einen erheblichen Aufwand, soll doch das Publikum nicht mit einer überlangen Aufführung strapaziert werden.

Zudem müssen die Mitspieler bereit sein, zugunsten eines Nutznießers, des Benefiziaten, zusätzliche Lernarbeit zu leisten, auch wenn sie erst später einmal oder vielleicht nie von einem für sie ausgerichteten Benefiz profitieren.

Kurzfristige Umbesetzungen – auch wegen der verständlicherweise hohen Fluktuation der Darsteller – verschärfen die Situation auf der Bühne. Bei Textunsicherheit wird extemporiert oder der Souffleur muss einspringen. Eine abgestimmte Ensembleleistung ist zumindest am Anfang der Saison, wo man sich erst zusammengefunden hat, kaum zu erwarten.

Selbst wenn wir zugestehen, dass der Souffleur eine unverzichtbare Säule in diesem Theatersystem bleiben musste, wird sich Marut sicherlich länger auf diesen Auftritt vorbereitet haben. In der Regel gab es sonst – wie er einmal

---

[12] Idarer Anzeiger, Nr. 68 vom 19.3.1908.

selbst kolportierte[13] – eine Arrangierprobe, eine Generalprobe, dann die Premiere. Fragen über Fragen, auf die es bisher keine Antworten gibt.

Wo Marut im Anschluss an Idar während der Sommerzeit engagiert war, ist ebenfalls unbekannt. Erst im September 1908 lässt sich wieder eine Spur ausmachen. Sie führt ins fränkische Ansbach, wo Marut am Schlosstheater unter der Direktion J.B. Drummer engagiert ist. Die dortige Bühne steht in Personalunion mit dem Stadttheater im oberpfälzischen Amberg, an dem Marut aber nicht mehr zum Einsatz kommt.[14]

Während der Zeit seines Engagements in Ansbach, das über die monatliche Probezeit nicht hinausgeht, besteht Marut die Anforderungen des Spielplans mit Bravour: In rascher Folge werden neben den provinzüblichen Possen, Schwänken und Operetten immerhin auch Lessings „Minna von Barnhelm" und Schillers „Maria Stuart" gegeben. Mehrfach wird er in der Presse lobend erwähnt, mal als „gewandter Spieler", mal als „glaubhaft, zum Teil packend" in der Darstellung. Warum Marut trotz dieser guten Pressebeurteilung Ansbach nach dem Probemonat verlässt, ist nicht bekannt.[15]

Mit seinem kurzfristig über den Theater-Courier zustande gekommenen Folgeengagement im sachsen-anhaltischen Ohrdruf begibt er sich bereits in die Niederungen des kommerziellen Provinztheaters. Immerhin wird er von der Direktion Oscar Hansen und Albert Eng-Straube als „jugendlicher Held und Liebhaber" – also in einem Rollenfach – für die Wintersaison engagiert. Doch die reale Laufzeit seines Vertrages wird immer kürzer. Abhängig vom Erfolg beim ländlichen Publikum in Marktflecken und Kleinstädten, das offenbar nur begrenzt zahlungswillig und -fähig ist, lässt sich der Fortbestand einer Truppe nicht mehr planen. In Ohrdruf ist Marut gerade mal drei Wochen, dann sind die spielerischen Möglichkeiten erschöpft. Marut wird arbeitslos; die erzwungene freie Zeit verbringt er bis zum Ende des Jahres in Berlin.[16]

Strategisch ist Berlin als Ausgangspunkt für ein neues Engagement besonders günstig: neben dem Theater-Courier mit dem erfolgreichsten Inseratenteil für alle deutschsprachigen Bühnen, der auch Marut bisher von großem Nutzen war, und dem Verbandsblatt der Bühnengenossenschaft suchen über zehn Agenturen nach neuen, unverbrauchten Kräften für den ganzen deutschsprachigen Raum. Wieder gelingt es ihm ohne große Zeitverzögerung am Stadttheater im sächsischen Crimmitschau angenommen zu werden.

---

[13] Vgl. Ret Marut: Theaterdirektor Raßmann. In: Düsseldorfer General-Anzeiger. Nr. 32, 1.2.1913 (Unterhaltungsbeilage) und Nr. 33, 2.2.1913 (Unterhaltungsbeilage).
[14] Neuer Theater-Almanach, Berlin, Jg. 20, 1909, S. 248.
[15] Vgl. Hauschild, 2012, S. 194ff.
[16] Vgl. ebd., S. 197ff.

Die Bezeichnung „Stadt-Theater" ist zweifelsohne ein Euphemismus. Thusnelde Schmidt führt mit ihrem Sohn Otto ein Familienunternehmen, in dem sie als Direktorin, Oberregisseurin und Schauspielerin, er als Geschäftsführer, Oberregisseur und Schauspieler fungiert. Auch die Mitglieder des übrigen Ensembles sind oft mehrfach verpflichtet. Immerhin reicht die Tradition der Tourneebühne bis 1871 zurück.[17]

Hauptspielort in Crimmitschau ist das „Odeum" in der Nähe des Marktplatzes mit einem 187 m² großen Theatersaal. Selbst bei großzügiger Auslegung der feuerpolizeilichen Bestimmungen, die auch seit den 1880er Jahren für derartige Etablissements existierten, wird die Bestuhlung abzüglich der Fläche für die Bühne nicht über 120 Sitzplätze hinausgegangen sein. Bei den anderen sogenannten „Theaterlokalen" (Bechstedts Theaterlokal oder Theaterlokal Grüntal), die als Ausweichquartier ebenfalls bespielt wurden, dürfte die Platziermöglichkeit noch geringer gewesen sein.

Die Theaterdirektion von Thusnelde Schmidt ist für Maruts Biographie in mehrerlei Hinsicht interessant. Zwar ist auch dieses Engagement üblicherweise nicht ganzjährig, dennoch lässt sich über die Zeit von eineinviertel Jahren eine Kontinuität nachvollziehen, die eine gewisse Verlässlichkeit in das unstete Leben gebracht haben dürfte. Drei Monate gastiert man in Crimmitschau (Januar – Anfang April 1909), anschließend führt eine dreiwöchige Tournee durch die niederschlesische Provinz mit Abstechern nach Goldberg, Steinau, Wohlau und Festenberg. Ab Ende April 1909 spielt man für einen Monat in der sächsischen Kleinstadt Markranstädt, im August/September im sächsischen Eythra und benachbarten Zwenkau. Das letzte Jahresviertel verbringt die Truppe in Hohenmölsen in Sachsen-Anhalt, um dann im Februar/März 1910 im thüringischen Meuselwitz aufzutreten.[18]

Immer wieder sind die nachweisbaren Abstecher des Schmidt'schen Ensembles durch zum Teil monatelange Pausen unterbrochen. Ob Marut in dieser Zeit andere sogenannte (Blitz-) Engagements angenommen hat, lässt sich nicht belegen. Ein wenig erinnert das Ganze noch an die Wandertruppen des ausgehenden 18. und 19. Jahrhunderts, deren Ausläufer im gegenwärtigen Tourneetheater fortbestehen.

Dass die personelle Ausstattung unter Thusnelde Schmidt an der Grenze der Belastbarkeit gewesen sein muss, wird aus einer Notiz im „Theater-Courier" deutlich. Dort wird vor dem Charakterkomiker Willi Richard gewarnt, der nach Erhalt der Gage unter Hinterlassung von Schulden unauffindbar sei. Wäh-

---

[17] Neuer Theater-Almanach, Berlin, Jg. 20, 1909, S. 867.
[18] Vgl. Hauschild, 2012, S. 210.

renddessen wird dem Souffleur Carl Schütky gekündigt, weil er am Vorstellungstage wegen Trunkenheit nicht einsatzfähig war. Neben einem nüchternen Souffleur/Souffleuse wird nun ein „guter Gesangskomiker", ein „1. Liebhaber", eine „Dame für Chargen" und „Chargenspieler" für „sofort" gesucht.[19]

So erhält die 22jährige Berliner Schauspielerin Elfriede Zielke (1886-1968) eine Chance, die zuvor schon auf Bühnen in Berlin, Stargard/Pommern und im brandenburgischen Küstrin Erfahrung sammeln konnte. Die zierliche Person mit den blauen Augen und den dunkelblonden, krausen Locken soll der alte B. Traven einmal – nicht gerade charmant – als „hübsch, aber nicht sehr helle" charakterisiert haben: Ret Marut und Elfriede Zielke freunden sich an; wenig später sind sie ein Paar. Oft stehen sie gemeinsam auf der Bühne, sie als „jugendliche Naive", er als „jugendlicher Held und Liebhaber".

Trotz einer wachsenden Nähe wehrt Marut alle Einsichtnahme in sein früheres Leben ab, erzählt durchaus widersprüchliche, abenteuerliche Legenden, die er immer weiter ausschmückt. Anlehnungen an Gelesenes wie Hermann Bangs „Die Vaterlandslosen" sind offensichtlich. Anlässlich seiner Benefizaufführung unterzeichnet er in der von ihm geschalteten Annonce im „Crimmitschauer Anzeiger" mit „Mc Ret Marut", was auf eine schottische Wurzel hindeuten soll. Gegenüber Elfriede Zielke behauptet er allerdings, sein Vater sei Engländer, seine Mutter Irin gewesen. Auch sind sie gelegentlich Amerikaner, was sich ja nicht zwingend ausschließen muss; in einer anderen Version ist der Vater plötzlich rumänischer Herkunft.[20] Offensichtlich war sich Marut, der sich wegen seiner ausländischen Identität in Crimmitschau regelmäßig bei der Polizei melden muss, nicht gleich bewusst, welche Eigendynamik sein Mimikry für sein weiteres Leben auslöste. Als Amerika 1917 als Gegner Deutschlands in den 1. Weltkrieg eingreift, ist er plötzlich ein feindlicher Ausländer. Doch das liegt bereits hinter seiner Schauspielerlaufbahn.

Der Spielplan bietet außer Ibsens „Nora" und zwei Stücken von Hermann Sudermann, die beiden damals häufig gespielten Stücke „Die Ehre" und „Heimat" wenig Überraschendes. Wieder ist es die bereits bekannte Mischung aus Heiter-Komischem, Deftig-Derbem und Unterhaltsam-Staatstragendem.

Marut ist den Rollen offenbar gewachsen und erhält in der Presse immer wieder eine besondere Hervorhebung mit anerkennenden Beurteilungen.

„Der im Waffenrock steckende junge Gelehrte Dr. Wendland machte einen vortrefflichen Eindruck." (Heinrich Stobitzer: Die Barbaren, oder: Weihnachten im Feindesland)[21]

---

[19] Vgl. Theater-Courier, Nr. 785, 7.1.1909, S. 12f.; Hauschild, 2012, S. 202f., 601.
[20] Vgl. Hauschild, 2012, S. 204.
[21] Crimmitschauer Anzeiger, Nr. 5 vom 8.1.1909; Rolf Recknagel: B. Traven. Beiträge zur

„... seine Haltung, sein Gang, seine Augen, sein Mienenspiel, sie erregten helle Heiterkeit, sobald er sichtbar wurde" (Ret Marut als Pfarrvikar in Hubert Henri Davies: Unsere Käthe).[22]

Oder: Marut gestaltete „die Rolle des außerordentlich jähzornigen Heiratskandidaten Bertel recht effektvoll" (Siegfried Conrad Staack: Else vom Erlenhof).[23]

Allein die Stückauswahl und Rollenauffassung für seine Benefizaufführung zeigt sein Potential. Als er „Heinrich Heine's junge Leiden" von August Mels (1829-1894) aussucht, das ihm wahrscheinlich in einer Reclamausgabe vorgelegen haben mag, berichtet der „Crimmitschauer Anzeiger" vom 24. März 1909 ausführlich:

> „... Wir freuen uns, Ret Marut einmal in einer größeren Rolle gesehen zu haben, die uns sein Spiel besser würdigen ließ. Er ist in unsern Berichten, die einen gewissen Rahmen nicht überschreiten dürfen, des öfteren vielleicht zu knapp weggekommen. Um so mehr ist es uns Bedürfnis, heute durch rückhaltlose Anerkennung seiner gestrigen Leistung Versäumtes nachzuholen ..."[24]

Die Diskrepanz zwischen eigenen literarischen Vorlieben und den Verpflichtungen des fremdbestimmten Spielplans löst Marut offenbar pragmatisch. Schon allein um sein karges Auskommen als Darsteller zu sichern, ist er bis zu einem gewissen Grad zur Anpassung an die scheinbar unvermeidlichen Verhältnisse bereit. Wann immer sich allerdings eine Gelegenheit bietet, aus dem heiteren Einerlei auszubrechen, nutzt er die Chance und weiß oftmals die Kritik auf seiner Seite.

Dass Marut mehr zu bieten hat, als der Großteil des scheinbar unerschöpflichen Reservoirs von jungen Leuten, die zur Bühne wollen, fällt auch dem Direktor des Dessauer Künstler-Ensembles, Franz Lange, auf, der Elfriede Zielke und Ret Marut im Anschluss von Herbst 1909 bis zum Frühjahr 1910 engagiert. Aus den Notizen von Gerd Heidemann in Riverside ist ein Ausspruch Langes überliefert, der bei aller Übertreibung die Persönlichkeit Maruts erhellt:

> „Schön sind Sie nicht, ein Knirps sind Sie auch – und ein Anarchist und Bombenschmeißer obendrein".[25]

Biografie. Leipzig, 3. durchgesehene Auflage, 1982, S. 51; im Folgenden zit. als *Recknagel*, 1982,...
[22] Crimmitschauer Anzeiger, Nr. 18 vom 23.1.1909; Recknagel, 1982, S. 51.
[23] Ebd., Nr. 49 vom 28.2.1909; Recknagel, 1982, S. 51.
[24] Ebd., Nr. 69 vom 25.3.1909; Recknagel, 1982, S. 55.
[25] Aus den Notizen eines Gesprächs von Gerd Heidemann mit Irene Zielke vom 7.5.1963, Sammlung Heidemann, in: The B. Traven Collections at UC Riverside Libraries (BTC/UCR, Slg. Heidemann); zit. nach Hauschild, 2012, S. 226.

Die Truppe tourt im thüringischen Vogtland; als Spielorte sind Zeitz, Schleiz und Zeulenroda nachweisbar. Gegeben werden u.a. eine Dramatisierung von Burnetts Roman „Der kleine Lord", das Schauspiel „Maskerade" von Ludwig Fulda, immerhin Max Halbes Drama „Der Strom" und Sudermanns „Ehre"; und eine weitere Reihe von belanglosen Lustspielen, Operetten (u.a. Im weißen Röß'l oder Walzertraum) und Possen.[26]

Dennoch behalten auch diese ihre Bedeutung allein dadurch, weil sie zum Teil den Spielplan der Folgetruppen beherrschen, an denen Marut zum Teil als Regisseur und Schauspieler beteiligt ist. Während die Kritik bei den Operetten in Form und Umsetzung nahezu Großstadtniveau attestiert[27], sind die übrigen Besprechungen auch dann bemerkenswert, wenn ästhetische Brüche zu Tage treten, weil die Herstellung einer theatralen Illusion durch unzureichende Mittel herbeigeführt worden ist. Nur durch solche kritischen Hinweise lassen sich heute technische Standards der Provinztheaterszene im Detail erahnen. Als Beispiel soll „Das Buschliesel" von Josef Willhardt und Hans Salau genannt werden. Hierzu merkt der Rezensent an, dass „,das geisterhafte Erscheinen im 5. Bild' besser weggeblieben wäre, weil der ‚beabsichtigte Eindruck dadurch nicht erreicht worden'" sei.[28]

Nach der Schlussvorstellung der Operette „Die geschiedene Frau" (Victor Léon/Leo Fall) am 20. September 1910 in Schleiz, für die Marut in der Presse lobend erwähnt wird, trennen sich Elfriede Zielke und er vom Dessauer Künstler-Ensemble unter Franz Lange.[29]

Bereits 14 Tage später schließen sie sich der neu gegründeten Berliner „Neuen Bühne" unter A. Sormand für eine Tournee durch Pommern, West- und Ostpreußen, das Gebiet um Posen und Schlesien an.[30]

Aus dem Eintrag der Bühne im „Neuen Theater-Almanach" von 1911 wird schnell klar, was Ret Marut an diesem Unternehmen gereizt haben muss: Er ist in dieser winzigen Tourneebühne mit fünf weiblichen und sieben männlichen Darstellern zum zweiten Mann aufgestiegen. Während Direktor Sormand auch als Oberregisseur und Schauspieler genannt wird, ist Marut als Schauspieler und als einziger Regisseur für das Schauspiel und Lustspiel zuständig.

Zusätzlich hat er die Funktion des stellvertretenden Obmanns und Kassierers im Lokalausschuss der Bühnengenossenschaft übernommen. Der Organisationsgrad ist außergewöhnlich hoch; nahezu alle Kolleginnen und Kollegen

---

[26] Vgl. Hauschild, 2012, S. 226ff.
[27] Schleizer Wochenblatt, Nr. 70 vom 16.6.1910; Hauschild, 2012, S. 229, 608.
[28] Ebd., Nr. 79 vom 5.7.1910; Hauschild, 2012, S. 230, 609.
[29] Vgl. Hauschild, 2012, S. 232.
[30] Vgl. ebd., S. 234.

sind Genossenschaftsmitglieder. Marut trägt nun die neue Mitgliedsnummer 14205. Attraktiv ist auch die Perspektive, ganzjährig spielen zu können.[31]

Allerdings: Ein solch kleines Unternehmen konnte mit den begrenzten Möglichkeiten des personalabhängigen Spielplans – auch unter Einbeziehung der örtlichen „Stadt-, bzw. Militärkapellen" – nur funktionieren, wenn man so lange in einer Gegend blieb, bis das Repertoire abgespielt war. Über seine Tätigkeit als Darsteller und Regisseur führt er vom 7. Oktober 1910 bis zum 13. August 1911 genauestens Buch; das Dokument ist in Riverside / Kalifornien im Marutbestand einsehbar.[32]

Dass sich Marut mit Sormand auf einen Betrüger eingelassen hat, und der Fall schließlich 1918 ohne Abgeltung der Ansprüche Maruts „im Sande verläuft", kann er zu Beginn dieses Abenteuers noch nicht wissen.[33]

Auch das kurzfristig zustande gekommene viermonatige Engagement in der Provinz Posen (Mitte Mai – 13. August 1911) unter dem Theaterunternehmer Bruno Rath soll nicht glücklicher verlaufen. Hier steht am Ende ein Bankrott, der aber dadurch abgemildert wird, dass das neu geschaffene Rechtsschutzbüro der deutschen Bühnengenossenschaft sich für die Betroffenen einsetzt und aus einer Überbrückungshilfe die Schuldenübernahme vor Ort realisiert werden kann.[34] Parallel dazu wird in der Verbandszeitschrift „Der neue Weg" von Marut und den anderen Geprellten die Möglichkeit offensiv genutzt „Öffentlichkeit herzustellen" und so zumindest den Versuch zu unternehmen, die Rechtsbrecher auf Intendantenseite in die Schranken zu weisen; gleichzeitig sind die Stellungnahmen aber auch Dokumente der puren Not:

> „Die Not war nun unter den Mitgliedern so groß geworden, daß Mitglieder tageweise nicht ein Stück trockenes Brot zu essen hatten. Nachweislich haben Mitglieder 3-8 kg Körpergewicht verloren. […] Die Not unter den Mitgliedern ist so groß, daß wir […] völlig außerstande sind, unsern Verpflichtungen den Hauswirten, Spediteuren und Geschäftsleuten gegenüber nachzukommen und ins Winter-Engagement reisen zu können."[35]

Es erstaunt nicht, dass auch der Reichsverband Deutscher Bühnenmitglieder (später Deutscher Bühnenverein) zu seinen Mitgliedern, die sich als „Kunstpiraten" aufführen, auf Distanz geht und – wie bereits im „Neuen Weg" geschehen, vor der Direktion von Stürmer/Rath ausdrücklich warnt.[36] Selbst im

---

[31] Vgl. Neuer Theater-Almanach, Berlin, Jg. 22, 1911, S. 847, 954.
[32] Teilabdruck in Karl S. Guthke: B. Traven. Biographie eines Rätsels, Frankfurt am Main: Büchergilde Gutenberg, 1987, S. 148f.
[33] Vgl. Hauschild, 2012, S. 233; 609ff.
[34] Vgl. ebd., S. 239ff.; 612f.
[35] Hauschild, 2012, S. 245; 613f.
[36] Vgl. Hauschild, 2012, S. 246; 614.

"Theater-Courier" findet eine längere Debatte statt, in der die konträren Positionen aufeinander prallen.[37]

Nach den umfangreichen Gagenausfällen ist Marut offenbar kurzfristig nicht mehr in der Lage, sich die Mitgliedschaft in der Bühnengenossenschaft zu leisten. Erst mit seinem neuen Engagement am Stadttheater in Danzig, Maruts Sprung auf eine feste, kommunale Bühne einer mittleren Großstadt mit damals immerhin 170.000 Einwohnern, meldet er sich wieder an, wird ebenfalls Mitglied der Pensionskasse und erhält die Nummer 16635.[38] Wie Hauschild bereits herausgefunden hat, bedeutete die Mitgliedschaft, dass nicht nur Pensionsansprüche anfielen; nach einer zehnjährigen Karenzzeit konnten darüber hinaus eine Alters- oder Invalidenrente beansprucht werden.[39]

Der Druck, nach diesen Erfahrungen möglichst bald ein verlässliches Anschlussengagement zu bekommen, muss für Marut groß gewesen sein. Zudem steht er alleine in der Verantwortung für drei Personen, denn Elfriede Zielke hat inzwischen in Danzig eine Tochter zur Welt gebracht, die den Namen Irene erhält.[40] Obwohl auch sie wieder Mitglied der Genossenschaft wird, scheidet für Elfriede eine Bühnentätigkeit erst einmal aus. So ist es für alle eine Beruhigung, dass Marut als Charge am Stadttheater untergekommen ist. Seine Verankerung in der Bühnengenossenschaft verstärkt er, indem er sich zum Obmann und Kassierer des „Künstlerhauses" wählen lässt. Dabei handelt es sich um eine Kranken-, Sterbe-, Unterstützungs- und Darlehenskasse der Vereinigung Deutscher Bühnenangehörigen, die unter dem Protektorat des württembergischen Königs steht.[41]

Die Diskrepanz von relativer Sicherheit durch seine Chargenstelle an einer großstädtischen Bühne und die vergleichbare Monotonie des Spielplans mit seinen früheren Schauspielerstationen fällt Marut bald auf. Bereits nach einem Vierteljahr routiniertem Spiel auf dem Niveau einer Provinzbühne ohne anspruchsvolle, größere Rollen mit echten Herausforderungen sucht er bereits nach Alternativen.[42]

Auch lassen ihm die kleinen Rollen offenbar mehr Zeit, als seine Vaterpflichten beanspruchen. Aus einer Äußerung Elfriede Zielkes[43] wissen wir, dass Marut sich bereits an früheren Stationen seines Schauspielerlebens literarisch betätigt hat, ohne dass es jedoch zu einer Veröffentlichung kam. Jan-Christoph

---
[37] Vgl. ebd., S. 247, 614.
[38] Vgl. Neuer Theater-Almanach, Berlin, Jg. 23, 1912, S. 369, 834.
[39] Vgl. Hauschild, 2012, S. 248.
[40] Vgl. ebd., S. 251.
[41] Vgl. Neuer Theater-Almanach, Berlin, Jg. 23, 1912, S. 205f.
[42] Vgl. Hauschild, 2012, S. 264.
[43] Vgl. ebd., S. 217.

Hauschild hat bei der Durchsicht des Riverside-Materials für eine Reihe von vor allem handschriftlichen Schriftstücken Datierungen vorgenommen, die nach seiner Auffassung weit vor der schriftstellerischen Betätigung in Danzig liegen. Ein grundlegender Unterschied zu den früheren Versuchen besteht aber darin, dass die Arbeiten aus der Danziger und aus der Düsseldorfer Zeit bereits auf eine professionelle Verwertung hin verfasst sind. Marut fühlt sich offensichtlich sicher genug, um die Übungsphase zu verlassen.

Berücksichtigt man allerdings die Intensität, mit der Marut nach einem Vierteljahr an der Danziger Bühne einen Wechsel nach Düsseldorf forciert, so muss zumindest für diesen Zeitpunkt festgehalten werden, dass das Theater für ihn als beruflicher Schwerpunkt (noch) an erster Stelle steht. Mit dem Schauspielhaus Düsseldorf formt sich offenbar für ihn eine konkrete Utopie, ein Idealzustand des Theaters, der sich zweifelsohne an der inhaltlichen Ausrichtung dieser Reformbühne orientiert.

Worin unterscheidet sich nun das Schauspielhaus Düsseldorf von anderen großstädtischen Bühnen nach 1900? Worin liegt seine Bedeutung? Die Bedeutung lässt sich kurz auf den Begriff „Reformtheater" bringen. Damit ist bereits implizit angedeutet, in welchem Kontext diese Bühne innerhalb der sozial- und kulturreformerischen Bestrebungen zu Beginn des Jahrhunderts anzusiedeln ist. Angetreten war das Haus mit dem Ziel, so Wolf Liese, ein Biograph von Louise Dumont, den „Kampf gegen die Routine der Epigonen" des 19. Jahrhunderts zu führen[44]. Diese waren aber bereits durch den Naturalismus, seine Bühnensprache und seine spezifische Inszenierungstechnik ins Abseits gedrängt worden. Das Schlagwort, mit dem Louise Dumont und Gustav Lindemann auch dieser – anfangs so befreiend wirkenden – Ausdrucksform der „(…) kleinen und bedrückenden Nachahmung des Alltags draußen mit all seinen Zufälligkeiten (…)"[45] praktisch begegnen wollten, heißt „Stilkunst". Bereits im „Bericht 1905–06" sind die Prämissen bestimmt, denen sich das Schauspielhaus bis zum Ende 1932 verpflichtet fühlte und die gleichermaßen ursächlich für heftige Auseinandersetzungen im Kunstkörper, aber auch für den unbestreitbaren Erfolg dieser Bühne im In- und Ausland verantwortlich sind: „Pflege des Wortes", werkgetreue Interpretation, Intensivierung der Regiearbeit, Reduktion der Bühnenausstattung auf das dramatisch Notwendige.[46]

Wie dieses Privattheater in Düsseldorf, das 1904 von Louise Dumont und Gustav Lindemann gegründet wird, in Maruts Blickfeld geraten ist, lässt sich

---
[44] Wolf Liese: Louise Dumont. Ein Leben für das Theater. Hamburg/Düsseldorf: Marion von Schröder, 1971, S. 247.
[45] Schauspielhaus-Bericht, Düsseldorf, 1905/06, o.P.
[46] Vgl. Michael Matzigkeit: Literatur im Aufbruch. Schriftsteller und Theater in Düsseldorf 1900-1933, Düsseldorf: Verlag der Goethe-Buchhandlung, 1990, S. 126.

nicht mit Sicherheit sagen. Dass er aber an dem Geschehen auf den damals maßgeblichen Bühnen der Zeit und an den Leistungen herausragender Kollegen ein starkes Interesse hat, wird selbst aus den wenigen Theaterzeitschriften deutlich, die sich in seinem Nachlassteil in Riverside erhalten haben. Auch die wie beiläufig eingestreuten Namensnennungen in seine Geschichten deuten an – ich erwähne den Berliner Kritiker und Promotor des Naturalismus Otto Brahm oder seinen Nachfolger am Deutschen Theater Max Reinhardt – an welchen Maßstäben sich Marut orientiert.[47] So ist davon auszugehen, dass die Entscheidung nach Düsseldorf ans dortige Schauspielhaus zu gehen, Bestandteil seines strategischen Plans zur Beförderung der eigenen Individuation ist.

Vielleicht ist diese Entscheidung aber auch nur durch eine Kleinigkeit ausgelöst worden: Wenn man sich die vierzehntägige Spielplanübersicht in der Genossenschaftszeitschrift „Der neue Weg" in der Zeit von 1911/12 genauer ansieht, so fällt auf, dass Marut ein großes Interesse an der Eigendokumentation hat: Nuancen seiner Beteiligung an einzelnen Aufführungen erfahren wir tatsächlich nicht aus den Theaterzetteln, sondern aus seinen auf eigene Kosten im „Neuen Weg" abgedruckten Spielplanangaben.[48] Dieses Verhalten ist keineswegs ungewöhnlich; unzählige seiner Kolleginnen und Kollegen sorgen für öffentliche Transparenz in eigener Sache und machen so Werbung für ihre Person. Und so ist der Umfang der auf diese Weise zustande gekommenen individuell gestalteten Spielplandokumentation beträchtlich. Da die Anordnung der Einträge alphabetisch nach Orten erfolgt, stößt Marut regelmäßig auch auf die Angaben aus dem „Schauspielhaus Düsseldorf", die zum Teil sogar auf derselben Seite abgedruckt sind. Manchmal sind die Auslöser für weitreichende Entscheidungen banal. Es könnte so gewesen sein. In einem ersten Brief wendet er sich am 2. Dezember 1911 aus Danzig an die Intendantin des Schauspielhauses Düsseldorf, Louise Dumont:

> „Hochverehrte gnädige Frau! Von Ihrer Persönlichkeit als Künstlerin sowie von Ihrem ernsten und erfolgreichen künstlerischen Wollen, ihre Bühne zur tonangebendsten aller deutschsprachenden Bühnen zu erheben, habe ich von Kollegen, mir bekannten Schriftstellern und Pädagogen soviel Rühmenswertes vernommen, daß ich es mir zur höchsten Ehre rechnen würde, unter Ihrer Leitung zu arbeiten – wenn es sein muß: zu dienen. Ich spiele jgdl. Helden u. Liebhaber und besitze in diesem Fache ein großes gespieltes Repertoire. Ich habe jedoch die Absicht jetzt schon, so lange ich noch jung bin, ins Charakterfach überzugehen. Dazu bietet sich hier, wo das Schauspiel von der Oper, Operette und Posse fast völlig erdrückt wird, keine Gelegenheit. Ich finde hier keine

---

[47] Siehe die Bestände in The B. Traven Collections at UC Riverside Libraries. http://library.ucr.edu/?view=collections/spcol/Traven
[48] Siehe z.B. in Der neue Weg, hg. von der Genossenschaft Deutscher Bühnenangehörigen, Berlin, Jg. 40, 1911, S. 172, 243, 347, 551, 580.

rechte Befriedigung. Mein Vertrag läuft noch für nächstes Jahr. Es ist mir jedoch leicht, ihn zu lösen – 15. Mai 1912 – falls sich mir besseres bietet. Deshalb möchte ich fragen, ob ich bei Ihnen, gnädige Frau, Platz fände, mich in vorläufig II. Charakterrollen einzuspielen. Ich habe in solchen Rollen schon ein kleines Repertoire das auch gut recensiert ist. Ich würde Ihnen gern das einschlägige Material zur Verfügung stellen. Meine Privatverhältnisse erlauben mir, eine so genannte gute Gage als Nebenpunkt zu betrachten. Ich wäre glücklich und Ihnen, verehrte gnädige Frau, aufrichtig dankbar, wenn Sie meinem Wunsche Beachtung schenken könnten.
In ehrlicher Hochschätzung Ret Marut. Danzig Stadttheater"[49]

Obwohl Marut noch in weitreichenden Verpflichtungen gegenüber dem Stadttheater in Danzig steht, wird seine Hartnäckigkeit und sein diplomatisches Geschick einmal mehr belohnt: Gegen Ende der Spielzeit 1911/12 reist Marut nach Düsseldorf und unterschreibt am 23. Mai 1912 einen Dreijahresvertrag am Schauspielhaus. Am 1. August beginnt sein Engagement.[50]

Allerdings erhält er nicht die Funktion des zweiten Charakterdarstellers, sondern wird weiterhin als Charge eingesetzt. Dass Marut sein Maximalziel nicht erreicht, verwundert keineswegs. Er bringt zwar ein enormes Rollenrepertoire und umfangreiche Bühnenkenntnisse mit, andererseits ist seine schauspielerische Vergangenheit keine echte Empfehlung. Im Grunde ist er bereits zu alt, um mit den Zöglingen der hauseigenen Theaterakademie zu konkurrieren, die explizit nach den Vorstellungen der Intendanz geformt werden.

Offensichtlich steht seine familiäre Situation für ihn nicht im Vordergrund; für die Aussicht an einer Avantgardebühne mitzuwirken, verlässt er seine Lebensgefährtin Elfriede Zielke und seine am 20. März 1912 geborene Tochter Irene.

Möglicherweise ist der Versorgungsaspekt ein Grund, warum Marut nun – parallel zu seiner nicht gerade ausfüllenden und mäßig bezahlten Bühnentätigkeit – er erhält in den ersten beiden Jahren 120 Mk., im dritten 150 Mk. – im Schauspielhaus und außerhalb nach Zusatzaufgaben sucht.[51]

In publizistischer Hinsicht geht er geradezu in die Offensive. Erste Veröffentlichungen erscheinen noch vor seinem Dienstantritt in der Danziger Presse. Sein Debüt ist ein längerer Artikel zum Verhältnis vom Theater zum Kino, in dem er seine Liebe zum Theater erklärt ohne das Kino als minderwertiges Amüsement zu verteufeln. „Das arme Kino"[52] ist von seiner Diktion her aber

---

[49] BTC/UCR, Slg. Heidemann; vgl. Recknagel, 1982, S. 61f. Ehemals PA Marut, Ret, Dumont-Lindemann-Archiv, Düsseldorf; aktuell (2012) im Nachl. Rolf Recknagel, Wolf-Dietrich Schramm, Lübeck. Hier befindet sich auch die übrige Korrespondenz von Ret Marut an das Schauspielhaus Düsseldorf.
[50] Ebd.; abgebildet bei Guthke, 1987, S.156.
[51] Ebd.
[52] Vgl. Ret Marut: Das arme Kino. In: Danziger Zeitung, Mittwochs-Unterhaltungsbeilage „Hei-

auch ein scharf formulierter Essay gegen die verlogene Doppelmoral der Bühnenautoren, die – als sich mit den Arbeiten für den Film keine schnellen Geschäfte machen lassen – das Kino als Projektionsfläche für ihre kulturellen Verlustängste benutzen und zur Ursache für die Defizite der modernen Entwicklung hochstilisieren.

Seine idealistisch antizipierende Anschauung offenbart der Verfasser aber in dem Appell an die Vertreter der öffentlichen Hand, wenn er fordert:

> „Die Städte, sowie deren leitenden und zahlenden Körperschaften müssen die Überzeugung gewinnen, daß das Theater ein ebenso wichtiger, unterstützungsbedürftiger Kulturfaktor ist, als die Stadtbibliothek, die Schulen, die Museen und die öffentlichen Park- und Gartenanlagen. Wenn heute das Theater darauf angewiesen ist, nur durch die kassenfüllenden Operetten in die Lage versetzt zu werden, echte Kunst so nebenbei als kostspieligen Sport betreiben zu können, so sind nur die daran schuld, die für die kulturelle Hebung des Volkes zu sorgen von Rechts- und Amts wegen verpflichtet sind.
> Nicht durch Gewaltmaßnahmen wird man die Nachteile des Kinos aus der Welt schaffen, sondern nur dadurch, daß für das gleiche Geld und in Berücksichtigung der modernen Verhältnisse Besseres und Wertvolleres geboten wird. Denn ‚das Bessere ist des Guten Feind'."[53]

Möglicherweise nutzt Marut alte Verbindungen, wenn er in den linksorientierten Blättern „Bremer Bürger Zeitung" und die Berliner „Zeit am Montag" schreibt. Verbindungen zum lokalen Feuilleton in Danzig und Düsseldorf kommen hinzu.[54]

Die Themen der kürzeren Beiträge, die in lokalen Blättern in Danzig und Düsseldorf, später auch in den populären Illustrierten der Zeit erscheinen, sind zunächst sehr eng mit seinen eigenen Lebenserfahrungen am Theater, Lesefrüchten und Phantasien verknüpft. Die Umsetzung bleibt weitgehend im Rahmen des Gefällig-Unterhaltsamen, auch wenn er den Geschichten bisweilen satirische oder groteske Lichter aufsetzt.[55] Dass Marut loyal zur Leitung steht, lässt sich an einer Buchrezension ablesen, die er aus Anlass der Veröffentlichung von Louise Dumonts Kochbuch „Für zwei in einem Topf" für die „Danziger Zeitung"[56] verfasst. Die gelegentlich durchschimmernde Auffassung von Theater als sensiblem, organischem Kunstkörper – wie z.B. in seiner Ge-

---

mat und Welt", Nr. 17, 24.4.1912, S. 66f.

[53] Ret Marut: Das arme Kino. In: Danziger Zeitung, Mittwochs-Unterhaltungsbeilage „Heimat und Welt", Nr. 17, 24.4.1912, S. 66f.

[54] Vgl. dazu Angelika Machinek: B. Traven-Bibliographie, in: B. Traven, Text + Kritik, Heft 102, April 1989, S. 85ff.; Hauschild, 2012, S. 555ff.

[55] Fast hat es den Anschein, dass Marut stilistische Mittel der satirischen Zuspitzung und grotesken Übertreibung des Düsseldorfer Groteskenautors Hermann Harry Schmitz (1880-1913) übernimmt, der wie Marut zu diesem Zeitpunkt ebenfalls noch für den Düsseldorfer General-Anzeiger schreibt.

[56] Vgl. Ret Marut: Die Tragödin in der Küche, in: Danziger Zeitung, 20.1.1913.

schichte „Das Opernglas"[57] – verweist zudem eindeutig auf Louise Dumont als Quelle. Eine genaue Untersuchung seiner Theaterschnurren im Hinblick auf derartige Implikationen könnte ein eigenes Thema rechtfertigen.

Am Schauspielhaus hat Marut vielfach eine „Springer"-Tätigkeit, macht sich durch seine Flexibilität und Vielseitigkeit nahezu unentbehrlich. Neben seinen kleinen und kleinsten Rollen übernimmt er nach und nach die Funktionen der Beaufsichtigung bei Wiederaufnahmeproben von Stücken, an denen er beteiligt gewesen ist oder unterstützt als Assistent die Kräfte im Intendanzbüro.[58]

Zwischendurch ist er auch mit auf Tournee in Düren und Gelsenkirchen, 1914 am „Deutschen Theater" in Köln und kurze Zeit später in München am dortigen Künstlertheater. Dort hat man sich viel vorgenommen, will mit den Düsseldorfern zusammengehen. Als aber auf behördliche Anordnung das Münchner Künstlertheater kurz vor dem 1. Weltkrieg am 1. August 1914 geschlossen wird, scheitert dieser Versuch einer Fusion der beiden Bühnen aus Düsseldorf und München.[59]

Zuvor haben Louise Dumont und Gustav Lindemann bereits eine pädagogische Offensive begonnen: Ziel ist es, ihre „Theaterakademie" als „Hochschule für Bühnenkunst" auf eine wesentlich breitere Grundlage zu stellen, um einen staatlich anerkannten Status vergleichbar den Kunstakademien zu erhalten. Vertreter des geistigen neuen Deutschlands werden zum Beitritt in den erweiterten Lehrkörper der Einrichtung aufgefordert; zu ihnen zählen u.a. Hermann Bahr, Lily Braun, Paul Ernst, Georg Fuchs, Moritz Heimann, Siegfried Jacobsohn, Alfred Kerr, Fritz Mauthner, Clara Viebig, Bruno Wille oder Stefan Zweig.[60]

In dieser Vorbereitungsphase wird Marut vom neuen Leiter der Hochschule, Hans Franck, eng mit einbezogen. Marut führt auf Anweisung die Korrespondenz mit den möglichen Teilhabern, konzipiert die Grundzüge der umfangreichen, programmatischen Schrift der Hochschule, die zu Werbezwecken eingesetzt werden soll.[61]

---

[57] Vgl. Ret Marut: Das Opernglas, in: Düsseldorfer General-Anzeiger, Nr. 77, 18.3.1914, Unterhaltungsbeilage.
[58] Dokumente, die diese Tätigkeit belegen, befanden sich als Personalakte Ret Marut Mitte der 1960er Jahre noch im Bestand des Dumont-Lindemann-Archivs, heute Teil des Theatermuseums der Landeshauptstadt Düsseldorf. Seit ca. 2000 befindet sich der größte Teil davon in der BTC/UCR, Slg. Heidemann; sie sind in der Biographie von Guthke bereits als Sammlung Heidemann gekennzeichnet; weitere Korrespondenzen von Ret Marut an Louise Dumont und Gustav Lindemann aus dem Dumont-Lindemann-Archiv wurden von Rolf Recknagel entwendet.
[59] Vgl. Recknagel, 1982, S.63.
[60] Vgl. 1. Fassung des Werbeprospektes der Hochschule für Bühnenkunst, Düsseldorf, 9.6.1914, Theatermuseum Düsseldorf, Nachl. SHD, Lebensdokumente.
[61] Vgl. Hauschild, 2012, S. 276.

Als Sekretär der „Hochschule für Bühnenkunst" führt Marut ab Mitte Januar 1914 bei den Sitzungen des „Gründungs-Komitees" Protokoll. Trotz erheblichen Aufwands und Zustimmung von vielen Seiten lässt sich diese Initiative letztlich unter den Kriegsbedingungen nicht mehr realisieren. Zwar wird der neue Name „Hochschule für Bühnenkunst" beibehalten, aber eine Hochschule im gewünschten Sinne wird sie nicht. Quellenmäßig nachvollziehbar wird dieser Aspekt an zwei Stellen: Im Schweriner Nachlass von Hans Franck und vor allem in der Sammlung Heidemann in Riverside sind Hintergrundmaterial und Korrespondenzen mit Ret Marut erhalten, die einen Einblick in diese Arbeitszusammenhänge geben.[62]

Auch in die dramaturgischen Arbeitszusammenhänge ist Marut bald verflochten. Doch gehört er nicht zum Kollegium aus Regisseuren und Vertretern der Dramaturgie, die die zahlreich eintreffenden Bühnenmanuskripte auf ihre Bühnenwirksamkeit hin überprüfen und gegebenenfalls der Intendanz zur Annahme empfehlen. Maruts Aufgabe ist es, auf der Basis der vorliegenden Dramaturgiereferate die Ablehnungsbescheide zu verfassen und sie mit den eingesandten Stücken zurückzuschicken.[63]

Durch diese Vielzahl an verlässlich und kompetent ausgeführten Dienstleistungen wird er schnell zu einem unverzichtbaren, geschätzten Mitarbeiter, dem man inhaltlich wie quantitativ viel zutraut. Das verstärkt sich, als durch den Beginn des 1. Weltkriegs zahlreiche männliche Mitglieder des Ensembles zum Dienst mit der Waffe eingezogen werden oder sich freiwillig melden, wie Gustav Lindemann. Marut bleibt als „amerikanischer Staatsbürger" von den behördlichen Maßnahmen zunächst unberührt. Als England am 4. August 1914 in den Krieg mit eintritt, wird Marut durch einen Meldefehler (auf der Meldekarte steht San Francisco/England) als „feindlicher Ausländer" vorübergehend festgenommen, nach der Klärung des Sachverhaltes aber am selben Tag wieder freigelassen.[64]

Es ist keineswegs klar, ob es sich beim Verhalten der Schauspielhaus-GmbH im ersten Kriegsmonat nur um strategische Winkelzüge handelt, die dem Intendantenpaar Dumont-Lindemann mehr Spielraum bei der Organisation und Personalpolitik verschaffen sollten. Tatsache ist jedenfalls, dass der Träger am 23.8.1914 alle Verträge aufgrund der Kriegsklausel (§ B.6) kündigt und seinen Betrieb formell einstellt, um gleichzeitig das Theater zur freien Verfügung

---

[62] Vgl. Stadtarchiv Schwerin, Nachlass Hans Franck, Briefe an HF, 19.3.-28.6.1914 und BTC/UCR, Slg. Heidemann
[63] Zu den dramaturgischen Gepflogenheiten am Schauspielhaus Düsseldorf siehe auch Hans Franck, Ein Dichterleben in 111 Anekdoten, Stuttgart 1961, S. 234.
[64] Vgl. Hauschild, 2012, S. 298.

an die Intendanz zu übertragen⁶⁵. Als das Schauspielhaus am 1.9.1914 wieder öffnet, ist die vertragliche Situation der Mitarbeiter zunächst ungeklärt. Erst am 8.9. erhalten alle Mitglieder des künstlerischen und technischen Apparates einen befristeten Vertrag, der zunächst nicht einmal bis zum Ende der laufenden Spielzeit reicht. Wohl durch die Garantie der Stadt, mit einer Subvention von 50.000 Mark den Spielbetrieb für die folgenden acht Monate mit abzusichern, kann ein Vertrag angeboten werden, der bis zum regulären Spielzeitende am 30.6.1915 reicht und – neben einer Monatsgage von 150 Mark –auch noch eine Gewinnbeteiligung durch die Direktion zusichert.⁶⁶

Auch der Spielplan muss den veränderten Bedingungen angepasst werden. Durch den Krieg hat sich das Publikum gewandelt. Besonders den stark angewachsenen Truppenverbänden der Garnisonsstadt Düsseldorf glaubt man Angebote machen zu müssen, ohne die eigenen qualitativen Standards ganz aufzugeben. Die Militärzensur engt die gestalterischen Möglichkeiten zusätzlich ein. So gibt man eine Mischung aus leichterer Kost, die das Geld bringen soll, Klassiker, wie Lessings „Minna von Barnhelm" (Premiere: 1.9.1914) oder ein hauseigenes, lokalpatriotisches Stück, wie Hans Francks „Die Schlacht bei Worringen" (Premiere: 6.10.1914), an denen Marut als Kleindarsteller mitwirkt.⁶⁷

Gegen Ende des Jahres 1914 trennen sich die mittlerweile wieder theaterspielende Elfriede Zielke und Ret Marut endgültig. Ursache ist die Entfremdung durch die große räumliche Distanz der beiden; andererseits soll ihre Mutter, die sich um das Enkelkind in Berlin kümmert, auf einer Hochzeit Elfriedes mit einem ausrückenden anderen Mann bestanden haben, der sie nachgibt.⁶⁸

Wenig später, Anfang 1915 rückt eine andere Frau in seinen Blick: Sie ist das inzwischen zweiundzwanzigjährige Adoptivkind Irene Mermet (1893-1956), die jetzt ihren ursprünglichen Namen „Alda" trägt. Wie sich der Eintragung von Hans Franck im Schülerbuch⁶⁹ entnehmen lässt, wird sie als „zahlende Schülerin" geführt, die sich „gegen den Willen der Eltern" an der Hochschule eingeschrieben hat. Sie stammt aus einer rheinischen Bierbrauerfamilie; der Stiefvater ist Kohlenhändler in Rodenkirchen. Vielleicht sind es diese prosaischen Wurzeln, die sie zu ähnlich phantastischen Legenden um ihre Vergangenheit greifen lassen, wie wir sie auch von Marut kennen. Auch weltanschaulich passt sie gut zu dem späteren Herausgeber des „Ziegelbrenner". Sie ist sehr

---

[65] Vgl. ebd., S. 299; BTC/UCR, Slg. Heidemann.
[66] Vgl. ebd., S. 299.
[67] Vgl. die Premierenzettel zu den angegebenen Stücken, TMD.
[68] Vgl. Hauschild, 2012, S. 303.
[69] Vgl. (Schülerbuch) Schüler der Hochschule für Bühnenkunst, 1915 – : Eintrag der Leiters Hans Franck unter Irene Alda (d.i. Irene Mermet)

selbstständig und ein libertärer Freigeist. Wie Recknagel ohne tragfähige Quellengrundlage vermutet, soll sie persönlichen Kontakt zu der freisozialistischen Siedlungsgemeinde (Volksland-Bund) in Köln gehabt haben.[70]

Im Schauspielhaus Düsseldorf, wo die Mitglieder der „Hochschule" möglichst bald als Statisten oder Kleindarsteller in die Inszenierungen mit einbezogen werden, steht sie im Frühjahr 1915 mehrfach mit Marut auf der Bühne, so in Shakespeares „Kaufmann von Venedig" (Premiere: 2.2.1915) in Ibsens „Bund der Jugend" (Premiere: 26.2.1915) oder in Bjørnsons „Wenn der junge Wein blüht" (Premiere: 3.4.1915).[71]

Ab April 1915 sind ihre finanziellen Mittel erschöpft; sie kann das Schulgeld nicht mehr aufbringen. Zunächst erhält sie eine Stundung der Forderungen. Am 12.10.1915 meldet sie sich bei der Düsseldorfer Meldebehörde nach Köln ab, ohne die Hochschule zu informieren. Franck notiert abschließend ins Schülerbuch: „Versuche, ihre Adresse ausfindig zu machen und das restliche Honorar (von 450 Mark) zu erhalten, schlugen fehl".[72]

Es ist naheliegend, dass Irene Mermet in dieser Zeit den Kontakt zu Marut hielt, mit dem sie im November 1915 nach München geht. Maruts Münchner Phase darf als gesichert gelten und ist von Armin Richter[73] gründlich aufgearbeitet worden.

Völlig unbekannt war bisher aber eine Episode in Maruts Leben, die ich nur insofern streife, da sie mit seinem geheimnisvollen Kündigungs- und Abschiedsschreiben in ursächlichem Zusammenhang steht. Am 30.6.1915 hatte Louise Dumont in einem persönlich gehaltenen Brief gegenüber Marut die Notwendigkeit einer Kündigungsmaßnahme begründet:

> „... Der außerordentliche Ernst der Lage mit der für uns daraus entspringenden Nötigung, die vorhandenen Mittel auf das äußerste zu ökonomisieren, erlauben uns zu unserm aufrichtigen Bedauern nicht, den Vertrag mit Ihnen zu erneuern. Unser Spielplan hat ja auch, besonders in der letzten Zeit, leider keine Aufgaben geboten, die Ihnen künstlerische Befriedigung gewähren konnten ..."[74]

Der Trennungsschmerz kann nicht sehr groß gewesen sein: Tatsächlich war Marut nur noch in Kleinst- und Kleinrollen aufgetreten, die dem ehrgeizigen Darsteller keinerlei Befriedigung bieten konnten. Auch wenn diese Kündigung nicht rechtskräftig wurde, weil für alle doch noch eine Spielzeitverlängerung

---

[70] Vgl. Recknagel, 1982, S. 72.
[71] Vgl. die Premierenzettel zu den angegebenen Stücken, TMD.
[72] Schülerbuch, Eintrag zu Irene Alda (Irene Mermet)
[73] Armin Richter: Der Ziegelbrenner. Das individualanarchistische Kampforgan des frühen B. Traven, Bonn: Bouvier, 1977.
[74] Zit. nach Recknagel, 1982, S. 64. Original aktuell (2012) im Nachl. Recknagel, Wolf-Dietrich Schramm, Lübeck.

zustande kam, führte diese permanente Unsicherheit wohl zu dem Entschluss Maruts, neben seinen literarischen Ambitionen eine zusätzliche Tätigkeit als Impresario aufzunehmen.

Sein Kündigungsschreiben mit Wirkung zum 1.9.1915 begründet Marut mit einer Tätigkeit, „die meine absolute Objektivität und völlige Parteilosigkeit dem Schauspielhause gegenüber bedingen".[75] Lindemann, der die von Marut vertretene Geigenvirtuosin Leïna Andersen alias Amely Heller[76] auch am Schauspielhaus auftreten ließ, wusste natürlich um diese Zusammenhänge und ließ Marut aus dem Vertrag. Damit war eine achtjährige Theaterepisode beendet.

Doch die Untersuchung hat für mich erst begonnen: Vielleicht sind wir auch jetzt erst an dem Punkt, Fragestellungen für die Rekonstruktion dieser acht Jahre zu formulieren, auf deren Basis weiterführende Recherchen erfolgen können. Mein Vortrag soll ein Beitrag dazu sein.

---

[75] Zit. nach Recknagel, 1982, S. 65.
[76] Vgl. Hauschild, 2012, S. 310ff., 631f.

Literatur- und Medienverzeichnis

Primärliteratur

Crimmitschauer Anzeiger, Nr. 5 vom 8.1.1909.

Crimmitschauer Anzeiger, Nr. 18 vom 23.1.1909.

Der neue Weg, hrsg. von der Genossenschaft Deutscher Bühnenangehörigen, Berlin, Jg. 40, 1911.

Franck, Hans: Ein Dichterleben in 111 Anekdoten, Stuttgart 1961.

Idarer Anzeiger, Nr. 68 vom 19.3.1908.

Marut, Ret: Das arme Kino. In: Danziger Zeitung, Nr. 17 (Mittwochs-Unterhaltungsbeilage „Heimat und Welt") vom 24.4.1912.

Marut, Ret: Das Opernglas. In: Düsseldorfer General-Anzeiger, Nr. 77 (Unterhaltungsbeilage) vom 18.3.1914.

Marut, Ret: Theaterdirektor Raßmann. In: Düsseldorfer General-Anzeiger. Nr. 32 (Unterhaltungsbeilage) vom 1.2.1913 und Nr. 33 (Unterhaltungsbeilage) vom 2.2.1913.

Marut, Ret: Die Tragödin in der Küche, in: Danziger Zeitung, 20.1.1913.

Neuer Theater-Almanach, Berlin, Jg. 19, 1908.

Neuer Theater-Almanach, Berlin, Jg. 20, 1909.

Neuer Theater-Almanach, Berlin, Jg. 22, 1911.

Neuer Theater-Almanach, Berlin, Jg. 23, 1912.

[Schauspielhaus-Bericht], Düsseldorf, 1905/06, o.P.

Schleizer Wochenblatt, Nr. 70 vom 16.6.1910.

[Schülerbuch] Schüler der Hochschule für Bühnenkunst, [Düsseldorf], 1915 –

Theater-Courier, Berlin, Nr. 719 vom 4.10.1907.

Theater-Courier, Berlin, Nr. 785 vom 7.1.1909.

[Werbeprospekt] Hochschule für Bühnenkunst, Düsseldorf, 9.6.1914, Theatermuseum Düsseldorf, Nachl. SHD, Lebensdokumente.

Sekundärliteratur und Internetquellen

Bestände in The B. Traven Collections at UC Riverside Libraries. http://library.ucr.edu/?view=collections/spcol/Traven

Guthke, Karl S.: B. Traven. Biographie eines Rätsels, Frankfurt am Main: Büchergilde Gutenberg, 1987.

Hauschild, Jan-Christoph: B. Traven – Die unbekannten Jahre, Zürich: Edition Voldemeer, 2012.

Liese, Wolf: Louise Dumont. Ein Leben für das Theater. Hamburg/Düsseldorf: Marion von Schröder, 1971.

Machinek, Angelika: B. Traven-Bibliographie, in: B. Traven, Text + Kritik, Heft 102, April 1989.

Matzigkeit, Michael: Literatur im Aufbruch. Schriftsteller und Theater in Düsseldorf 1900-1933, Düsseldorf: Verlag der Goethe-Buchhandlung, 1990.

Recknagel, Rolf: B. Traven. Beiträge zur Biografie. Leipzig, 3. durchgesehene Auflage, 1982.

Richter, Armin: Der Ziegelbrenner. Das individualanarchistische Kampforgan des frühen B. Traven, Bonn: Bouvier, 1977.

Revolution in Schwabing: Ret Marut und sein *Ziegelbrenner*

Wulf Koepke †

Ret Marut war ein Mensch mit einem starken Ausdrucks- und Geltungsbedürfnis. Er liebte offenbar verschiedene Rollen und Verkleidungen. Sein Talent zu Darstellungen auf der Bühne war allerdings begrenzt, jedenfalls scheint es nicht für tragende Rollen auf dem Düsseldorfer Theater gereicht zu haben; im Leben jedoch hörte er nicht auf, sich immer neue Rollen auszudenken und sie auch auszuüben. In diesem Punkt war er dem von ihm so verehrten Goethe ähnlich, dessen Rollenspiele so anschaulich in *Dichtung und Wahrheit* (1811-14) geschildert werden. Ein solches Rollenspiel bedeutet dabei keineswegs, dass der Mensch es nicht Ernst meint und nicht engagiert ist; aber es bedeutet auch, dass er in einer Welt lebt, in der sich Imagination und Wirklichkeit vermischen und oft nicht mehr zu unterscheiden sind, so dass z.B. Ret Maruts und B. Travens Angaben über die eigene Person stets Elemente von ‚Dichtung und Wahrheit' enthalten, deren Bestandteile dem Erzähler selbst nicht immer deutlich waren. *Der Ziegelbrenner* ist ein Dokument dieser typischen Mischung von Reportage, Kommentar, Essay, echter und imaginierter Polemik, Glosse,[1] autobiographischer Erzählung und etlichen Formen der Literatur: Lyrik, Erzählung, Dialog, Brief und Legende bzw. Märchen.

Die Zeitschrift *Der Ziegelbrenner* erschien von 1917 bis 1921. Heft 1 (Jg. 1) ist datiert 1. September 1917, die letzte Ausgabe, Heft 35/40 (Jg. 5), 21. Dezember 1921. Außer der Nummerierung enthalten die Hefte jeweils die Angabe des Jahres, wobei diese von Anfang an sehr unregelmäßig erschienen und sich in keiner Weise an die Konvention regelmäßiger Publikationen hielten. Schon dadurch brachte der Herausgeber zum Ausdruck, dass er etwas vorhatte, was den regelmäßigen Ablauf, ‚Ruhe und Ordnung', stören sollte und dass er ein Individualist war wie Karl Kraus mit seiner *Fackel*. Armin Richter hat bereits vor etlichen Jahrzehnten darauf hingewiesen, dass der Charakter des *Ziegelbrenners* sich mit den Zeitereignissen und durch diese wesentlich änderte. Die drei Hauptphasen waren: „Krieg, Revolution und Reaktion."[2] Also erstens die Zeit bis zum Waffenstillstand im November 1918; zweitens die Revolution und die Räte-Republik in München bis zum 1. Mai 1919; drittens die Zeit bis Ende 1921, während der Ret Marut als Hochverräter steckbrieflich gesucht wurde und an verschiedenen Orten Deutschlands im Untergrund lebte. Im Folgenden

---
[1] Zur Glosse vgl. Richter, 1977, S. 111-16; Richter geht allerdings mehr auf den Stil als auf die Gattungen ein.
[2] Ebd., S. 14-15.

soll die Entwicklung untersucht werden, die zu dieser dritten Phase führte, in der die Zeitschrift sich selbst transzendierte. Anlass der Gründung dieser Zeitschrift war die unnötige Verlängerung des Krieges und das Entsetzen über das fortgesetzte Blutvergießen, das von der Regierung und der Presse als notwendige Verteidigung der deutschen Nation gegen eine feindliche Welt gerechtfertigt wurde. *Der Ziegelbrenner* setzte sich zum Ziel, die Lügen der Kriegspropaganda zu entlarven, und die ersten vier Hefte halten sich an dieses Thema; denn sie verstehen sich als Aufklärung der deutschen Bevölkerung, zumindest ihrer denkenden Minderheit. Dabei ergeben sich bereits bezeichnende Veränderungen im Aufbau und Text der Hefte. Heft 1 beginnt mit einem Grundsatz-Artikel, der wesentliche Punkte der Anschauungen und des ‚Programms' von Ret Marut enthält. Der Titel sagt bereits das Wichtigste: „Wieder-Aufbau nicht – Neu-Aufbau."[3] Er nimmt damit die Situation voraus, welche nach Kriegsende entstehen wird, „wenn man angefangen haben wird, den gegenwärtigen Blutrausch für eine böse Traumvorstellung zu halten". (1) Der Verfasser beginnt mit einer Kritik an Deutschland: „Der geistige Einfluß Deutschlands auf die übrige Welt war bei weitem nicht so groß, wie Tausende von Deutschen glauben machen möchten [*sic*]." (1) Doch dass die Deutschen gegen „eine ganze Welt" Widerstand geleistet haben, sollte Grund sein, „sich mit diesem Volk [zu] beschäftigen". (2) Das bedeutet: „Was nach dem Kriege von Deutschland ausgeht, wird beachtet, kann Weltanschauung, Weltgesetz werden." (2) Abgesehen von der typischen hyperbolischen Ausdrucksweise scheint es mir wichtig festzustellen, dass Ret Marut zu dieser Zeit eine innere Wandlung der Deutschen noch für möglich hält, die Vorbild für andere Nationen sein kann. Dieses Vertrauen, dieser Optimismus erklärt die spätere Enttäuschung und Verbitterung nach der gescheiterten Revolution, eine Enttäuschung übrigens, die sich noch einmal im Ablauf der *Caoba*-Romane wiederholte, wo der Kampfruf ‚Tierra y Libertad' in einem Land verhallte, das zu einem ausbeuterischen Kapitalismus zurückgekehrt war.[4] Schuld an dem ‚Massenunglück' ist das Geld: „Schärfer ausgedrückt: Der Kapitalismus und die von ihm durch und durch verseuchte Weltanschauung." (2) Es geht dem Autor um die Umwertung der bestehenden Werte: „Eine Umwandlung dieser Begriffe über die wirklichen und wahrhaften Lebensziele und Lebensaufgaben der Menschen muß auch eine Umwandlung und Beseitigung aller Folgen mit

---

[3] *Der Ziegelbrenner* wird zitiert nach dem Faksimiledruck (1976), hier 1. Jahr, Heft 1 vom 1. September 1917, S. 1. Die Paginierung begann meistens neu mit jeder neuen Lieferung, wobei die jeweilige Seitenzahl dem Zitat im laufenden Text in Klammern folgt; Fettdruck jeweils wie im Original.

[4] Vgl. Koepke, 2003, S. 283-301; über den Verlauf der *Caoba*-Romane; zur Forschung s. dort Anm. 3, S. 287.

sich bringen, die dieser Zwangsbegriff hervorruft." (3) Es geht um ein neues Denken: „Alle Taten der Menschen, gute und böse Taten gehen vom Denken aus. Denke gut und du bist gut! Denke böse und du bist böse!" (3) Geld ist „ein toter Begriff" (6), dem Marut das Leben, die lebendige Tat entgegensetzt.

Das Haupthindernis für eine solche Wandlung ist die Propaganda des Staates, vertreten durch die Presse, die Ret Marut in wachsendem Maße als seinen Hauptfeind betrachtete.[5] Da er das richtige Denken (und Schreiben!) als Voraussetzung der Umwandlung der Menschen und ihrer Gesellschaft ansah, musste er zuallererst das falsche Denken angreifen und redet vom „völligen Neu-Aufbau unseres Denkens und unserer Denkweise." (6) Allerdings attackiert er nicht nur die Verlogenheit der Journalisten, sondern ebenso deren Oberflächlichkeit und Opportunismus. Das Grundübel sieht er in der Abhängigkeit von Geldgebern. *Der Ziegelbrenner* akzeptierte keine bezahlten Inserate. Eine Presse ohne Inserate war dann auch Maruts erste Forderung im Presseausschuss der Münchner Republik.

Ret Marut lebte in Schwabing unter Literaten. Selbst während des Krieges blieb die Münchner Boheme lebendig, auch wenn sie mit einer Wirklichkeit konfrontiert wurde, die politisches Denken und Handeln erforderte. Immer noch war das Theater eine zentrale gesellschaftliche Institution; und so ist es amüsant zu sehen, wie Ret Marut sozusagen gegen seinen Willen – er wollte sich offenbar vom Theaterleben völlig distanzieren –, in Heft 1 seinen Kommentar zur Theaterszene in München vorbrachte: „Ursprünglich war es nicht meine Absicht, über Theater zu schreiben, höchstens gelegentlich. [...] Denn das Theater ist unleugbar ein äußerst starkes Ausdrucksmittel unserer ganzen Kulturbewegung." (9) Was er schrieb, war nun allerdings im wesentlichen negativ, sarkastisch und polemisch. Das hing nicht nur mit seinen Anschauungen und Ansprüchen zusammen, sondern könnte zumindest teilweise, jedenfalls nach Rolf Recknagels Urteil, auf eigene Misserfolge zurückzuführen sein.[6] Der gehässige Ton gegenüber Lion Feuchtwanger, der damals ein Erfolgsautor der Münchner Kammerspiele war, mit deutlich antisemitischer Klangart, lässt jedenfalls auf persönliche Feindschaft schließen.[7] Die Polemik ist insofern

---

[5] Vgl. Richter, 1977, S. 89-98

[6] Vgl. Rolf Recknagels ‚Nachwort' zum *Ziegelbrenner* (1976), S. X-XI sowie dessen Hinweis auf Maruts potenziellen Frust angesichts seiner mangelnden Erfolge als Schauspieler und Autor (s. Recknagels [1977], S. 79-89.)

[7] Richter (1977, S. 209) hat darauf hingewiesen, dass es keine Belege dafür gebe, dass Ret Marut Theaterstücke verfasst bzw. bei Bühnen eingereicht hat. Immerhin ist es auffallend, wenn er schreibt: „Hundert deutsche Dichter, wirkliche Dichter, laufen sich die Füße wund, haben gute Stücke und können sie nirgends anbringen." (*Ziegelbrenner*, Jg.1, H.1 [vom 1.9.1917], S. 13) Lion Feuchtwanger hingegen wurde namentlich erwähnt; sein Vater sei ja schließlich „Hauptaktionär oder Stützpunkt Münchener Theater" (ibid.). Das klingt allerdings sehr nach Missgunst!

interessant, als Feuchtwanger dann in seinem ‚dramatischen Roman' *Thomas Wendt*, später *1918* genannt, die Figur des Literaten als Revolutionär in den Mittelpunkt stellte, die man nicht nur auf Kurt Eisner und Ernst Toller beziehen könnte, sondern ebenso auf Ret Marut. Feuchtwanger stellte das grundlegende Problem zur Diskussion, ob und wie der ‚Betrachtende', der Schriftsteller oder Künstler, geeignet sei zum politischen, speziell zum revolutionären Handeln – ein Problem, das auch in der ‚Wartesaal-Trilogie' und im *Josephus*-Roman bedeutsam bleibt und sogar noch den Rahmen für Feuchtwangers Gegenüberstellung von Stalin und Trotzki in *Moskau 1937* abgibt.[8]

Das Münchner Theater verschwindet nach dem zweiten Heft aus dem Blickkreis des *Ziegelbrenners*. Was im ersten Heft „Randbemerkungen zu unserer Zeit und zu unseren Zeitgenossen" (17) genannt wird, Glossen zu Ereignissen und vor allem zu Zeitungsberichten, wird zum eigentlichen Thema der Zeitschrift. Dazu kommen aber am Anfang jedes Heftes Aufmacher in verschiedener Form, meistens Leitartikel. Ret Marut liebt es, Aphorismen, pointierte Epigramme, einzustreuen. Ein Beispiel:

Die Schuld

Schuld an diesem Kriege ist der Kapitalismus. Möglich gemacht hat ihn der Journalismus. Nun sind diese beiden für ewige Zeiten verbrüdert auf Not und Tod, auf Schande und Gefahr. Immer aber bezahlt die Menschheit die Rechnung. (Heft 2 [1.12.1917], S. 32)

Der Ziegelbrenner drückt sich oft und gern in poetischer Form aus. So beginnt Heft 2 mit dem ‚Kriegslied' von Matthias Claudius: „‚s'ist Krieg! s'ist Krieg! O Gottes Engel, wehre / und rede Du darein [...]." Das 3. Heft (16.3.1918) stellt an den Anfang die ‚Totengesänge des Hyotamore von Kyrena' (49-53), das 4. Heft (27.7.1918), weniger poetisch, ‚Die Menschenrechte' von Percy Bysshe Shelley (73-77). Dann aber beginnt die Revolution: Heft 5/6/7/8, datiert auf den 9. November 1918, setzt ein mit dem programmatischen Aufruf ‚Es dämmert der Tag' (105): „Sturm naht! / Es dämmert der Tag. / Seid bereit!" Hier vollzieht Ret Marut den Schritt von der Aufklärung zur Tat.

Ret Maruts ‚Randbemerkungen', die er dann ‚Ziegeln aus dem Brenn-Ofen' (36) nennt, werden aus Glossen über Episoden der Kriegszeit zu Glossen über die Zeitungsberichte über diese Ereignisse und Angriffe auf Verleger wie Ull-

---

[8] Vgl. dazu Koepke, 1983, S. 61-72; kritisch dagegen Kröhnke, 1989, S. 174-98. Die Zielscheibe von Ret Maruts Angriff war Feuchtwangers Bearbeitung des altindischen Stückes ‚Der König und die Tänzerin', die Ret Marut „jüdelndes Scheunenvorstadtgemansche" nannte, auf dem Niveau „eines Dreißig-Pfennig-Kientopps" (12) Ferner wird Feuchtwanger als seichter Journalist abqualifiziert, als Generalanzeigerfeuilletonzeilenzusammenkleisterer" (13). Schlimmer kann es kaum werden!

stein und Scherl und andere Publikationsorgane. Besonders aufreizend findet er den Bestseller *Der rote Kampfflieger* von Manfred von Richthofen, dem berühmtesten deutschen Kriegspiloten, der zu dieser Zeit bereits gefallen war, und das Bombengeschäft, das Ullstein und Scherl damit gemacht haben. Das passt in Ret Maruts Kampagne gegen die Volksverhetzung: Hier wird ein Millionengeschäft als Kriegspropaganda und Patriotismus kaschiert. Dazu bringt er dann eine Leseprobe (38) und kontrastiert sie z.B. mit einer Todesanzeige (39). Eines der ständigen Themen ist der Kampf gegen die Hetze gegen die Feindnationen, indem Ret Marut richtig stellt, was die feindlichen Nationen an ihnen zugeschriebenen Untaten nicht vollbracht haben. Beispielsweise wendet er sich gegen die Meldungen über Verfolgungen und „Verhaftungen der Deutschen und Deutschfreunde" (39) in den USA nach deren Kriegseintritt; in diesem Fall hatte er allerdings nicht ganz Recht: Die antideutsche Stimmung und Propaganda in den USA war stark und hatte lang andauernde Folgen auf vielen Gebieten. Sie führte u.a. dazu, dass Menschen ihren deutschen Familiennamen änderten und etliche Ortschaften, die nach deutschen Städten benannt waren, sich einen neuen Namen zulegten, um die Spuren ihrer Herkunft zu vertuschen. Auf solidem Boden befand sich Marut, wenn er feststellte, dass in England und Frankreich auch im Krieg weit mehr Kritik geäußert werden konnte als in Deutschland, wo die Zensur, ausgeübt vom Militär, jede freie Meinungsäußerung unterband. Aufgrund dieser Umstände wird übrigens auch immer noch gerätselt, wieso Ret Marut mit seinen Heften bei der Zensur durchgekommen ist, was zu Spekulationen Anlass gegeben hat, dass er eine besondere Protektion gehabt haben müsste. Es hat jedoch mehr Sinn, Armin Richter zu folgen, der die Zensur in München als etwas toleranter als die in Berlin charakterisiert.[9]

Insgesamt ist Ret Marut zuzustimmen, der die Zensur als Grundübel ansah, als Ausdruck des Systems, das Journalisten zu kriecherischen Opportunisten machte: „So lange Menschen auf der Erde leben, ist noch niemals ein Volk so belogen, so betrogen und so angeschwindelt worden wie in der Zeit vom 31. Juli 1914 bis zur Revolution im November 1918 das deutsche Volk von seiner eigenen Regierung" (1), sagt er am 15. Januar 1919 (Jg. 3, H. 9/14).

Im Vorspann zum 1. Heft wird *Der Ziegelbrenner* als eine Zeitschrift angekündigt, die „in zwangloser Folge" Aufsätze über die folgenden Gebiete bringen wolle: „Politik, Handelspolitik, Volkswirtschaft, Staatsphilosophie, Soziologie", ferner „schöngeistige Beiträge, Buchbesprechungen, Theaterberichte und Randbemerkungen zu Streit- und Tagesfragen." Diese Ankündigung kann nicht ernst gemeint gewesen sein, sie macht sich offenbar nur über die Zensur

---

[9] Vgl. dazu den Abschnitt ‚Die Kriegszensur' bei Richter, 1977, S. 61-65.

lustig. Im 3. Heft lässt Marut bereits die Maske fallen und schreibt im Vorspann einfach „Kritik an Zuständen und an widerwärtigen Zeitgenossen." Dazu noch den Satz: „Erscheint zwanglos wie manche Zustände und viele peinliche Zeitgenossen auch." Das Wort ‚zwanglos' hat es dem ‚Schriftleiter' angetan; er wehrt sich gegen jeden Zwang, auch den zu einem regelmäßigen Erscheinen der Zeitschrift. Vom angekündigten Programm sind also nur die „Randbemerkungen zu Streit- und Tagesfragen" übrig geblieben, nachdem in den ersten Heften immerhin noch das Münchner Theaterleben vorkam und einige Buchempfehlungen. Daraus wird dann im Wesentlichen ein Streitgespräch mit der Presse sowie eine Antwort auf Leserbriefe, echte als auch fingierte. Interessanterweise scheint die Wirkung auf Frauen und auf Frontsoldaten am stärksten gewesen zu sein.[10] Reaktionen von anderen Zeitschriften und Zeitungen ließen auf sich warten. Erst im 4. Heft vom 17. Juli 1918 konnte *Der Ziegelbrenner* darauf antworten, mit der bezeichnenden Überschrift: ‚Die Ausgeräucherten kriechen hervor!' (85) Zunächst kam der Mannheimer *General-Anzeiger* ins Visier,[11] Ret Marut leistete es sich, den Artikel von Kurt Palm ganz abzudrucken. Dessen letzter Satz lautet: „Wir lehnen diese Zeitschrift ab. Wir warnen vor ihr doppelt lebhaft, weil ihre Reklame mit unerfüllten Versprechen Leser einzufangen versucht." (87) Kurt Palm bezieht sich auf die Ankündigung im ersten Heft und wirft Ret Marut falsche Reklame vor, Verlogenheit, dasselbe, was Ret Marut der sonstigen Presse unterstellt. Zudem findet Palm im Inhalt „lauter Belanglosigkeiten, denen fälschlich Bedeutung zugemessen wird." (87) In seiner Antwort passiert dem *Ziegelbrenner* allerdings ein peinlicher Ausrutscher. Er merkt an, dass der Chefredakteur des *General-Anzeigers* Dr. Goldenbaum heiße, und diesem schreibt er die Autorschaft des Artikels zu. Das klingt erneut antisemitisch. Es ist besonders interessant, weil sogleich ein Kontrast folgt, eine Artikelserie von Dietrich Eckart (1868-1923), dem geistigen Nährvater des Nationalsozialismus.[12] Eckart veröffentlichte seinen vierteiligen Beitrag (‚Merkmale der Zeit') zwischen April und Juli 1918 in der Zeitschrift *Deutsches Volkstum*,[13] wobei er im Mai-Heft spezifisch Ret Maruts *Ziegelbrenner* ins Visier nahm.[14]

---

[10] Vgl. Richter, 1977: ‚Die Wirkung des „Ziegelbrenner" ', S. 152-64, hier S. 154.
[11] *General-Anzeiger* (Mannheim), Nr. 234 vom 22. Mai 1918 (86).
[12] Eckart verfasste das *Sturmlied* der SA und machte die im Refrain verwendete Formulierung ‚Deutschland erwache!' zum NS-Schlachtruf. Als ‚Parteidichter' genoss er zeitweilig große Popularität unter den Anhängern der NSDAP. Im August 1921 wurde er Chefredakteur des *Völkischen Beobachters*.
[13] Dietrich Eckart: ‚Merkmale der Zeit'; es handelte sich hierbei um einen Fortsetzungsartikel in Jg. 20 von *Deutsches Volkstum. Monatsschrift für das deutsche Geistesleben*: Tl. 1 erschien im April (S. 120-24), Tl. 2 im Mai (S. 154-60), Tl. 3 im Juni (S. 180-85) u. Tl. 4 im Juli (S. 214-19) 1918.
[14] *Deutsches Volkstum* 20 (Mai 1918), S. 160.

Ret Marut merkt als Vergleich zu diesem Artikel an, er „ist ein Germane. Das mag der Grund sein, warum er klobiger, aber dafür auch ehrlicher ist." (87) Im Deutschen lügt man, wenn man höflich ist – nach diesem Klischee können die Juden keine Deutschen sein. Die Sache wird insofern pikant, als Eckart Ret Marut offenbar für einen Juden hält. Das weist dieser sehr energisch von sich: „Unsere Familien-Geschichte läßt sich mehrere Jahrhunderte zurück verfolgen; nach bestem Wissen und Gewissen ist kein Tropfen jüdischen Blutes in unserm Geschlecht." (88) Wenn man bloß genauer wüsste, um welches Geschlecht es sich handelt! Der Artikel von Eckart war allerdings besonders aufreizend, nicht nur, weil dieser den Namen ‚Ziegelbrenner' darauf zurückführte, dass die Juden in Ägypten bei ihrer Fron Ziegel hätten herstellen müssen, sondern weil er die Zeitschrift bei der Zensur denunzierte: **„Alles verstehe ich, bloß nicht, daß die Münchner Zensur, die von ihrer Sonnenburg herab die grunddeutsche ‚Wirklichkeit' für immer verboten hat, dieser Brennerei gleichmütig zuschaut."** (88) Der Zensor Alphons Falkner von Sonnenburg zeichnete sich durch Flexibilität und eine gewisse Toleranz aus und war offenbar anders als die meisten Militärzensoren auch kritisch gegenüber der radikalen Rechten.[15] Ret Marut wehrte sich, indem er Eckart einfach zum Denunzianten erklärte, Abkömmling germanischer Familien, die schon bei den Römern und zur Zeit Napoleons bei den Franzosen „ihre eigenen Volks-Genossen denunzierten" (89). Damit rächte er sich für die Unterstellung, er sei Jude und also moralisch minderwertig. Dazu trumpfte er auf mit dem Argument, Zensur sei eigentlich wirkungslos.[16] Doch nicht genug damit: Er fühle eine moralische Verpflichtung, jetzt und hier die Wahrheit zu sagen, besonders als Deutscher:

> Soll auch ich mir vielleicht einmal nachsagen lassen, daß Zeitungen und Zeitschriften mit einer Gesinnung, die ich im Herzen fühle, die ich aber aus besagter Unfähigkeit nicht aussprechen kann, in Frankreich, in England in Italien und in Amerika zu Hunderten erscheinen, in Deutschland auch nicht einen einzigen Menschen fanden, der sie geschrieben und herausgegeben hätte? Nicht um meinetwillen, sondern des deutschen Volkes wegen, will ich mir das niemals nachsagen lassen! Denn ich will nicht, daß das deutsche Volk, dessen Kultur-Welt in allen meinen Fasern ich mich trotz alledem zugehörig fühle, daß das Volk, das einen Goethe hervorzubringen begnadet wurde, dermaleinst, wenn die Völker vor das Tribunal der Menschheit und der Kultur gerufen werden, schamerrötend vortreten muß und sprechen: „Ich komme als ein Bettler zu Euch, mit leeren Händen; denn ich hatte keine Zeit!" (91)

Das starke Pathos betont vor allem drei Punkte: Die richtige Gesinnung ist die des Friedens und der Versöhnung; diese Gesinnung kann in den Ländern

---
[15] Vgl. die Kommentare von Richter, 1977, S. 235-36.
[16] Vgl. dazu Richter, 1977, S. 61-65, auch speziell zu diesem Text.

der Feinde öffentlich ausgesprochen werden, nicht aber in Deutschland. Der Schreiber fühlt es als heilige Verpflichtung, hier in die Schanze zu treten, und zwar wegen der Ehre des deutschen Volkes, dessen „Kultur-Welt" er sich „in allen meinen Fasern" zugehörig fühlt (91), und das einen Goethe hervorgebracht hat. Es wird einmal ein „Tribunal der Menschheit" (91) erscheinen und die Völker und Individuen richten. Ret Marut nennt an anderer Stelle zwei Gesinnungsgenossen, die gleich ihm mutig gegen den Wahnsinn des Krieges aufgetreten sind: Karl Kraus mit seiner *Fackel* und Franz Pfemfert mit der *Aktion*.[17] In diesem Absatz zeigt sich Ret Marut als der Einzige, der Einsame mit der richtigen reinen Gesinnung vor dem Tribunal der Geschichte, die als moralischer Prozess aufgefasst wird. Ganz besonders bedeutsam scheint mir die so vehemente Betonung des eigenen Deutschtums. Das ist nicht nur gegen Dietrich Eckart und die Unterstellung, er sei Jude – also ein „Fremder"! – gerichtet, sondern klingt zudem paradox, wenn man bedenkt, dass Ret Marut angegeben hatte, in San Francisco geboren zu sein und amerikanischer oder englischer Staatsbürger sein wollte.

Ret Maruts Verehrung Goethes hat wenig mit dem konventionellen Goethe-Bild des Bildungsbürgertums zu schaffen. Marut hat einen hohen Begriff vom Dichter und Künstler, von dem er die Erlösung der Menschheit erwartet. Dabei steht ihm das Wort ‚Mensch' am höchsten, wie der Nachruf auf Frank Wedekind (93-95), der in vieler Hinsicht sein Vorbild gewesen sein könnte, illustriert: „Ein Dichter ist nicht dahin gegangen, wohl aber ein Mensch, was ungleich mehr wert ist. Und Mensch ist umso viel mehr als Dichter, denn Gott mehr ist als Mensch." (93) Ret Marut versucht das Phänomen Wedekind als Schauspieler und Dichter zu ergründen: „Er war kein Dichter, sondern ein Menschen-Darsteller." (93) Ein Menschen-Darsteller, der keine Ahnung davon hatte, was ein Schauspieler sein soll, sondern ein Dilettant, aber ein Mensch. Die Ergriffenheit über den Verlust schlägt jedoch sofort um in eine satirische Kommentierung der Beerdigung, woraufhin der Schreiber hofft, sein eigener Leichnam solle einmal von Hunden und Vögeln gefressen werden, damit vermieden werde, „einem Journalisten Gelegenheit [zu] geben […], über meinen sterblichen Ueberresten [*sic*] seine Bedürfnisse zu verrichten, wie das im Waldfriedhof zu München geschah, kurz vor Frühlings Erwachen im Jahre 1918." (95)

Der Hass des ‚Ziegelbrenners' gegen die Presse und die Bestseller-Verlage wie Ullstein steigert sich in diesen vier ersten Heften zusehends und führt zu

---

[17] Vgl. Richter, 1977, S. 43-45; er nennt die *Fackel* „ohne Zweifel das große, prägende Vorbild." (ebd., S. 44)

rhetorischen Exzessen. Die letzte Seite von Heft 4 enthält eine ‚Anzeige' der Schriftleitung des *Ziegelbrenners* gegen zwei Verlage:

> **Gegen den Pesthauch,** der von den beiden deutschen Verlegern Ullstein und Scherl in Gestalt von ‚Kriegsbüchern', in Gestalt von ‚billigen Büchern für das deutsche Lesepublikum' und in Gestalt von ‚öffentlicher Meinung' ausgeht, und die Kultur und den guten Geschmack des deutschen Volkes, ja der ganzen Menschheit zu vernichten droht [...]. [106]

Marut kämpft hier nicht nur oder nicht einmal in erster Linie gegen die Kriegsbücher und ihre Propaganda, sondern gegen die billige Massenware, die den Geschmack des Publikums zerstöre und die Kultur bedrohe. Gegen diese „Flut von vergiftenden Abwässern" will er einen Damm errichten mit Büchern der Reclam-Bibliothek und Romanen vom S. Fischer Verlag: Er nennt Romane von Bang, Beradt, Hesse, Huch, Kellermann, Strauss und Tolstoi. ‚Pesthauch', ‚vergiftende Abwässer' klingen heute aktuell, sind jedoch als Bezeichnungen für Verlagserzeugnisse sehr starke Bilder, die aus Ullstein und Scherl ‚Schädlinge' des Volkes machen, die nicht nur verrissen und möglichst vom Buchmarkt verjagt, sondern überhaupt ausgemerzt werden müssen. Hier zeigt sich das Paradox des rigorosen Moralismus: Ret Marut, der sich absolut gegen jede Zensur ausspricht, besteht darauf, die Presse und den Buchmarkt zu säubern, von ‚venerischen' Krankheitsstoffen zu befreien. Die Revolution darf nicht nur eine Befreiung von der Fesselung durch die Zensur sein, sie muss auch eine Reinigung von den unsauberen Elementen mit sich bringen. Das klingt gefährlich! Es erinnert an die Argumente von Robespierre und St. Just in Georg Büchners Drama *Dantons Tod*, das in diesen Punkten dokumentarisch vorgeht. Es hört sich ähnlich an wie die Rhetorik der Nationalsozialisten, mit denen Ret Marut, wie schon die Polemik gegen Dietrich Eckart zeigte, wirklich nichts zu tun haben wollte. Jede Rhetorik dieser Art hat seit den Vernichtungslagern der Nazis eine ganz andere Bedeutung bekommen und ist von heute aus nur noch schwer oder gar nicht mehr zu beurteilen. Vor 1933 klangen die Aussagen zum Volkstum und Judentum im gesamten politischen Spektrum verzweifelt ähnlich,[18] so dass Ret Marut kaum aus dem Rahmen fällt. Dennoch ist festzuhalten, dass die von ihm herbei gewünschte Revolution nicht nur einen ‚Neu-Aufbau', sondern eine große Säuberung bringen müsse.

Ein weniger evidenter Punkt, der jedoch von entscheidender Bedeutung ist, wird mit dem Gebrauch des Wortes ‚Masse' aktuell. Ret Marut war besonders empfindlich gegen alle Massenphänomene, die mit dem Krieg und durch den Krieg überhand nahmen und die das Leben des Individuums immer mehr be-

---

[18] Vgl. dazu Koepke, 1993, S. 43-61.

einträchtigten. Dazu gehörte, dass alles ‚erfasst' wurde: die Menschen, die Tiere, die Lebensmittel, die materiellen Vorräte, das Papier zum Drucken, auch die Zeit der Menschen wurde immer mehr reguliert und rationalisiert. Die Psychologie der Massen, der Massenversammlungen, der Massenarmeen, der Massenfabriken, der Massenbüros brachte eine radikale Änderung der Mentalität mit sich, weg von der persönlichen Verantwortung des individuellen Bürgers. Die Bewegung des Anarchismus ist eine der Reaktionen auf die Vereinnahmung des Einzelmenschen sowie seine polizeiliche und bürokratische Erfassung. Ret Marut spricht zwar auch im positiven Sinn von den proletarischen Massen des Volkes, aber stärker ist bei ihm die Nietzsche'sche Unterscheidung von ‚Elite' und ‚Masse' sowie das Bewusstsein, dass sich der *Ziegelbrenner* nur an eine denkende Elite wenden könne.

Es dämmert der Tag[19]

Zwischen dem 9. November 1918 und dem Ende der Revolution in München am 1. Mai 1919 hat sich *Der Ziegelbrenner* wiederholt lautstark gemeldet. Eigentlich hatte er seine Aufgabe erfüllt: der Krieg war vorüber, die deutschen Monarchien waren gestürzt. Aber:

> Es war meine Absicht, mit dem Beginn des Waffenstillstandes den Ziegelbrenner ohne ein Wort zu sagen verschwinden zu lassen. Aber wenige Wochen nach der Revolution bekam ich plötzlich das sichere Gefühl: Für den Ziegelbrenner steht noch eine Aufgabe bevor, die ebenso groß und ebenso wichtig ist wie die war, die er während des Krieges erfüllte.[20]

Zwischendurch jedoch teilte auch Ret Marut die Stimmung des revolutionären Aufbruchs, die sich in seinem Gedicht ‚Es dämmert der Tag' aussprach: „Sturm naht! / Es dämmert der Tag. / Seid bereit! / Schlaf aus den Augen, Gesellen! / Es dämmert der Tag ./ Ein neuer Tag. / Ein neuer Tag? / Ein neuer Tag??? / Seid bereit! Denket nach! [...]" (105).[21] Es ist jedoch klar, dass Ret Marut seine eigene Revolution macht: „Schlaf aus den Augen, Gesellen! / Stehe Jeder für die Eigene Sache!? Die Eigene Sache nur ist die der Menschheit. / Sturm naht. / Es dämmert der Tag. / Denket nach!" (105) Das ist, was Marut einhämmern will: Die ‚eigene Sache' ist die der Menschheit. Dass das nach Max Stirner klingt, braucht nicht mehr erklärt zu werden. Was Ret Marut in der Praxis meint, entspricht den Ideen Kropotkins und Landauers: eine freiwillige Vergesellschaftung ohne Hierarchie. Dazu passen die wirtschaftlichen Vorstellungen von der

---

[19] *Der Ziegelbrenner*, Jg. 2, Heft 5/6/7/8 (vom 9. November 1918), S. 106-60.
[20] *Der Ziegelbrenner*, Jg. 3, Heft 9/14 (vom 15. Januar 1919), S. 92-93.
[21] Unter den verschiedenen Arbeiten zur Stirner ‚connection' finde ich die von Eßbach besonders aufschlussreich (1976, S. 362-402 u. 1987, S. 101-19).

Pflicht zur Arbeit und Entlohnung nach dem Wert der Arbeit. Aber am meisten befasste sich Ret Marut auch jetzt mit der Presse und den Buchverlagen. Hier sah er seine direkte Aufgabe in der ‚Entkapitalisierung', wie man es nennen könnte, der Befreiung der Presse vom Kapitalismus. Wenn man an die Ereignisse in München und in Berlin denkt, ist es merkwürdig, dass der ‚Ziegelbrenner' sich weiterhin in erster Linie mit der Presse, mit Leserbriefen sowie Abwehr und Angriff gegen andere Presseorgane befasste. Er lebte offenbar auch während der Revolution in der Literaturwelt von Schwabing: Weder das übrige Bayern noch Deutschland im Allgemeinen kamen in seinen Blick.

Nach dem Aufruf ‚Es dämmert der Tag' folgen die gleichen Polemiken wie vorher. Ret Marut bleibt besonders empfindlich gegen die Unterstellung, er sei ‚undeutsch' und also Jude. So wehrt er sich dagegen, dass der Name ‚Ret Marut' nicht germanisch sei, wie ein Herr Geißler in *Das Größere Deutschland* ausgesprochen hatte. Wenn sich dieser Geißler mit der Geschichte deutscher Namen befassen würde, so käme er darauf, „daß man Ret Marut nicht wie Recha Baruch lesen kann"; er würde stattdessen finden, „daß sich in diesem Namen, sowohl im Vornamen als auch im Zunamen die altgermanischen Stammformen viel reiner zeigen als beispielsweise im Namen ‚Geißler'." (109) Das bringt Ret Marut auf Dietrich Eckart zurück und dessen Verdacht, Ret Marut sei Jude. Er distanziert sich von beiden Seiten: „Ein Mensch, der sein Judentum betont, ist für mich ebenso unausstehlich wie einer, der seine antisemitische Weltanschauung unterstreicht. Mir gilt nur der Mensch; aber selbst mit dem will ich nur in sehr bedingter Form persönlich etwas zu schaffen haben." (110) Der Germane habe den Krieg gemacht für „bessere Ausfuhrgeschäfte", und so „ist der Germane antisemitischer Richtung der eigentliche Groß-Jude geworden" (110). Ret Maruts Distanzierung vom Judentum und Antisemitismus[22] zugleich hindert ihn allerdings nicht daran, Lion Feuchtwangers Bearbeitung des indischen Schauspiels *Vasantasena* bösartig zu verreißen: „Diese Nachdichtung des Herrn Lion Feuchtwanger, der von der Voraussetzung ausging, Vasantasena könnte vielleicht ursprünglich eine jiddische Obsthökerin aus Galizien sein" (112) – demgegenüber kann man „die wundervolle alt-indische Dichtung" in Nummer 3111/3112 der Reclam-Bibliothek lesen (112). Ja, wenn jemand sage, er sei stolz auf sein Judentum, dann ist er genau so widerlich wie der Antisemit – „Ich suche M e n s c h e n." (113)

Es ist richtig, dass Ret Marut zunächst noch Material aus der Kriegszeit ‚aufarbeitet', Zeitungsmeldungen und Auseinandersetzungen der letzten Kriegsmo-

---

[22] Vgl. dazu Ret Maruts Ausführungen (in: *Der Ziegelbrenner* 2 [November 1918], 5/6/7/8, S. 109-12, hier S. 110) zu einem weiteren Beitrag Eckarts (Juni 1918), wo er ausdrücklich betont: „Vom Antisemitismus bin ich durch eine sichtbare Sperrung rücksichtslos getrennt."

nate, die in großer Fülle ausgebreitet werden. Das wirklich relevante Problem, wie Ret Marut zum Sozialismus und zum Räte-System steht, kommt dabei nicht zur Sprache, nur nebenbei wird die historische Bedeutung der Revolution in Russland vermerkt. Relevant ist die scharfe Abfertigung von Houston Stewart Chamberlain (141-144), den Ret Marut einen Vaterlandsverräter, nämlich Verräter an seinem Vaterland England, nennt: „Ein Mann, dem die hohe Gnade zuteil wurde, über Goethe schreiben zu dürfen, benutzt seine publizistische Fähigkeit dazu, das Volk Goethes in den Abgrund des Verderbens zu werfen." (141) Für seine alldeutsche Kriegspropaganda verflucht ihn der ‚Ziegelbrenner', „dafür möge ihm der millionenfache Fluch hunderttausender weinender deutscher Mütter folgen bis in die fernste Ewigkeit aller Zeiträume des Weltalls." (144) Stärker geht es wohl kaum!

Auch die nächste Ausgabe des *Ziegelbrenners*, Heft 9-14 vom 15. Januar 1919, 96 Seiten lang, befasst sich noch mit der Vergangenheit, allerdings aktualisiert. Unter dem Titel ‚Zensur' will Ret Marut demonstrieren, wie sehr das deutsche Volk unter der Propaganda gelitten hat:

> So lange Menschen auf der Erde leben, ist noch niemals ein Volk so belogen, so betrogen und so angeschwindelt worden wie in der Zeit vom 31. Juli 1914 bis zur Revolution im November 1918 das deutsche Volk von seiner eigenen Regierung mit vollem Bewußtsein betrogen, mit wohlberechneter Absicht betrogen und mit brutaler Rücksichtslosigkeit beschwindelt worden ist. (1)

An dieser Verlogenheit ist Deutschland zugrunde gegangen, nicht wegen der Übermacht der Gegner. Aber das deutsche System war bereits vorher morsch: „Vernunft stützte das untergegangene Deutschland schon seit Jahrzehnten nicht mehr." (1) Jetzt ist es endlich vorbei: „Selbst der schlafmützigste deutsche Spießbürger ist wohl endlich aufgewacht" (2) und zwar, um zu verstehen, was ihm geschehen ist. „Mit einer großen Lüge begann das Völkermorden. Dieser Krieg war nie ein Verteidigungs-Krieg" (3), die „Einkreisung" Deutschlands war „eine Folge deutscher Pläne gegen die englische Seegeltung" (3). Es ist ein ganzes „Gewirr von unbeschreiblicher Verlogenheit" (7). Die Militärs mussten bereits 1914 nach der Marne-Schlacht erkennen, dass der Krieg nicht zu gewinnen war. Aber es ging um das Geschäft. Hier meldet sich der ‚Ziegelbrenner':

> Aber während es allen nur auf das Geschäft ankam, [...] kam es mir nur darauf an, zwei Dinge vor dem Untergange zu bewahren: 1. Die Idee, daß der Mensch mehr wert ist als der Staat, darf nicht verloren gehen. 2. Wer nicht lügen will, braucht nicht zu lügen. Man kann alles sagen, selbst die Wahrheit, wenn man die Wahrheit über das persönliche Wohlbefinden stellt. (11)

Das ist starkes Pathos. Ret Marut tut sich viel darauf zugute, wie er mit der Zensur umgesprungen ist. „[D]enkt nicht," sagt er, „daß es leicht war, die Zensur mir dienstbar zu machen, daß es leicht war, die Zensur zu beherrschen, statt von ihr beherrscht zu werden." (11) Und er verneint, dass die Münchner Zensur weniger rigoros war als die Berliner – was er dann im Detail belegen will (11-13). Offenbar ist dieser ‚Ziegelbrenner' ein Mensch, für den es das Allerschlimmste ist, wenn man ihm Vorschriften macht und ihm Beschränkungen auferlegt. Dabei wiederholt er immer wieder, dass die Zensur letzten Endes unwirksam sei – was jedoch nicht stimmen kann, denn hätte sonst das deutsche Volk geglaubt, was Ret Marut als ein Lügengewebe charakterisiert? Man denke nur an die weitaus raffinierteren Methoden, mit denen seit den 30er Jahren Reklame und Propaganda betrieben wurde, so dass die Welt z.B. erst nach Kriegsende 1945 in vollem Umfang über die Konzentrations- und Vernichtungslager aufgeklärt ward.[23]

Ret Marut lässt es sich nicht nehmen zu demonstrieren, wie trotz seiner Schlauheit die Zensur mit ihm verfahren ist und druckt die früheren Artikel noch einmal, in denen etwas gestrichen wurde. Die Streichungen sind von unterschiedlicher Länge und Bedeutung, und Ret Maruts Zorn auf die Zensoren scheint insgesamt eher übertrieben zu sein. Zu seiner Aggressivität passt die Anzeige am Ende des Heftes 15: „Auf zum Vernichtungskampf gegen die Presse. In diesem Kampfe sind alle Mittel so gut und so recht wie die Mittel, mit deren Hilfe man sich giftiger Reptilien erwehrt." (25) Das ist extreme Rhetorik, und sie ist gefährlich. Wenn Ret Marut seinen Wortschatz von der extremen Rechten borgt, so erlaubt er auch ihren Ideen, sein Schreiben zu infiltrieren. Es klingt nicht gut, wenn er folgenden Aufruf erlässt:

> Die Befreiung der Menschheit von Lüge, Heuchelei und Unwahrhaftigkeit kann nur erfolgen durch rücksichtslose und mitleidlose Zertrümmerung der Presse. Hinweg mit ihr, sie hindert die Menschheit am Vorwärtsschreiten. [25]

‚Rücksichtslos', ‚mitleidslos', ‚erbarmungslos' – das haben Leute wie Marut gesagt und geschrieben, aber nicht in die Praxis umgesetzt; getan haben es der nach Kriegsende nach München zurückgekehrte Adolf Hitler und seine Kohorten, denen Dietrich Eckart die Stichworte lieferte.

Heft 15 vom 30. Januar (!) 1919 ist der Höhepunkt des *Ziegelbrenners* während dieser Phase. Es enthält eine ‚Rede' des ‚Ziegelbrenners' mit dem Titel ‚Die Welt-Revolution beginnt' und die Schilderung der Veranstaltung, auf der die Rede gehalten werden sollte, die aber mit einer Saalschlacht endete, einer

---

[23] Zur Frage der Zensur vgl. auch Richter (1970), S. 225-33 u. (1971), S. 279-93.

Vorausnahme der späteren Taktiken der SA. Hier wird besonders deutlich, wie das versponnene Literatentum in die brutale politische Wirklichkeit des Tages hineingerät. Es sollte bald noch viel schlimmer kommen, mit der Ermordung Kurt Eisners und den Massakern nach dem Einmarsch der Freikorps am 1. Mai. Die Rede des ‚Ziegelbrenners' verdient besondere Aufmerksamkeit. Sie beginnt mit dem politischen Bekenntnis:

> Ich gehöre weder der Sozialdemokratischen Partei an, noch bin ich Unabhängiger Sozialist. Ich gehöre weder der Spartacus-Gruppe an, noch bin ich ein Bolschewist. Ich gehöre keiner Partei, keiner politischen Vereinigung an, welcher Art sie auch sei. (1)

Offensichtlich könnte für Ret Marut die Entscheidung nur darin bestehen, welche der sozialistischen Parteien ihm am nächsten stehe, etwas Anderes kommt sowieso nicht in Frage. Doch sogleich überschreitet der Redner der ‚Welt-Revolution' den Kreis der politischen Optionen und begründet, warum alle politischen Parteien für ihn ausgeschlossen sind, nämlich „weil weder Parteien noch Programme, weil weder Proklamationen noch Versammlungsbeschlüsse mich vor dem Welt-Unglück beschützen konnten." (1) Könnten sie das in der Zukunft tun? Nein, denn eine politische Partei als solche ist für ihn ausgeschlossen.

> **Ich kann keiner Partei angehören,** weil ich in jeder Partei-Zugehörigkeit eine Beschränkung meiner persönlichen Freiheit erblicke, weil die Verpflichtung auf ein Partei-Programm mir die Möglichkeit nimmt, mich zu dem zu entwickeln, was mir als das höchste und das edelste Ziel auf Erden gilt: **Mensch sein zu dürfen!** (1)

Menschsein bedeutet unbeschränkte Freiheit, seine Wünsche und Bedürfnisse auszuleben, eine Auffassung des Anarchismus, die weit über praktikable Möglichkeiten hinausgeht. Das Stirner'sche Pathos klingt hier übertrieben:

> Eure Sache ist mir auch heute gleichgültig und sie wird mir immer gleichgültig bleiben. **Die edelste, reinste und wahrhafteste Menschenliebe ist die Liebe zu sich selbst.**[24] **Ich** will frei sein! **Ich** will froh sein können! **Ich** will mich aller Schönheiten dieser Welt erfreuen! **Ich** will glückselig sein! (1)

So vereinfacht der Redner das Problem, mit dem sich vor allem das 18. Jahrhundert herumgeschlagen hatte: Wie kann die berechtigte Selbstliebe oder sogar Eigenliebe mit einer ‚Republik', einer gemeinschaftlich verbundenen Bürgerschaft übereinstimmen? Denn ohne Rücksicht auf die anderen Menschen geht es auch für den Anarchisten nicht:

---

[24] Vgl. dazu Ret Maruts Roman *Der Mann Site und die grünglitzernde Frau* (2008), S. 79

> Aber meine Freiheit ist **nur** dann gesichert, wenn alle anderen Menschen um mich frei sind. Ich kann **nur** dann froh sein, wenn alle anderen Menschen meiner Umgebung froh sind. Ich kann **nur** dann glückselig sein, wenn alle anderen Menschen, die ich sehe und denen ich begegne, mit glücklichen Augen in die Welt schauen. Und **nur** dann kann ich mich mit reinem Genuß satt essen, wenn ich das sichere Bewußtsein habe, daß auch andere Menschen satt zu essen haben wie ich. Und darum handelt es sich um **Mein Eigenes Wohlbefinden**, nur um **Mein Eigenes Selbst** […]. (1-2)

Das klingt allerdings ganz anders. In einem Sklavenstaat gibt es keine freien Menschen. Der Herr ist auch Sklave des Sklaven, wie wir seit Hegel wissen.

Das erste Hindernis auf dem Wege zur menschlichen Freiheit, Gleichheit und Glückseligkeit ist der Staat. Ein Großteil der Rede des ‚Ziegelbrenners' besteht aus der Abrechnung mit den Institutionen, die den Krieg und seine unnötige Verlängerung verschuldet haben, und der Warnung vor den Gefahren, die der soeben errungenen Freiheit drohen:

> Mehr als fünfzig Monate bin ich in der schamlosesten Weise belogen und betrogen worden, **von der Regierung, vom Kaiser, vom König, von meinen Nachbarn** und **von der verlumptesten Institution,** die sich auf Erden befindet: **Die Presse.** (2)

Die Regierung, der Reichstag, der Kaiser, der König, sie haben alle abgewirtschaftet und sind verschwunden. Aber von den Nachbarn geht Gefahr aus! „Sie waren arme Belogene, arme Verführte und mir fehlte die Kraft, sie zu überzeugen." (3) Aber jetzt sind sie eine Gefahr für die Freiheit, mit ihrer Sucht nach ‚Ruhe und Ordnung': „Schon in dieser Stunde sind sie meine größten Gegner, schon in diesem Augenblick droht meinem Wohlergehen und meiner Freiheit von ihnen Gefahr." (3) Denn sie wollen Ruhe. Ihnen schreit der Redner zu: „**Bewegung, Gesellen! Nicht einschlafen!** Die Revolution hat erst begonnen." (3) Aber das Allerschlimmste bleibt die Presse: „Verfluchteste Lügnerin, Dein Name ist: Presse! Gemeinste Hure, Dein Name ist: Presse!" (3-4) Die Presse folgt dem Geld und der Macht. Und so ruft er den Hörern zu: „**Ihr habt die Macht, die Presse zu vernichten!**" (4) Man braucht ja nur die Zeitung abzubestellen! So einfach ist das.

Nun werden die Punkte aufgezählt, an denen die Presse Schuld ist. Sie streut immer noch Falschmeldungen über die bisherigen Feindstaaten aus. Sie wirbt für die Nationalversammlung. Dem entgegnet der Redner:

> **Ich brauche keine National-Versammlung.** Ich gehe nicht zur Wahl. Ich wähle nicht; ich will auch nicht gewählt werden. Ich fühle mich unter der Diktatur des Proletariats – […] – so wohl wie ich mich in meinem ganzen Leben noch unter keiner Regierung gefühlt habe[,] und ich habe

beinahe alle Länder der Erde kennen gelernt und in vielen nichtdeutschen Ländern viele, viele Jahre gelebt. (5-6)

Die Diktatur, von der der Redner spricht, kann nur die Münchner Diktatur sein; in welchen Ländern er „viele, viele Jahre" gelebt hat, wäre interessant zu wissen, steht hier aber nicht zur Debatte. Das gehört zum Gestus des Überlegenen, dessen, der die Nachbarn und die Provinzpresse noch immer aufzuklären versucht. Seine Freiheit sieht der Redner keineswegs von den Bolschewiki bedroht, deren Greueltaten ohnehin propagandistische Falschmeldungen sind.

Nicht zu vergessen: seine Freiheit sieht der Redner auch von Frauen bedroht! (8-10) Man hat ihnen das Wahlrecht gegeben, ohne dass sie fähig sind, mündige Bürgerinnen zu sein: „**Man will mich um meine Freiheit betrügen**," (9) denn die Frauen sind allzu leicht verführbar und wissen in ihrer großen Mehrheit gar nicht, worum es geht.

Und so ruft der Redner den Hörern zum Abschied zu:

> **Seid bereit!** Wir stehen nicht am Ende der Revolution, sondern am Anfang. Achtet auf alles, was um Euch vorgeht. Ich verteidige **Meine** Freiheit, **Meine** Sache schon. Verteidigt Ihr auch die Eure! Um **Eure** Haut geht es. Macht die Augen endlich einmal auf und denket nach! Seid wohl gerüstet und gut gewappnet, denn: **Die Welt-Revolution beginnt!** (13)

In dieser Form und mit diesen Worten hat die Veranstaltung allerdings nicht geendet. Der *Ziegelbrenner* beschreibt in allen Einzelheiten, mit Einschluss von Presseberichten, wie bereits vorher der Straßenverkauf der als Flugblatt gedruckten Rede behindert wurde und wie dann während der Veranstaltung ein Störtrupp von Studenten die Rede planmäßig unterbrach, was das Ganze in einem Krawall enden ließ (13-24). Eine zweite Veranstaltung ging übrigens ohne Störung vonstatten, den Studenten und ihren Auftraggebern war sie wohl nicht mehr wichtig genug.

Die Stimme des ‚Ziegelbrenners' war in dieser Revolutionszeit nur eine unter vielen, warum sollte man auf sie hören? Ret Marut schlug deshalb in der nächsten Nummer, Jg. 3, Heft 16/17 vom 10. März 1919, ein neues Thema an: ‚Der neue Weltkrieg', die Angst vor einem neuen Krieg, bevor noch der Friede richtig eingetreten war: „Es ist genug Menschenblut vergossen worden! Fluch dem neuen Weltkrieg! Fluch denen, die zu einem neuen Kriege aufrufen!" (1) Der wirkliche Inhalt dieser Nummer besteht aber aus Briefen an den ‚Ziegelbrenner', zum Teil noch aus der Kriegszeit, aber besonders aus den Monaten danach. Da steht in einem Brief vom 29. Dezember 1918: „Sie kritisieren [...], aber wie sich das neue Regime gestalten soll, das sagen Sie nicht, oder doch nur sehr verschwommen." (6) Die Polemik des ‚Ziegelbrenners' richte sich gegen Dinge, die nicht mehr akut seien. Und dann findet sich der Satz, auf den noch Erich Kästner zu antworten nötig fand: „Warum gibt er nichts Positives?" (8)[25] Das lässt Ret Marut natürlich nicht auf sich sitzen; aber seine positiven Punkte der freien Assoziation und der gerechten Verteilung des Lebensnotwendigen gehen unter im Geplänkel der Polemik, die immer eine typische Presse-Polemik bleibt. Letzten Endes geht es eigentlich um die Persönlichkeit des ‚Ziegelbrenners' und seine Legitimation das zu sagen, was er sagt und wie er es sagt. Das hat aber mit der Weltrevolution nicht mehr viel zu tun.

Geburtswehen der Menschheit

Nach dem blutigen Ende der Münchner Räte-Republik meldete sich der ‚Ziegelbrenner' noch mehrere Male aus seinen Verstecken. Das waren jedoch überwiegend keine aktuellen Kommentare mehr, denn zum politischen Tagesgeschehen hatte der ‚Ziegelbrenner' nichts mehr zu sagen. Nur den Vernichtungsfeldzug gegen die Presse führte er fort.

Die Ausgabe vom 3. Dezember 1919 (= Heft 18/19) ist auch nur deshalb von erheblichem historischen Interesse, weil sie den Bericht von Ret Maruts Verhaftung und Flucht am 1. Mai enthält. Dieser sachlich gehaltene Bericht wird umrahmt von den schärfsten Angriffen auf die neue, die Weimarer Republik, alles unter dem sarkastischen Titel ‚Im freiesten Staate der Welt' (9-23). Zu diesem Teil zuerst.

Ret Marut mokiert sich über das System der ‚freien' Wahlen:

> Es wurde nachgewiesen, daß die Wähler für die Sozialdemokratische Partei sich ungefähr aus einem Drittel Frauen und aus etwa zwei Dritteln Männer zusammensetzen: die Wähler für die offiziellen Christus-Schänder dagegen aus zwei Dritteln Frauen und aus einem Drittel Männer. Und ein solches Wahlrecht gilt als Ausdruck des Volkswillens. (10)

Es ist ebenso ein Staat der Unmoral geworden:

> Der freieste Staat der Welt in der Tat: Wucherer und Schieber, Raubmörder und Mörder von Revolutionären leben in Wonne und Wollust. Arbeiter und Revolutionäre dagegen werden hingeschlachtet, in Gefängnissen und Zuchthäusern gemartert. (10)

Die deutsche Nachkriegszeit war tatsächlich voll von Skandalen, von Schwarzmarktgeschäften, illegalen Transaktionen, Korruption von Beamten und Politi-

---

[25] Vgl. dazu folgenden Zweizeiler in Erich Kästners Epigramm ‚Moral': „Es gibt nichts Gutes, / außer man tut es!" (in: *Neue Zeitung* vom 21. Oktober 1945).

kern, die Weimarer Republik zudem ein Ort krasser politischer Justiz, die sich insbesondere während der frühen 1920er Jahre vorrangig bemerkbar machen sollte.[26]

Es folgt in diesem Zusammenhang eine treffende Feststellung: die Sozialdemokratische Partei, einst eine revolutionäre Partei, sei jetzt von der Kommunistischen Partei sozusagen links überholt worden und „die Konservative Partei des Landes geworden" (10). Aber wenn die Kommunistische Partei einmal zur Macht gelangt, wird sie dann nicht auch links überholt werden? „Ich stehe – um einen politischen Begriff beizubehalten – soweit links, daß mein Atem selbst jene Nachfolgerin noch nicht einmal berührt." (11) Damit hat das Wort ‚links' wohl seine Bedeutung verloren.

Mit Recht klagt der ‚Ziegelbrenner' das Regime der Sozialdemokraten des Unrechts und des Mordes an den Revolutionären von 1918/19 an. Aber auch die bürgerlichen Parteien verschont er nicht:

> Wieviele Menschen gab es, die hofften, das Bürgertum würde edler, besser, gerechter, versöhnender sein als Spartacus? Auch ich hegte diese Hoffnung, ich wohl in erster Linie, weil ich an das Gute im Menschen glaube, so lange er auch nur noch einen Atemhauch Leben hat, Aber wie wurden wir enttäuscht! (12)

Es ist diese tiefe Enttäuschung über die Unmenschlichkeit, die sich während der Revolutionsmonate offenbart hatte, die Ret Maruts weiteres Leben verständlich macht. Er bekräftigt noch einmal seine Zustimmung zur Räte-Republik und dass es für ihn „die höchste Ehre" (15) und Anerkennung war, „die ihm seit der November-Maskerade bis heute zu Teil geworden" sei (15), in den Propaganda-Ausschuss gewählt zu werden. Die Räte-Republik, sagt er, „ist nicht das Ende aller Dinge, noch weniger bedeutet sie die vollkommenste Form menschlichen Zusammenlebens. Für die Neugestaltung der Kultur aber ist die Räte-Republik eine Vorbedingung; sie ermöglicht die Liquidation des Staates." (21) Damit das Räte-System funktionieren könne, müssten jedoch raffgierige Elemente ausgeschaltet werden:

> Wenn Arbeiter, Bauern und nicht habgierige Bürger das Räte-System und dessen Wert und Wirkung erst in Wahrheit kennen, so wird ihnen jede andere Form menschlichen Zusammenlebens und Zusammenwirkens für die Zeit des Ueberganges [sic] zu einer höheren Form widersinnig erscheinen. (22)

---

[26] Das ist nicht nur dokumentiert in den Büchern von Emil Julius Gumbel (1891-1966) – vgl. dazu *Vier Jahre Lüge* (1919) bzw. *Zwei Jahre Mord* (1921) –, sondern gibt auch den Hintergrund ab für so bedeutende Zeitromane wie Lion Feuchtwangers *Erfolg* (1930) und Alfred Döblins *November 1918* (1949/50).

Das Wort ‚widersinnig' ist bedeutsam, jeder Staat ist ‚widersinnig', er gibt dem Leben der Menschen keinen Sinn und er hilft ihnen nicht, sich selbst zu verwirklichen: „Der Staat ist widersinnig; und weil er widersinnig ist, darum kann er sich auch nur durch Brutalität, durch Mord und durch Ungerechtigkeit erhalten." (23-24)

Festzuhalten ist, dass Ret Marut zu dieser Zeit Deutschland und die Deutschen keineswegs aufgegeben hat. So erklärt er ziemlich am Anfang von Heft 18/19 mit biblischem Pathos:

> Wir aber alle, die wir reinen Geistes sind, die wir den Menschen erschaffen wollen, daß die Menschheit erlöset werde und erblühe; wir alle, die wir reden und schweigen, die wir verfolgt und gehaßt werden, die wir gehetzt werden, weil wir die Wechsler aus den Tempeln treiben und die Menschen von ihren Metzgern befreien: Wir stehen und harren der deutschen Revolution, die kommen wird, weil wir ihre Fanfaren hören, dieweil Ihr schlummert und regiert. (3)

Wir wollen nicht regieren und nicht regiert werden. „Sozialismus", so versteht es Ret Marut, „ist nicht Arbeit, sondern [...] die richtige Verteilung der vorhandenen und erarbeiteten Güter nach dem Wert der geleisteten Arbeit und nach der Bedürftigkeit des Empfängers der Güter." (5) Der Staat ist das Hauphindernis auf dem Wege zu einem solchen System der freien Gemeinschaft:

> Nichts geht uns durch die Zertrümmerung des Staates verloren, höchstens die Zivilisation. Die hatten wir im Ueberfluß. Es fehlte uns nur die Kultur, die wir von den unzivilisierten Völkern aus Indien und China beziehen mußten. (9)

Hier, in dieser so typisch deutschen Unterscheidung von Zivilisation und Kultur,[27] steckt der Grund für die Sehnsucht nach der Natur und den von der Zivilisation und ihrer Habgier freien Menschen, die B. Traven in Mexiko zu finden hoffte. Hier steckt der Grund für die Absage an die dominanten Tendenzen in Europa, an seine Brutalität und Expansionsgier. Das kann man später auch bei Alfred Döblin in *Amazonas* (1937/38) nachlesen und in den Geschichten, die die Exilschriftsteller über Mexiko geschrieben haben, nach dem Vorbild von B. Traven.[28] Aber eigentlich denkt Ret Marut hier nicht unbedingt an die Gemeinschaft, sondern an den einzelnen Menschen, wenn er emphatisch endet, „unter der Blutkruste und unter den Tränen-Spuren schon sehe ich die Erlösung des Menschen. Seid Einzelmenschen, nur Menschen!" (9)

Das Heft 20/21/22 vom 6. Januar 1920 (= Jg. 4) muss jeden *Ziegelbrenner*-Leser verblüfft haben. Was bedeutet ‚Die Zerstörung unseres Welt-Systems

---
[27] Vgl. dazu Ret Maruts Roman *Die Fackel des Fürsten* (2008), S. 34f. u. S. 85f..
[28] Vgl. dazu Koepke, 1987, S. 296-306.

durch die Markurve' und wie passt dieser Aufsatz von 44 Seiten in eine solche Zeitschrift, die sich bis dahin mit den aktuellen Ereignissen in Deutschland befasste? Der Aufsatz will demonstrieren, dass Mathematik nicht stimmt und ein Unglück für die Menschen ist. „Die Mathematik ist im günstigsten Fall nichts als Philosophie" (2), heißt es da. Und Philosophie richtet Unheil an. „Wenn die Mathematik aus der reinen Denkwelt hinaustritt und praktische Anwendung findet, so richtet sie gleichfalls unübersehbares Unheil an." (2) Nun zeigt der Autor, dass die Grundlagen der Mathematik falsch sind. Es gibt keinen Punkt, keine Gerade, nur Kurven: „Die Quadratur des Kreises kann niemals gefunden werden, weil es keinen Kreis gibt." (15) Die Himmelskörper sind nicht hierarchisch geordnet, sondern unabhängig voneinander. Es gibt keine Sonne, keine Planeten, keine Monde. Alle Himmelskörper sind eiförmig, sie bewegen sich in einer Spirale, das ist die Markurve: „Im ganzen Weltall gibt es keine Kugel." (18) Es gibt andere Weltkörper, die der Erde ähnlich sind. „Es gibt sovielmal von Menschen bewohnte Weltkörper, wie es Weltkörper gibt, die sich im gleichen Zustand befinden wie die Erde." (20) Die Markurve „kann nur mit Hilfe der Chemie und der Physik beobachtet und erkannt werden." (26) Und: „Mit keinem mathematischen Hilfsmittel kann ich die Markurve darstellen. Ich kann die Markurve nur darstellen mit Hilfe der Kunst." (27) Danach kommt der vielleicht wichtigste Punkt: „Die Kunst ist der Erkenntnis und dem Wissen immer voraus." (27) Umgekehrt: „Ein Erkenner muß Künstler sein." (27) Die Newton'schen Gravitationsgesetze sind falsch: „Kein Weltkörper kümmert sich um einen andern." (37) Es gibt eben keine Hierarchie: „Jeder Körper befindet sich im Mittel-Ort des Weltalls." (44) Und abschließend: „Ich bin einzig. Ich bin unendlich. Ich bin. Ich erschuf mir diese Welt, als ich sie erkannte. Mir gehört diese Welt, weil ich sie erkenne." (44) Warum als Titel ‚die Zerstörung unseres Welt-Systems' gesetzt wird, kann lediglich so erklärt werden, dass mit ‚Welt-System' die Weltanschauung gemeint ist. Leider folgen dem Essay Polemiken, vor allem dagegen, dass Albert Einstein, der Jude, als großer Mann mit großen Entdeckungen angesehen werde, als großes Licht deutschen Denkens und Forschens (46f.).

Die letzten drei Nummern des *Ziegelbrenners* haben höchst unterschiedlichen Charakter, aber nur noch wenig direkt mit der Gegenwartssituation zu tun. Während Ret Marut bisher seinen Vernichtungsfeldzug gegen die Presse mit den Mitteln der Presse geführt hat, wechselt er jetzt hinüber in das Feld der Literatur, der Wissenschaft und der Philosophie.

Er überschreibt Heft 23/24/25 vom 20. März 1920 mit ‚Dat grugliche Puppenspill'.[29] Der Ausdruck stammt von Fritz Reuter (1810-74), aus dessen autobiographischem Bericht *Ut mine Festungstid* (1862) eine Textprobe gegeben wird. Ret Marut konnte anscheinend damit rechnen, dass Fritz Reuter (noch immer) immens populär war, wenn auch vor allem der Humor von *Ut mine Stromtid* (1862) und nicht der Roman über seine Zeit als politischer Gefangener; und er konnte anscheinend zudem damit rechnen, dass seine Leser das Plattdeutsche verstanden.[30] Worum es geht, ist die Todesstrafe für Revolutionäre – oder im Falle Reuters vermeintliche Revolutionäre. In seinem Dialog mit einem Justizrat enthüllt Fritz Reuter die Heuchelei der ‚Humanität' der Regierung: Das Gesetz, in dessen Namen Todesurteile vollstreckt werden, und die Humanität halten einander zum Narren. Man muss entweder das Gesetz abschaffen oder die Humanität. Dagegen der ‚Ziegelbrenner': „Einen Menschen zu töten ist die verdammenswerteste Tat, die ein Mensch begehen kann." (7) Es ist nun allerdings überraschend, dass der ‚Ziegelbrenner' von dem Thema ‚Todesstrafe' und dem Gedenken an die ermordeten Genossen der Räterepublik auf das Christentum zu sprechen kommt: „Keine Religion wird dereinst so viele Blut-Verbrechen zu verantworten haben," heißt es, „wie die christliche" (9). Und gerade Christus predigte mit starken Worten die Vergebung der Feinde – Liebet eure Feinde – und betont das absolute Verbot des Tötens: „Und nun begibt sich das Merkwürdige: Die Christen leben nicht nach der Lehre Christi, sondern sie leben und handeln nach den jüdischen Gesetzen." (11-12) Damit ist das mosaische Gesetz ‚Auge um Auge, Zahn um Zahn' gemeint, bei Ret Maruts Widerwillen gegen Juden eine starke Aburteilung. Was ihn jedoch jetzt dazu motiviert, auf seine Weise kritisch die Geschichte von Moses in Einzelheiten durchzugehen, ist nicht recht ersichtlich, abgesehen davon, dass der Auszug aus Ägypten immer wieder mit aktuellen Ereignissen verglichen wird und damit die gegenwärtigen Deutschen den alten Juden gleichgestellt werden. Moses ist dabei für Marut gar kein Jude, sondern ein Ägypter, der sich aus politischen Gründen zum Führer der Juden aufschwang, ein ‚Landfremder' – man ist versucht, an Hitler zu denken. Dass Sigmund Freud auch Moses für einen Ägypter hielt, konnte Ret Marut nicht wissen.

---

[29] Das schreckliche Puppenspiel.
[30] Das könnte evtl. die Vermutung stützen, dass Ret Marut / B. Traven aus einem Gebiet in Norddeutschland stammte, wo Plattdeutsch gesprochen wurde (worauf ja auch die Sprachanalyse des Marburger Dialektologen Hermann Künzel hinweist [s. dazu Nordhausen, 2000, S. 7 sowie den Kommentar von Thunecke {1}, 2003, S. 8-11 u. dortige Anm. 14-24]) und wo es üblich war, Texte von Fritz Reuter im Familienkreis vorzulesen. Ret Marut konnte – wie auch dem Roman *Der Mann Site und die grünglitzernde Frau* (2008) entnommen werden kann – ganz offensichtlich Plattdeutsch!

Der Vergleich der gegenwärtigen Christen mit den alten Juden geht weiter: „Aber wie heute die christliche Kirche noch, so hatte auch damals die jüdische Kirche schnell Vergebung auch für die scheußlichsten Verbrechen, wenn sie nur im Interesse des Staates verübt wurden." (25) Wenn die Kette der Morde nicht aufhört, „dann werden die Richter und Staatsanwälte von vorher Mörder heißen." (26) Das bringt Marut auf das Grundproblem jeder Revolution, wie es ja bereits von Georg Büchner exemplifiziert wurde: Es gibt keine Revolution ohne Blut:

> Daß die Revolution, durch die eine neue Klasse, die letzte, zur Macht gelangt, wodurch die Klassen (als wirtschaftliche Machtfaktoren) selbst verschwinden, ohne Gewaltanwendung zum erfolgreichen Ende geführt werden könnte, ist ganz und gar unwahrscheinlich. (26)

Das eigentliche Thema, auf dem er herumhackt, ist Noske und seine Truppen, die er einfach als Mörder bezeichnet;[31] es handelt sich um das Gedenken an die Unterdrückung der Räterepublik in München und an die Ermordung oder Einkerkerung ihrer Führer. Und dann wieder die Juden: „Je echter heute der Preuße ist, je antisemitischer ist er. Natürlich. Es ist eine alte Weisheit, daß man den Menschen am meisten zu hassen pflegt, in dem man sich selbst am reinsten widerspiegelt mit allen seinen Vorzügen und Nachteilen." (28) Die Arier sind den Juden ähnlich geworden, die Juden wollen Arier sein: „Es gibt arische Juden und es gibt semitische Juden" (29) – beide lehnt Ret Marut ab.

Er hat sich nun einmal in die Bibel verbissen, also kommt er zu ihrem Anfang zurück und findet allerhand an Gott und seinem Verhalten zu kritisieren. Es fängt mit dem ersten Verbot an, das der Mensch übertreten hat. Warum denn nur? „Aber warum war der Menschen Bosheit so groß? Warum war ihr Dichten und Trachten nur böse immerdar?: Weil er ihnen etwas verboten hatte, und weil er auf die Uebertretung [*sic*] des Verbotes die Todesstrafe gesetzt hatte." (31) Das ist in der Tat eine neue Exegese des Sündenfalls. Nur wo es Gesetze gibt, gibt es auch „Verbrechen und Bosheit und Sünde"; und: „Wer Grenzen um sein Vaterland zieht, dem wird das Land mit Gewalt entrissen." (31) Ähnlich läuft die Erklärung von Gottes Verhalten bei der Sintflut (oder Sündflut) und im Fall Noahs, gleichfalls bei Kain und Abel. Am Ende läuft alles darauf hinaus, dass der Mensch keinen Menschen töten darf und seine Feinde lieben soll; aber Mörder sind des Todes schuldig, und Mörder sind auch die Richter und Staatsanwälte von München.

---

[31] Gustav Noske (1868-1946), SPD-Politiker, war Reichswehrminister u. beteiligt an der Niederschlagung des Spartakus-Aufstandes im Januar 1919; wegen seiner Haltung beim Kapp-Putsch im März 1920 erzwang Reichspräsident Ebert seinen Rücktritt.

Es ist pikant, dass der Kommentar über die in Deutschland weit verbreitete Sympathie, ja Hochachtung für den Grafen Arco-Valley,[32] den Mörder von Kurt Eisner,[33] den Titel trägt: ‚Das neue Deutschland' (39). Graf Arco-Valley, so Ret Marut, hat eine jüdische Mutter: „Ein Jude erschoß den andern." Außerdem ist er Italiener! Das ist also das neue Deutschland! „Könnte ich doch nur ein [F]remdstämmiger werden, um keine Blutsgemeinschaft mit diesem neuen Deutschland mehr zu besitzen." (39)

Ret Marut endet diese Ausgabe mit der trotzigen ‚Warnung', dass er ja keine Amnestie will, nur „gestohlene oder eroberte Freiheit" (40).

Am 30. April 1920 erschien dann als Heft 26/34 (= Jg. 4) die Erzählung *Khundar*, firmiert als ‚Das erste Buch' mit dem Untertitel ‚Begegnungen'. Die ‚Erzählung' wurde von der Forschung fast ein Jahrhundert lang als ein eigenständiges, 72-seitiges Werk eingestuft, war allerdings integraler Teil eines früher entstandenen Romans, *Der Mann Site und die grünglitzernde Frau*,[34] wodurch ihr eine veränderte Bedeutung zukommt.[35] Der Roman behandelt die für die Vorkriegszeit typische Problematik zwischen Kunst und Leben. Dass *Khundar* ehemals in der Forschung als Legende oder als Märchen bezeichnet und meistens als Allegorie gedeutet wurde, dazu hat Ret Marut selbst mit seinem Vorspruch Anlass gegeben: „Ein Buch geschrieben für die Deutschen." (2) In einer „Zeit der tiefsten Erniedrigung", ein Buch „nicht geschrieben mit der Frage: Wann wird der Erlöser kommen diesem Lande? Sondern ein Buch, geschrieben für die Deutschen in der Gewißheit: Der Erlöser ist auf dem Wege! Machet auf die Tore weit, ihn einzulassen! Rüstet Eure Städte, ihn zu empfangen!" (2) Das ist biblisch-prophetisches Pathos und konnte leicht auf falsche Propheten bezogen werden. Wieso ist eigentlich ein neuer Christus, ein Erlöser vonnöten? Rolf Recknagel versteht die Legende *Khundar* als persönliches Bekenntnis: „Die Legende KHUNDAR bildet den poetischen Abgesang von der ‚alten Welt', der europäischen Zivilisation."[36] Man mag dieser Deutung folgen

---

[32] Graf Arco-Valley (1897-1945); er erschoss Ministerpräsident Kurt Eisner am 8. November in München auf offener Straße.
[33] Kurt Eisner (1867-1919); SPD-Politiker, später der USPD beigetreten; rief am 8. November 1918 auf der ersten Sitzung der Arbeiter- u. Soldatenräte in München die bayrische Republik aus; seine Amtszeit dauerte allerdings nur 100 Tage und wäre wohl auch ohne seine Ermordung bald zu Ende gegangen, nachdem die USPD bei den Landtagswahlen am 12. Januar 1919 eine erdrutschartige Niederlage hatte hinnehmen müssen.
[34] Ret Marut, *Der Mann Site und die grünglitzernde Frau* (2008); vgl. dazu Jörg Thuneckes Beitrag (S. 139-169) im vorliegenden Band.
[35] Seit der Veröffentlichung des Roman-Manuskripts ist ersichtlich geworden, dass die angebliche allein stehende ‚Legende' Teil einer Rahmenerzählung war und als solche im Gesamtkontext des Romans evaluiert werden muss!
[36] Nachwort zum *Ziegelbrenner*, S. XI-XIV, hier S. XII; er liest den Text als „Theoreme Max Stirners in poetischer Form" (XI) und sieht Shelley als Muster. Friedrich Nietzsches *Also sprach Zarathustra* (1883-85) ist jedoch ein näher liegendes Vorbild. Robert T. Goss nennt Carl Spitte-

oder nicht, die Erzählung ist in ihrem Stil und Ton durchaus neuromantisch; man kann an Maeterlinck denken, an Hermann Hesse, an den Jugendstil, jedenfalls fügt sie sich ein in die Nietzsche-Nachfolge und das Pathos der großen Erneuerung. Sie packt die (offenbar sehr wenigen) *Ziegelbrenner*-Leser von einer anderen Seite an: Statt zu Taten aufzurufen, wird hier die Hoffnung auf den Erlöser beschworen. Das ist ein eschatologischer Ton, den man bei Ret Marut nicht vermuten würde, der aber ins eigentliche Zentrum seiner Persönlichkeit und ihrer Botschaft führt. Er ist der große Prophet oder zumindest sein Verkündiger.

Dieser Aufschwung in die Prophetie muss mitbeachtet werden, wenn man Ret Maruts letzte Botschaft, den *Ziegelbrenner* Nr. 35/40 vom 21. Dezember 1921 (= Jg. 5) beurteilen will. Die Botschaft steht unter dem Motto: „**Gegensatz. Sieben Antlitze der Zeit.**" Dass er seine alten Ziele nicht vergessen hat, bezeugt der Aufruf im Vorspann: „**An Alle!** Keine Revolution führt zum Ziel, wenn nicht vorher die Presse erbarmungslos vernichtet wird!"

Für Ret Marut besteht die Welt, das Leben aus Gegensätzen. „Der Geist empfindet Gegensatz: der erste Gedanke stürmt in die Welt. Die Materie empfindet Gegensatz: die erste Urzelle schließt sich: das Atom wird ein Individuum. Gegensätze: die schweigende Harmonie des Alls, die beseelte Einheit aller Dinge." (1) Auch Marut glaubt also an eine Form der Dialektik, in der Neues und eine höhere Einheit aus dem Zusammenstoß der Gegensätze entstehen. Der erste Gegensatz sind die Zeichnungen von Franz Wilhelm Seiwert,[37] die die deutsche Wirklichkeit ähnlich wie Zeichnungen von George Grosz darstellen. Dem folgt das Manifest des ‚Ziegelbrenners': „Ich kann nicht hinaus aus meinem Tag. Aber ich stehe über ihm." (9) Das betrifft die Regierung. Der ‚Ziegelbrenner' weigert sich regiert zu werden. „Und wenn mir mein Nichtregiertwerdenwollen mehr wert ist als mein Leben?" (9) Noch einmal redet er gegen die Tatenlosigkeit. „Oh, wie arm seid ihr, ihr in euren Versammlungen, wo ihr redet und nicht handelt." (10) „Sei jeder selbst ein Führer! Sei jeder sein eigener Führer! Ich brauche keinen Führer." (10) Das klingt wieder nach dem vorigen ‚Ziegelbrenner'. Er lehnt es ab, in die Gesellschaft hineingezogen zu werden: „Ich will keine positive Mitarbeit leisten." (10) Aber er redet seine Mitmenschen, eindringlich, mit vielen Ausrufungszeichen an: „Geführte! Verführte! Angeführte!" (11) Handgranaten und Maschinengewehre nützen nichts.

---

ler als Vorbild und lehnt die Verwandtschaft mit den Expressionisten ab (vgl. dazu Goss, 1987, S. 46).

[37] Franz Wilhelm Seiwert (1894-1933), Kölner Maler, bewegte sich in revolutionär-anarchistischen Kreisen u. war Mitglied der ‚Gruppe progressiver Künstler'; Seiwert bot dem mit ihm befreundeten und auf der Flucht befindlichen Marut anscheinend an, in der Künstlerkolonie Kalletal (Eifel) zeitweise unterzutauchen (s. Bohnens Einleitung, 1978, S. 7-9).

Denken sollen die Menschen! Aber das können nur wenige, mit der Masse ist nicht zu rechnen: „Ihr werdet nie die Masse haben. Die Masse denkt nicht, weil sie nicht denken kann, darum hat sie Parteien, Programme und Führer. Aber du, der Einzelne, denkt, kann denken." (13) Und das heißt: „Meinen eigenen Gesetzen will ich leben." (14) Das sollen auch die anderen tun: „Tut dergleichen!" (14) „Ich helfe mir. Hilf du dir, Bruder! Handle! Sei Wollen! Sei Tat!" (15) Dazu gehört die Bedürfnislosigkeit. Jeder Luxus macht den Menschen zum Sklaven. Vor allem aber: „Ehe die Revolution ist, muß der Revolutionär sein!" (18) Die Menschen müssen an sich selbst glauben, nicht an Programme oder eine demokratische Mehrheit: „Ich bin unbesiegbar, wenn ich nicht will, was ein anderer will!" (20) Und alles spitzt sich zu in diesen Worten: „Wissen ist Macht? Nein! Tat ist Macht! Wissen macht frei! Nein! Tat macht frei!" (20) Damit verabschiedet sich der ‚Ziegelbrenner'. Er will kein Betrachtender mehr sein, nur noch ein Handelnder. Aber sein Handeln setzt das Wissen voraus, nämlich die Aufklärung darüber, dass jede Herrschaft, jede Regierung falsch und schädlich ist. Das ist der Gegensatz zur Gegenwart, die der ‚Ziegelbrenner' überwinden will.

Die Welt des ‚Ziegelbrenners'

Die Emphase, der beschwörende prophetische Ton, die Poesie jenseits der politischen Denkkategorien und Wortbildungen verraten in zunehmendem Maße, dass dieser Schreiber die Publizistik übersteigen, das er die Presse transzendieren will. Er ist ein Zivilisationsliterat, der seine Welt negieren will, der die Natur, die Wildnis sucht, die reine Luft als Gegensatz der verpesteten Zivilisation. Wie ist er dahin gekommen?

Die Grunderlebnisse des ‚Ziegelbrenners' im Ersten Weltkrieg sind die Verlogenheit der Presse und der Regierung sowie die Sinnlosigkeit des Massensterbens für Geld, für bloße Geschäftsinteressen. Ret Marut hat den Wahnsinn des Grabenkrieges nicht selbst erlebt, Kampf und Sterben im Krieg bleibt für ihn abstrakt, bleibt Literatur. Aber die Vergewaltigung des Denkens und Fühlens durch die fanatische Propaganda, die Fesselung des Denkens durch die Zensur, das sind eigene Erlebnisse, die ihn zur Tat zwingen. Und diese Tat kann eben nur der Versuch sein, die Mitmenschen aufzuklären. Damit bleibt Ret Marut im Bannkreis der Presse, den er durchbrechen wollte. Der Polemiker und Satiriker bleibt in dem Bereich, den er ‚reinigen' und ‚bereinigen' wollte. In der opportunistischen Mentalität der bedingungslosen Unterstützung des Kriegsführens erkennt der ‚Ziegelbrenner' die Zerstörung der Vernunft und der Menschlichkeit, die von den Menschen Besitz ergreift und die Gesellschaft radikal verändert.

Was später Adorno und Horkheimer als Wirkung der ‚Kulturindustrie' erkannt haben, die Umwandlung des Menschen in den Verbraucher und Verschwender, das sieht Ret Marut hier in ähnlicher Form als Umwandlung des Bürgers in die gewalttätige Masse, die bereit ist, jedem Führer zu folgen und sich fanatisch auf Feinde oder vermeintliche Feinde zu stürzen. Für einen Neubeginn nach dem Krieg wäre es nötig gewesen, diese Kriegsmentalität in eine Haltung des Friedens und der Vernunft zu verwandeln. Das versuchte Ret Marut mit den gleichen Mitteln, die die Presse benutzt, mit einer Gegenpropaganda, bis ihm klar ward, dass er über diese Propaganda hinausgehen musste, um den Bann des Nichtdenkens zu lösen. So wandte er sich zunehmend an diejenigen, die er für empfänglich hielt, an eine Elite.

Je mehr Ret Marut in die Isolation getrieben wird, vor allem im Versteck nach dem 1. Mai 1919, desto mehr kommt ein Widerspruch zum Vorschein, der zu seiner Position gehört. Er wird nicht müde, die herrschaftsfreie Gesellschaft oder Gemeinschaft zu propagieren, in der jeder Einzelne Verantwortung für sich selbst tragen muss, Freiheit, Gleichheit und Brüderlichkeit, eine Gemeinschaft ohne aufgedrungene Gesetze, mit Regeln, die sie sich selbst gibt; aber er ist es, der diese Botschaft verkündet. Er ist der Prophet, vielleicht der zukünftige Führer und Erlöser. Für diese Botschaft reicht keine Zeitungssprache aus. Ret Marut hat im *Ziegelbrenner* ein reichhaltiges stilistisches Register, ohne sich sehr an den literarischen Geschmack zu kehren.[38] In seinen letzten Botschaften steigert sich das Pathos, genährt von der Sprache der Bibel, von Shelley und vor allem, so scheint es mir, von Nietzsche, speziell dessen *Zarathustra* (1883/85). Der ‚Ziegelbrenner' will einen neuen Menschen formen, um eine neue Epoche der Menschheit einzuläuten. Seine ‚Welt-Revolution' findet weit jenseits der politischen Parteien und Kämpfe statt.

Ret Maruts Vorstellung der Zukunft ist ein Traum, ist eine Vision, die sich von der Wirklichkeit abhebt und sich in einen Raum oberhalb der Erde erhebt. Es ist eine einzigartige Durchdringung von Einsicht und Phantasie, von Rollenspiel und echtem Ehrgeiz, eine Mischung von Prophetie und Naivität, es ist der Versuch, aus dem Traum der eigenen Größe auf dem Weg über die Literatur Wirklichkeit werden zu lassen. Man ist versucht, an einen anderen Bohemien aus München zu denken, den missratenen Künstler Adolf Hitler, dessen Träume vom eigenen Ich, von den Todfeinden der Menschheit und von der Erlösung durch den Führer leider grauenvolle Wirklichkeit geworden sind. Ret Maruts Träume waren ebenso überstiegen, aber auf Frieden und Harmonie gerich-

---

[38] Zum Stil im *Ziegelbrenner* vgl. Richter, 1977, S. 107-51, mit der treffenden Überschrift: ‚Maruts Stil zwischen Sprachlosigkeit und Treffsicherheit'.

tet, wenn er auch überall Feinde witterte, die erbarmungslos beseitigt werden müssten. Bemerkenswerterweise waren diese Träume verklammert mit einer durchaus relevanten Gesellschafts- und Zeitkritik und einem zwar einseitigen, aber doch scharfsichtigen Urteil über die zum Scheitern verurteilte Weimarer Republik.

Es wäre ein anderes Thema, zu untersuchen, was diese Ansicht des ‚Ziegelbrenners' Ret Marut für die Beurteilung des Romanautors B. Traven bedeutet und wie weit hier wirklich von einer ‚Identität' gesprochen werden kann.[39] Ret Marut verstand sich emphatisch als Deutscher und wollte seine Revolution in die deutsche Gesellschaft bringen. Was immer auch B. Traven über seine Herkunft behauptete, seine Romane sprachen vor allem die deutsche Gesellschaft der 1920er Jahre direkt an, er war ein ‚linker' deutscher Autor geworden, aber ob er noch glaubte, die deutsche Gesellschaft revolutionieren zu müssen und zu können, ist zweifelhaft. Es wäre aber von einigem Interesse genauer herauszufinden, wie viel Schwabing eigentlich noch in Travens *Caoba*-Romanen steckt.

---

[39] Vgl. dazu Thunecke (2), 2003, S. 83-131.

Bibliografie

Marut, Ret: *Der Mann Site und die grünglitzernde Frau*. Thunecke, Jörg (Hrsg.). Nottingham: Edition Refugium 2008.

Marut, Ret: *Die Fackel des Fürsten*. Thunecke, Jörg (Hrsg.). Nottingham: Edition Refugium 2008.

Schmid, Max (Hrsg.): *Der Ziegelbrenner. Nachwort von Rolf Recknagel*. Berlin: Klaus Guhl 1976.

Bohnen, Uli: Über Franz Wilhelm Seiwert. In: Bohnen, Uli / Backes, Dirk (Hrsg.). *Franz W. Seiwert – Schriften*. Berlin: Karin Kramer 1978, S.7-9.

Eckart, Dietrich: Merkmale der Zeit II. In: *Deutsches Volkstum. Monatsschrift für das deutsche Geistesleben*. Hamburg, 20/5, Mai 1918, S. 154-60.

Eßbach, Wolfgang: Das Prinzip der namenlosen Differenz. Gesellschafts- und Kulturkritik bei B. Traven. In: Beck, Johannes / Bergmann, Klaus / Boehncke, Heiner (Hrsg.). *Das B. Traven-Buch*. Reinbek: Rowohlt 1976, S. 362-402.

Eßbach, Wolfgang: A Language without a Master: Max Stirner's Influence on B. Traven. In: Schürer, Ernst / Jenkins, Philip (Hrsg.). *B. Traven. Life and Work*. University Park / London: Pennsylvania State UP 1987, S. 101-19.

Goss, Robert T.: From Ret Marut to B. Traven. More Than a Change in Disguise. In: Schürer, Ernst / Jenkins, Philip (Hrsg.). *B. Traven. Life and Work*. University Park / London: Pennsylvania State UP 1987, S. 44-55.

Koepke. Wulf: Das dreifache Ja zur Sowjetunion. Lion Feuchtwangers Antwort an die Enttäuschten und Zweifelnden. In: *Jahrbuch f. Exilforschung* 1/1983, S. 61-72.

Koepke, Wulf: B. Traven and the German Exiles in Mexico. In: Schürer, Ernst / Jenkins, Philip (Hrsg.). *B. Traven. Life and Work*. University Park / London: Pennsylvania State UP 1987, S. 296-306.

Koepke, Wulf: Judesein im Jahre 1933. Selbstbesinnung und die Diskussion um Judentum und Deutschtum. In: Shedletzky, Itta / Horch, Hans Otto (Hrsg.). *Deutsch-jüdische Exil- und Emigrationsliteratur im 20. Jahrhundert*. Tübingen: Niemeyer 1993, S. 43-61.

Koepke, Wulf: Die epische Darstellung der unmöglichen Revolution. In: Thunecke, Jörg (Hrsg.). *B. Traven the Writer – Der Schriftsteller B. Traven*. Nottingham: Edition Refugium 2003, S. 283-301.

Kröhnke, Klaus: Der Ästhet in der Sowjetunion: Lion Feuchtwanger. Zu seinem Buch *Moskau 1937*. In: Sternburg, Wilhelm von (Hrsg.). *Lion Feuchtwanger: Materialien zu Leben und Werk*. Frankfurt a.M.: Fischer 1989, S. 174-98.

Nordhausen, Frank: Der Fremde in der Calle Mississippi. In: *Magazin d. Berliner Zeitung*, Nr. 60 vom 11./12. März 2000, S. 7.

Recknagel, Rolf: *Beiträge zu Biographie des B. Traven*. Berlin: Klaus Guhl 1977.

Richter, Armin: B. Traven und die Münchner Zensur. Unveröffentlichte Dokumente aus der Zeit des 1. Weltkriegs. In: *Geist und Tat*, 4/1970, S. 225-33.

Richter, Armin: Ret Marut und die Sozialisierung der Presse. Neue Daten und Materialien zum revolutionären Pressekampf vor und während der Münchner Räterepublik. In: *Publizistik,* 3/1971, S. 279-93.

Richter, Armin: *Der Ziegelbrenner. Das individualanarchistische Kampforgan des frühen B. Traven*. Bonn: Bouvier 1977.

Thunecke, Jörg (1): Einleitung. In: ders. (Hrsg.). *B. Traven the Writer – Der Schriftsteller B. Traven*. Nottingham: Edition Refugium 2003, S. 8-11 sowie Anm. 14-24.

Thunecke, Jörg (2): *Die Fackel des Fürsten* – Ret Maruts Roman als kulturpolitischer und ethnologischer Brückenschlag zu B. Traven. In: ders. (Hrsg.). *B. Traven the Writer – Der Schriftsteller B. Traven*. Nottingham: Edition Refugium 2003, S. 83-131.

Intertextualität, Interkulturalität, Intermedialität.
B. Travens Erzählung *Macario* im Spannungsfeld zwischen literarischen Quellen und filmischer Adaption.[1]

Günter Helmes (Europa-Universität Flensburg)

I. Einleitung

Dietrich Rall hat darauf aufmerksam gemacht, dass „im kollektiven Gedächtnis mexikanischer Leser und Filmbesucher [...] *Macario* und seine Verfilmung wohl am meisten präsent [sind], wenn heute die Rede auf B. Traven kommt." Den *Macario*-Film, der „traditionellerweise" am 2. November, dem *Día de los Muertos* ausgestrahlt werde, empfange man wohl „in vielen Haushalten [...] wie einen alten Bekannten." Sein in Mexiko bis heute berühmter Hauptdarsteller Ignacio López Tarso und *Macario* und sein Autor hätten sich „gegenseitig berühmt gemacht."[2]

Aus mitteleuropäischer literatur- und filmgeschichtlicher Sicht stellt sich allerdings die Frage, ob ein solcher räumlich eher entlegener und dazu noch folkloristisch angehauchter alltagskultureller Rezeptionsbefund heutzutage noch eine einlässliche Beschäftigung mit diesem aktuell doch immerhin siebenundfünfzig Jahre alten Film *Macario* und dessen noch um ein Jahrzehnt älterer, dem Umfang nach eher schmalen literarischen Vorlage gleichen Titels nahelegt.

Im Zusammenhang mit dieser Frage lässt sich zum einen darauf hinweisen, dass der Film nicht nur eine hohe und Jahrzehnte anhaltende Popularität für sich reklamieren und von daher auch ein gesteigertes ethnokulturelles Interesse beanspruchen kann, sondern durch die Nominierung für den *Oscar* als bester fremdsprachiger Film im Jahre 1961 auch künstlerisch und international geadelt worden ist.[3] Weiteres Gewicht bekommt eine Argumentation, die dergestalt auf schwerlich zu ignorierende Anerkennungen abhebt, wohl dann, wenn man mit Karl S. Guthke darauf hinweist, dass Traven mit der dem Film zugrunde liegenden Erzählung um die Figur des bitterarmen Holzfällers Macario, seinem „sichtbarste[n] Nachkriegswerk",[4] sein internationales Comeback in den 1950er Jahren einleitete: im deutschsprachigen Raum zum einen mit den auf

---
[1] Als Vortrag gehalten am 6. November 2015 auf der internationalen Tagung „B. Traven. Der [un]bekannte Schriftsteller. El Autor [des]conocido" in València. Der Vortrag wurde für die Drucklegung einschlägig erweitert und den Bedingungen einer Buchpublikation angepasst; der Vortragsstil hingegen wurde weitgehend beibehalten.
[2] Rall, 2012, S. 116. – Rall wird üblicher Weise unter dem Vornamen „Dietrich" geführt.
[3] Den Preis gewann Ingmar Bergmann mit *Die Jungfrauenquelle*.
[4] Guthke, 2005, S. 263.

Deutsch verfassten und den Titel *Macario* tragenden beiden Buchausgaben der Zürcher Büchergilde Gutenberg im Jahre 1950,[5] im englischsprachigen Raum zum anderen mit den auf Englisch verfassten und unter dem Titel *The Third Guest* in der Zeitschrift *Fantastic* und in der Anthologie *The Best American Short Stories 1954* erschienenen Ausgaben in den Jahren 1953 und '54.[6] Und wächst dieser Argumentation nicht zusätzliches Gewicht dadurch zu, wenn über das bisher Gesagte hinaus mit ins Bedenken gezogen wird, dass *The Third Guest* im Jahre 1954 von der *New York Times* zur besten Kurzgeschichte des Jahres erklärt wurde?

Von besonderem Interesse aber im Zusammenhang mit diesem Erfolg und mit dem internationalen Comeback Travens in der ersten Hälfte der 1950er Jahre[7] diesseits und jenseits des Atlantiks sind, um den Argumentationsgang kurz zu unterbrechen, die folgenden Sachverhalte: „Weder im Deutschen noch im Englischen" konnte man damals mit den genannten Ausgaben „den ‚authentischen' Traven lesen"[8], sondern nur einen durch „Übersetzergutdünken und -schlampigkeit" hier und einen durch „Editoren- und Setzerlässigkeit"[9] dort ver- und entstellten Traven kennenlernen. Des Rätsels Lösung: Es gab eine gemeinsame Vorstufe für alle eben genannten Ausgaben, ein von Traven verfasstes englischsprachiges Typoskript[10] nämlich. Dieses Typoskript wurde vom deutschen Übersetzer Hans Kauders „ziemlich schwächlich" und „generell holzschnittartiger" als die englische Vorlage übersetzt, was u. a. zur „gewissen

---

[5] Es gab gleichzeitig zwei Büchergilde-Buchausgaben: „eine als ‚Weihnachtsgabe für die Vertrauensleute der Büchergilde Gutenberg' (ohne Hinweis auf einen Übersetzer; Exemplar in der British Library) und eine andere als unverkäufliche ‚Treueprämie' für zehn Jahre ununterbrochene Mitgliedschaft, und hier stand auf der Rückseite des Titelblatt: ‚Titel des Originals «The Healer» [.] / Aus dem Englischen übertragen von Hans Kauders'". (Guthke, 2005, S. 266). Hier wird diese zweite, die ‚Treueprämie'- Ausgabe zugrunde gelegt. – Da beide Büchergilde-Ausgaben nicht in den Handel gingen, stellt sich allerdings die Frage, inwiefern diese überhaupt zum Comeback Travens beitragen konnten. Wie hoch war deren Auflagenzahl? Wurden sie rezensiert? Wurden sie bald darauf in käuflichen Ausgaben nachgedruckt? Hier ist weitere Forschungsarbeit zu leisten. – Vgl. auch Anm. 7, 113, 116 u. 117.

[6] Dietrich Rall verdanke ich den Hinweis, dass nach Edward N. Treverton (1999, S. 95) *Macario* in Mexiko zum ersten Mal im Jahre 1960 publiziert wurde. Seitdem war *Macario* auf Spanisch „ununterbrochen lieferbar". (Guthke, 2005, S. 264). Die Wiederabdrucke und Neuauflagen der genannten Ausgabe gehen in die Dutzende.

[7] Zu berücksichtigen ist hier selbstverständlich auch John Hustons bis heute als Film völlig zu Recht sehr hoch bewertete, als ‚Verfilmung' hingegen aufgrund weltanschaulicher Verschiebungen problematische Traven-Adaption *The Treasure of the Sierra Madre* (1948). Der zeitgenössische Erfolg des Films mag dazu beigetragen haben, dass sich die Büchergilde Gutenberg 1950 entschloss, Travens Erzählung in der beschriebenen Weise aus dem Alltagsgeschäft hervorzuheben. – Vgl. auch Anm. 5, 113, 116 u. 117.

[8] Guthke, 2005, S. 272f.

[9] Ebd., S. 273.

[10] Hier ist faktisch noch einmal zwischen dem Original und einem Durchschlag zu unterscheiden (vgl. Guthke, 2005, S. 267 und 287). Diese Unterscheidung spielt allerdings in dem hier diskutierten Zusammenhang keine Rolle, da zwischen Original und Durchschlag nur minimale Unterschiede (einige wenige handschriftliche Anmerkungen Travens) bestehen.

Farblosigkeit des Textes"[11] geführt hat. Der Redakteur der Zeitschrift *Fantastic* seinerseits nahm sich die Freiheit, Travens bekanntlich von Germanismen und Slang wimmelndes und an Sprachnormen gemessen alles andere als sattelfestes Englisch radikal auf ein gut lesbares amerikanisches Englisch hin zu überarbeiten und auch einige inhaltliche Veränderungen (Kürzungen, Zusätze) vorzunehmen.[12] Wer also in den 1950er Jahren *Macario* oder *The Third Guest* in die Hand nahm – und das gilt auch für den Regisseur der filmischen Adaption *Macario* (Mexico 1960) Roberto Galvadón und dessen Co-Drehbuchautor Emilo Carballido –, der nahm bis zu einem keinesfalls unerheblichen Grade eben nicht Traven in die Hand. Die weitere Textgeschichte der Erzählung im deutsch- und im englischsprachigen Bereich in den 1960er Jahren wird im Übrigen an späterer Stelle noch einmal näher interessieren.

Für den entwickelten Argumentationsgang ist über das bereits Gesagte hinaus schließlich herauszustellen, dass Travens Typoskript *Macario* selbst schon das Ergebnis eines aufwändigen Adaptions- und Kompilationsprozesses ist. In diesem Adaptions- und Kompilationsprozess wurden die deutschsprachigen Märchen *Der Herr Gevatter* und *Der Gevatter Tod* nach den Brüdern Grimm sowie die mexikanische Legende *The Hungry Peasant, God, and Death* nach Frances Toor verarbeitet und zu etwas Neuem geformt. Dass jedoch diese deutschsprachigen Märchen und diese mexikanische Legende auch selbst wieder das Ergebnis komplexer Übernahme-, Veränderungs- und Austauschprozesse sind, sei hier nur am Rande und um der weiteren Verwirrung willen erwähnt, im Einzelnen aber nicht ausgeführt.

Zusammenfassend lässt sich sagen: Sich mit Travens Erzählung *Macario* und deren unmittelbarem textlich-medialen Umfeld zu beschäftigen bedeutet, zugleich den Blick richten zu müssen auf unterschiedliche Kulturen und Sprachen, unterschiedliche Orte und Zeiträume, unterschiedliche literarische Gattungen und Textsorten, unterschiedliche Quellen und Fassungen, unterschiedliche Autoren und Medien sowie selbstverständlich auch unterschiedliche Interpretationen und Bewertungen. Könnte es für kulturwissenschaftlich interessierte Literatur- und Medienwissenschaftler sehr viel Spannenderes und Herausforderndes geben?

---

[11] Ebd., S. 272.
[12] Vgl. zu alldem die detaillierten Ausführungen bei Guthke, 2005. – Darüber wundern könnte man sich allerdings, dass ein amerikanischer Redakteur so viel Zeit darauf verwendet haben soll, einen Fremdtext in einem solchen Umfang zu überarbeiten. Ob diese Aufgabe nicht vielleicht doch jemand aus Travens unmittelbarem Umkreis übernommen hat?

II. Travens literarischen Quellen: Die Märchen *Der Herr Gevatter* (KHM 42) und *Der Gevatter Tod* (KHM 44) nach den Brüdern Grimm und die Legende *The Hungry Peasant, God, and Death* nach Frances Toor

Im Folgenden kann es nicht darum gehen, Travens literarische Quellen im Detail nachzuerzählen, zu analysieren und zu interpretieren. Herausgestellt werden sollen vielmehr mit Blick auf Figuren, Erzählinstanz, Themen, Konflikte, Komplexität, Strukturen[13] und Handlungselemente einige derjenigen Bestimmungen dieser Texte, die zentral sind und zu denen sich Traven bei seiner adaptiven, in der Erzählung *Macario* mündenden Arbeit verhalten musste – übernehmend, variierend, ignorierend oder auch bewusst ablehnend.[14]

II. 1 *Der Herr Gevatter*

Das Märchen *Der Herr Gevatter*[15] erzählt im ersten Drittel des Textes in minimalistisch-faktualer Kargheit von einem armen, sehr kinderreichen Mann, der in „Betrübnis" in den Schlaf flieht, weil er nicht weiß, wen er zum „Gevatter" für sein Neugeborenes bitten soll. Im Traum wird ihm geraten, den Erstbesten, der ihm vor dem „Tor" begegnet, zum „Gevatter" zu bitten. Nach dem Aufwachen handelt der Mann exakt nach diesem Rat und wird von einem namenlosen Fremden für seine Bitte mit einem Wunder vollbringenden Heilwasser

---

[13] Die beiden Märchen der Brüder Grimm lassen sich in sechs bzw. acht Sequenzen von unterschiedlicher Länge unterteilen; dabei variiert das Verhältnis von erzählter Zeit und Erzählzeit in den einzelnen Sequenzen ganz erheblich. *Der Herr Gevatter*: 1. Exposition – Situation des armen Mannes (= ca. 6 Zeilen); 2. Bitte um das Gevatterstehen und Beschenkung des armen Mannes (= ca. 9 Zeilen); 3. Karriere des armen Mannes (= ca. 8 Zeilen); 4. Im Haus des Gevatters I: Auf dem Weg zum Gevatter (= ca. 13 Zeilen); 5. Im Haus des Gevatters II: Begegnung zwischen armem Mann und Gevatter (= ca. 21 Zeilen); 6. Epilog (= ca. 2 Zeilen). Vgl. Grimm, Brüder, Bd. 1, 2014, 216-218. *Der Gevatter Tod*: 1. Exposition – Situation des armen Mannes (= ca. 5 Zeilen); 2. Wahl des Gevatters und Taufe des Kindes (= ca. 27 Zeilen); 3. Überreichung des Patengeschenks an das jugendlich-erwachsene Patenkind; Ge- und Verbote (ca. 13 Zeilen); 4. Das Patenkind wird als Arzt ein reicher Mann (ca. 6 Zeilen); 5. Erste Zuwiderhandlung des Patenkindes/ Arztes gegen das Gebot des Todes aus berechnendem Eigennutz (ca. 16 Zeilen); 6. Zweite Zuwiderhandlung des Patenkindes/ Arztes gegen das Gebot des Todes aus berechnendem Eigennutz (ca. 15 Zeilen); 7. Patenkind/ Arzt und Tod in jener Höhle, in der sich die Lebenslichter aller Menschen befinden; Ankündigung des Endes des Patenkindes/ Arztes (ca. 18 Zeilen); 8. Rache des Todes und Tod des nach wie vor eigennützigen Patenkindes/ Arztes (ca. 12 Zeilen). Vgl. Grimm, Brüder, Bd. 1, 2014, 219-222.

[14] Dass Traven mit den *Kinder- und Hausmärchen* der Grimms vertraut war, lässt sich aus einer Bemerkung in *Land des Frühlings* schließen, in der er auf das *Märchen von einem, der auszog, das Fürchten zu lernen* (= KHM 4) zu sprechen kommt. Vgl. B. Traven, 1928, S. 205.

[15] Zur Überlieferung des Märchens und zur Motivgeschichte des Todes als „Gevatter" vgl. die Erläuterungen der Brüder Grimm in den *Kinder- und Hausmärchen* (2014), Bd. 3, S. 83f. sowie den Nachweis des Herausgebers („In der Erstauflage (I, 1812) als Nr. 42 nach einer am 12.9.1812 niedergeschriebenen Erzählung der Amalie Hassenpflug vom 10.2.1812") ebd., S. 476.

beschenkt. Mit diesem kann er „die Kranken gesund machen", „du musst nur sehen wo der Tod steht."[16]

Dieses Wunderwasser macht den Mann berühmt und reich. Auch dem Kind des Königs kann er zweimal helfen, doch beim dritten Mal steht der Tod zu Füßen des Kindes und das Kind muss sterben. Daraufhin beschließt der Mann, „einmal seinen Gevatter [zu] besuchen und ihm [zu] erzählen, wie es mit dem Wasser gegangen war."

Festzuhalten ist bis zu diesem Punkt, dass das Märchen ausgesprochen konflikt- und spannungslos verläuft. Das betrifft insbesondere die Anlage der Figur des armen Mannes, der gedankenlos und eher lethargisch wirkt und jedenfalls keinerlei Zeichen eines markanten, Ereignisse generierenden Charakters zeigt. Es betrifft aber auch die Begegnung zwischen dem armen Mann und dem Fremden, bei der von keinerlei Abmachungen, Bedingungen o. Ä. als der Bedingung von Konflikten die Rede ist, und die (erzählerisch nicht ausgeführte) Begegnung mit dem König, die des Kindstodes zum Trotz ebenfalls reibungslos vonstatten zu gehen scheint. Und schließlich betrifft es die Konstellation armer Mann, (offensichtlich vermögender) Fremder und König, die Anlass für eine Erzählung über Interessenkonflikte, (soziale) Gerechtigkeit, Bedrohung und Rettung und dergleichen mehr hätte geben können, in diese Richtung aber nicht genutzt wird. Angesichts all dessen hat es den Anschein, als habe nicht nur der arme Mann mit seiner Ausgangsentscheidung, dem Rat des Traumes zu folgen, alles richtig gemacht, sondern als befinde man sich auch in einer letztlich harmonischen Welt, in der Ungemach gleich welcher Art allenfalls zu „Betrübnis" (s. o.) führt.

Die beiden letzten, nunmehr ausführlich-anschaulichen und stark dialogischen Drittel des Märchens handeln vom Aufsuchen des „Gevatters" durch den einst armen Mann um des bloßen Berichtens willen; auch hier ist beispielsweise an ein zu Konflikten führendes Beklagen, Beschweren oder Rebellieren seitens des Mannes nicht gedacht.

Im Haus des „Gevatters" muss sich der Mann allerdings von Stockwerk zu Stockwerk nach dem „Gevatter" durchfragen, wobei er auf skurrilste Hausbewohner trifft – Besen, tote Finger, tote Köpfe, sich selbst bratende Fische –, die ihm Auskunft geben, da sie allesamt sprechen können. Schließlich im fünften Stockwerk angelangt, sieht der Mann durchs Schlüsselloch und nimmt wahr, dass der „Gevatter" ein „paar lange Hörner" hat. Der aber versucht geschwind nicht nur diese zu verbergen, sondern nach dem Eintreten des Mannes durch rationale Erklärungen und Herabsetzungen des Mannes auch abzustreiten, dass

---

[16] Zitate Grimm, Brüder, 2014, Bd. 1, S. 216.

eine, wie der Mann es genannt hat, „wunderliche Wirtschaft"[17] in seinem Haus herrscht. Daraufhin wird dem Mann „angst"; er vergisst den Zweck seines Besuchs, das Erzählen vom Wunderwasser, und läuft fort. Der Erzähler beschließt daraufhin das Märchen mit der Bemerkung „wer weiß was ihm der Herr Gevatter sonst angetan hätte."[18]

Klar ist, dass der Fremde, der den armen Mann beschenkt hatte, niemand anderes als der Teufel ist. Darüber hinaus bleibt allerdings vieles unklar. Warum und wofür hat der Teufel den armen Mann beschenkt? Ist der naive arme Mann mit der Annahme des Geschenks unwissentlich an den Teufel gefallen? Wieso weiß der Mann, wo der „Gevatter" lebt? Hat es zwischenzeitlich Kontakt zwischen armem Mann und „Gevatter" gegeben? Bleibt der Mann unversehrt und reich, nachdem er vom Teufel davongelaufen ist? Wieso kann der Teufel dem armen Mann nicht auch anderenorts etwas antun? Und es fragt sich über diese Details hinaus grundsätzlich, was das Märchen eigentlich erzählen will, wo seine ‚Botschaft' liegt. Dass es keinen Sinn macht, aus Notlagen in den Schlaf zu entfliehen? Dass es leichtfertig ist, geträumten Ratschlägen zu folgen und unmotivierte Geschenke anzunehmen? Dass man besser nicht nachfragt bzw. nachschaut, von wem einem Gutes zugewachsen ist?

Mit Blick auf *Macario* ist zum einen festzuhalten, dass das Märchen mit einem sehr begrenzten Set an Handlungen und an Figuren operiert und mit dem Teufel (und dessen Hausgenossen) eine Figur aus einer nicht-realistischen Welt enthält. Zum anderen ist hervorzuheben, dass das Märchen für Adaptionsvorhaben reichlich Gelegenheit bietet, die durch die genannten und durch weitere mögliche Fragen markierten Leerstellen fabulierend zu füllen. Zum dritten ist nicht zu übersehen, dass sich Traven bei seinem Adaptionsvorhaben insbesondere der Motive des wundersamen Heilwassers und der Kindesheilung am Königshof bedient hat.

II. 2 *Der Gevatter Tod*

In dem Märchen *Der Gevatter Tod*[19], das ungleich komplexer ausfällt als *Der Herr Gevatter* und im Unterschied zu diesem auch erzählkonstitutive Konflikte kennt, sucht ein bitterarmer, trotz des eigentlich ja frohen Ereignisses einer Geburt der Verzweiflung naher Mann auf offener Landstraße einen „Gevatter"[20],

---

[17] Zitate Grimm, Brüder, 2014, Bd. 1, S. 217.
[18] Grimm, Brüder, 2014, Bd. 1, S. 218.
[19] Zur Überlieferung des Märchens vgl. den Hinweis der Brüder Grimm in den *Kinder- und Hausmärchen* (2014), Bd. 3, S. 83f., den Nachweis des Herausgebers („Seit der Erstauflage (I, 1812) als Nr. 44 nach der Erzählung von Marie Elisabeth Wild am 20.10.1811 in Kassel") ebd., S. 477 sowie Elfriede Moser-Rath, 1987.
[20] Grimm, Brüder, 2014, Bd. 1, S. 219. – Sofern nicht anders vermerkt, sind alle weiteren Zitate

einen Paten für sein zur Welt gekommenes dreizehntes Kind, einen Knaben. So desolat die ökonomische Lage des „Tag und Nacht" schuftenden Mannes auch ist, akzeptiert er aber beileibe nicht jeden als Paten, der sich ihm anbietet oder aufdrängt. Zwar hört er sich die großartigen Versprechungen der beiden an, die ihm zunächst begegnen und die i h n ansprechen, fragt dann aber erst einmal, wer sie denn eigentlich seien, bevor er eine Entscheidung trifft. Bemerkenswerter Weise schlägt er, der für sich dergestalt seiner Armut zum Trotz dennoch Urteilskraft, Handlungsmacht, Moral und Würde beansprucht, nicht nur den dem Kind Reichtum und „alle Lust der Welt" versprechenden Teufel aus;[21] er schlägt auch den Fürsorge und Glück versprechenden, sich selbst bemerkenswerter Weise zweimal als „lieb" vorstellenden Gott aus, der ihm sogar als erster begegnet ist: Er begehre ihn nicht zum Paten seines Kindes, lässt der arme Mann Gott barsch und in impliziter Zurückweisung des Attributs „lieb" wissen, denn „du giebst dem Reichen und lässt den Armen hungern."[22]

Diese damit zentral gestellten Themen der sozialen Ungerechtigkeit, der Verantwortung dafür und der diese absichernden Ideologie[23] macht der arme Mann auch in der schließlich dritten Begegnung mit dem „dünnbeinig", das heißt nicht sehr vielversprechend daherkommenden Tod stark. Der verspricht zunächst auch einmal gar nichts, bietet sich nur als Pate an und stellt sich lediglich namentlich und als derjenige vor, der „alle gleich macht" – und der damit tatsächlich das einlöst, was vom armen Mann mit Blick auf Gott hingegen bereits als Ideologem markiert wurde, die Behauptung nämlich, vor diesem seien alle Menschen gleich.[24] Mit diesem Hinweis auf eine über allen innerweltlichen

---

dieser Seite entnommen.
[21] Mit der, wie der Erzählfortgang nahelegt, weniger moralisch als vielmehr sozialgeschichtlich bzw. -kritisch zu verstehenden Begründung „du betrügst und verführst die Menschen" (ebd.). In feudalistischen Kontexten, in denen dieses Märchen wie andere Märchen der Sammlung auch trotz aller Unbestimmtheit anzusiedeln ist, sind das Betrügen und das Verführen Kennzeichen der Herrschenden. Zu dieser sozialgeschichtlichen bzw. -kritischen Lesart passen auch die Versprechen des Teufels.
[22] Das Hadern mit Gott „über die ungleiche Verteilung der Güter" taucht erstmals 1547 in dem Spruchgedicht und Meisterlied *Der Bauer mit dem Tode* von Hans Sachs auf. Vgl. Moser-Rath, 1987, Sp. 1226. Diese mit dem Motiv der Ablehnung Gottes wegen ungerechten Handelns einhergehende „sozialkritische Wendung" (ebd., Sp. 1227) ist in vielen Varianten zu finden.
[23] Diese Themen versucht die Erzählinstanz sogleich mit dem Satz „Das sprach der Mann, weil er nicht wusste wie weislich Gott Reichtum und Armut verteilt" vergessen zu machen. Dieser Erzählkommentar, mit dem das Motiv der Rache des Todes auch aus Friedrich Gustav Schillings *Neuen Abendgenossen* (1811) stammt, ist erst ab der zweiten Auflage der *Kinder- und Hausmärchen* (1819) vorhanden. Er zeugt von Wilhelm Grimms auch an anderen Stellen zu beobachtender Absicht, die Märchen zu harmonisieren (vgl. Moser-Rath, 1987, Sp. 1226) und damit ihre sozial- und/ oder ideologie- bzw. glaubenskritische Dimension in eine moralische zu verwandeln. – Ein weiterer Erzählkommentar, dem der didaktische Tenor nach vermutlich auch von Wilhelm Grimm stammt, bezieht sich auf das erwachsen und berühmt gewordene Patenkind des Todes und lautet: „Er hätte sich der Warnung seines Paten erinnern sollen, aber die große Schönheit der Königstochter und das Glück ihr Gemahl zu werden betörten ihn". Ebd., S. 221.
[24] Vgl. beispielsweise Römer 2, 11.

Unterschieden stehende Gerechtigkeit als seine wichtigste Eigenschaft trifft der Tod allerdings ins Zentrum der Wertewelt des armen Mannes: „du bist der rechte, du holst den Reichen wie den Armen ohne Unterschied, du sollst mein Gevattersmann sein", lässt er den Tod sofort wissen,[25] worauf dieser nach allem bisher Gesagten doch überraschender Weise antwortet, er wolle sein künftiges Patenkind „reich und berühmt machen". Erst nachdem man sozusagen ideell und mit einer jenseitigen Akzentuierung handelseinig geworden ist, kommen nun also auch Materielles und Soziales, kommt Diesseitiges ins Spiel: Ein Leben nämlich, das nicht nur frei ist von aller materiellen Beschwernis, sondern das sogar von materiellem Überfluss geprägt ist; dazu ein Leben, das soziale Anerkennung, ja Verehrung demjenigen verspricht, der sie aufgrund besonderer Leistungen auch verdient. Ein, würde man in Zusammenhang mit sozialutopischem Denken wohl sagen, menschenwürdiges Leben eben.

Festzuhalten ist: Das von den Brüdern Grimm wiedergegebene Märchen liefert eingangs als Protagonisten einen zwar armen, doch selbstbewussten, idealistisch gesinnten und prinzipientreuen Sozial- und Ideologie- bzw. Glaubenskritiker; dessen höchster Wert ist Gerechtigkeit. Gerechtigkeit ist es auch, unter die er, ganz uneigennützig auf das Wohl anderer bedacht, seinen Jüngstgeborenen gestellt sehen möchte, und wer würde diese Gerechtigkeit absoluter verkörpern als der Tod? Das macht den Tod zum idealen pater spiritualis, zum idealen Gevatter oder Paten nämlich. Dass dabei auch noch reichlich Materielles und großes Prestige für das Patenkind abspringen, ist, wie schon der Gesprächsverlauf zwischen armem Mann und Tod zeigt, ganz und gar nachrangig. Gott und der Teufel hingegen kommen für den armen Mann nicht als Gevatter bzw. Pate in Frage, weil sie für die faktische Ungerechtigkeit und Ungleichheit auf Erden verantwortlich sind, der eine als deren Schöpfer und Erhalter, der andere als windiger Handlanger dieses verwerflichen Schöpfungsplans.

Im Fortgang nun des Märchens tritt dieser vorbildliche Protagonist figural nicht mehr in Erscheinung und ist nur noch insofern präsent, als er charakterlich als Kontrast seines im Handumdrehen erwachsen und bald als Wunderarzt auch steinreich gewordenen Sohnes fungiert. Nunmehr ist dieser Sohn, das Patenkind des Todes also, derjenige, auf den sich alles Interesse richtet.

Nur zu bald zeigt sich allerdings, dass dieser Sohn charakterlich keineswegs aus dem Holz des Vaters geschnitzt ist. Als es um das bedrohte Leben des Königs und damit für ihn selbstverständlich um eine besonders lukrative Heilung geht, handelt er willentlich und kaltblütig abwägend einem apodikti-

---

[25] Das Motiv des Gevatterstehens des Todes taucht schon um 1300 im Lehrgedicht *Der Renner* von Hugo von Trimberg auf. Vgl. Moser-Rath, 1987, Sp. 1226.

schen Gebot des Todes zuwider und beraubt diesen seines Rechtes. Doch damit nicht genug: Selbst die anschließenden unmissverständlichen Drohungen des Todes, seinem Leben bei erneuter Zuwiderhandlung ein Ende zu setzen, können ihn nicht davon abhalten, den Tod im Falle der lebensgefährlich erkrankten, bildhübschen Tochter des Königs ein zweites Mal zu düpieren, weil er deren Gatte werden möchte. Damit jedoch hat er die Langmut des Todes überreizt. Seine Bitten an den zornigen Tod, ihm doch das Leben zu erhalten, damit er das Leben genießen, die Königstochter heiraten und selbst König werden könne, nützen ihm nun nichts mehr, und mit einer gezielten List nimmt ihm der Tod das Leben.

Wem hat angesichts dieses Verlaufs der Tod das Leben genommen? Einem unbelehrbaren, egoistischen Nimmersatt, der angesichts des fürstlichen Geschenks seines Paten doch alle Zufriedenheit der Welt hätte zeigen sollen, der aber um des Eigennutzes, um Lustbarkeit, um weiterem sozialen Aufstieg und noch größerer Machtfülle willen bereit ist, Gebote zu brechen, seinen Wohltäter dem Teufel gleich zu täuschen und zu versuchen, diesen um sein Recht zu bringen.[26] Könnten die Unterschiede zum uneigennützig sorgenden, sein Handeln allein an Gerechtigkeit ausrichtenden Vater größer sein?

II. 3 *The Hungry Peasant, God, and Death*

Einige Hinweise zu jener „Indio-»Legende«" vom armen Kleinbauern, von Gott und dem Tod, die Karl S. Guthke eine „indianische Version von »Gevatter Tod«" genannt hat:[27] Zu Travens Zeiten, so Guthke, sei diese Legende in Mexiko „noch durchaus volksläufig [...] in der mündlichen Tradition" gewesen, und die amerikanische Autorin, Anthropologin und Ethnographien Frances Toor (1890-1956), eine gute Bekannte Travens in den 1940er Jahren, habe sie schließlich „im Staat Zacatecas"[28] schriftlich festgehalten.[29] Allein vor dem Hintergrund der persönlichen Bekanntschaft sei es sehr wahrscheinlich, dass Traven auch diese Legende als Quelle genutzt habe, doch spreche auch Inhaltliches dafür.

Die dem Umfang nach noch knapper als das Märchen ausfallende Legende erzählt, dass ein bitterarmer, seiner Familie stets fürsorglich zugewandter und

---

[26] Von daher verwundert es, dass Moser-Rath von einem „tragischen Ende" und insofern von einer „Gattungsproblematik" spricht, als „kein märchenhafter Schluss" vorliege (Moser-Rath, 1987, Sp. 1225). Wie doch im Märchen üblich, siegt auch hier zum Schluss die Gerechtigkeit in Form des untadelig handelnden Todes.
[27] Guthke, 2000, S. 395.
[28] Für die Zitate siehe Guthke, 2000, S. 395.
[29] Bei der Ausgabe aus dem Jahre 1947 handelt es sich nach Guthke, 2000, S. 395 um das erstmalige Erscheinen der Legende in Buchform.

umso hungriger Kleinbauer aus der Nähe von Zacatecas eines Tages all der Entbehrungen, die er erleiden muss, so überdrüssig ist, dass er ein Huhn stiehlt, um es sich an entlegener Stelle im Wald zu braten und ganz alleine zu verzehren. Aus Not und Frustration heraus also wird der Kleinbauer zum Dieb. Als er nun gerade in das gebratene Huhn hineinbeißen will, treten zunächst Gott und dann der Tod zu ihm[30] und erbitten großen Hungers wegen ein paar Brocken vom Huhn. Ähnlich wie bei den Grimms, wird auch hier der sich seiner Sache sichere Gott[31] nach einigem Hin und Her[32] schließlich von dem zum Teilen keineswegs bereiten Bauern energisch mit dem triumphierend hervorgestoßenen Argument zurückgewiesen, er verhalte sich schlecht den Armen gegenüber und gebe selbst nur denjenigen, die er möge.[33] Der sehr magere und blasse Tod hingegen, der gleichfalls sehr selbstbewusst und seiner Sache sicher auftritt, bekommt angesichts der doch fehlenden Bereitschaft des Bauern[34] zu teilen überraschender Weise doch noch sogleich positiven Bescheid, als er seine Identität enthüllt: „You were right. To you I shall give some chicken, because you are just. [...] You make no distinctions nor show any favoritism. To you, yes, I shall give some of my chicken!"[35], heißt es. Damit endet die Legende dann auch bereits, ohne dass wir erfahren, wie es mit dem Bauern weitergegangen ist. Es interessiert allein, dass sich ein armer Mann im Wortsinne nicht mit jenseitigen Versprechungen wie dem Seelenheil oder Ähnlichem abspeisen lässt, sondern um des legitimen Genusses im Diesseits willen den Tod Gott vorzieht.

Die mexikanische Legende weicht also hinsichtlich des Figurenensembles, der Figurenanlage, der Konflikte, der Struktur und des Handlungsverlaufs deutlich von den Märchen der Grimms ab. Mit dem Märchen *Der Herr Gevatter* teilt die Legende immerhin den mehr oder minder abrupten Schluss. Mit dem Märchen *Der Gevatter Tod* kommt es hingegen gehaltlich doch darin überein, dass auf Sozial- und Glaubens- bzw. Ideologiekritik sowie auf Gerechtigkeit höchster Wert gelegt wird.

---

[30] Die Figur des Teufels fehlt.
[31] Der Bauer: „I shall not give you anything, no matter who you are, I shall not give you anything!" Darauf Gott: „Yes, you will as soon as I tell you who I am." Zit. nach Crossley-Holland, 2002, S. 92.
[32] Im Unterschied zu dem Märchen *Der Gevatter Tod* ist die Legende sehr dialogisch gebaut. Sie gleicht in dieser Hinsicht mehr dem Märchen *Der Herr Gevatter*.
[33] Als der sich windende Kleinbauer endlich erfährt, dass es sich um Gott handelt, bricht es erleichtert aus ihm hervor: „[...] now less than ever shall I share my food with you. You are very bad to the poor. You only give to those whom you like." Zit. nach Crossley-Holland, 2002, S. 92.
[34] Dabei ist bemerkenswert, dass der Bauer keinen Moment lang vor dem Tod erschrickt und auch keine strategischen Überlegungen anstellt, wie das später sein Namensvetter bei Traven tun wird. – Vgl. auch Anm. 87.
[35] Ebd., S. 93.

II. 4 Perspektiven der Forschung auf *Macario* und die Quellen der Erzählung

Was macht Traven in *Macario* aus diesen drei literarischen Quellen? Eine „vielsagende *Synthese*" aus Grimm und mexikanischer Legende, bei der diese die „Rahmen-Geschichte" abgibt und die Grimm'schen Märchen die „Binnengeschichte",[36] wie in einem der Beiträge von Guthke zu lesen ist? Das scheint mir ein wenig zu grob zu sein.[37]

Und kann tatsächlich „kein Zweifel sein", wie es in einem späteren Beitrag Guthkes heißt, dass uns in *Macario* der „eigentliche" Traven begegnet, der vehemente Sozial- und Ideologiekritiker der 1920er Jahre nämlich, und dass es folglich kein „zum eskapistischen Märchenerzähler transformierter – neuer – Traven" ist, „der das Comeback [in den 1950er Jahren] ins Werk setzte"?[38] Das sehe ich gänzlich anders.

Guthke nämlich führt für seine Sichtweise *insbesondere* „die wirklichkeitsgesättigte Rahmenhandlung und [...] die ‚realistische Wendung des Märchens' [*Der Gevatter Tod*] am Schluß" an. Dabei übersieht er allerdings, dass diese „wirklichkeitsgesättigte Rahmenhandlung" keinerlei Sozialkritik enthält – ganz im Gegenteil[39] – und dass diese von ihm „realistisch" genannte „Wendung" erst in der von Traven sprachlich und inhaltlich sehr gründlich überarbeiteten deutschsprachigen Fassung aus dem Jahre 1961[40] und später in der inhaltlich von ihm gleichfalls überarbeiteten englischsprachigen Fassung von 1966[41] zu

---

[36] Zitate Guthke, 2000, S. 394f. – Hinzuweisen ist darauf, dass sich Guthkes diesbezügliche Äußerungen ausschließlich auf das Märchen *Der Gevatter Tod* beziehen. Guthke übersieht das mit den Motiven des Heilwassers und der scheiternden Heilung am Königshof doch einschlägige Märchen *Der Herr Gevatter* als Quelle für den Text Travens. – Vgl. auch die nächste Anm.

[37] Bei Guthke, 2005, S. 264 heißt es, es handele sich um einen „mexikanischen Stoff"; in diesen Stoff sei „ein Märchen der Brüder Grimm, *Gevatter Tod*, integriert, das die Geschichte von dem Wunderarzt enthält." – Vgl. auch die vorherige Anm.

[38] Guthke, 2005, S. 290.

[39] Zwar wird im ersten Kapitel, zum einen, von der großen Armut und von den Mühen Macarios und seiner Familie erzählt, doch ganz und gar nicht in kritisierender oder gar rebellischer Perspektivierung; eine Schilderung von Armut ist also keinesfalls per se eine Kritik an dieser. Zum anderen, im letzten Kapitel der Erzählung, wird Macario zwar tot aufgefunden, doch liegt „ein breites, schönes Lächeln [...] über seinem Gesicht" (S. 83), das nach Ansicht seiner trauernden Witwe davon zeugt, dass Macario „überaus glücklich gestorben" (S. 84) ist. „Glücklich gestorben" ist Macario aber nur deshalb, weil er sich die Voraussetzung bzw. die Erfüllung des einzigen Wunsches, den er in seinem Leben hatte, den nämlich, einmal einen ganzen Puter verzehren zu können, mit der Geschichte vom Wunderheiler erträumt hat – bestenfalls. Faktisch hat er sich ja den einzigen Puter, der ihm jemals vorgesetzt wurde, mit dem Tod teilen müssen. Ist das das Ende einer sozial- und ideologiekritischen Erzählung? – Vgl. auch Anm. 53, 56, 82, 96 u. 100. – Die Seitenangaben hier wie im Folgenden beziehen sich auf die in Anm. 5 genannte Ausgabe.

[40] Erschienen bei Bertelsmann in Gütersloh. Diese Fassung wurde dann 1980 auch in Band 14 der von Edgar Päßler besorgten *Werkausgabe* der Büchergilde Gutenberg übernommen.

[41] Die überarbeitete Fassung von *The Third Guest* erschien in B. Traven: *The Night Visitor and Other Stories*.

finden ist.[42] Die Fassungen von 1950 bzw. 1953 hingegen, auf denen ja das Comeback und auch der Film Gavaldóns beruhen, haben einen ganz anderen Schluss, der andere als die von Guthke gezogenen Schlüsse nahelegt.[43]

III. Travens Erzählung *Macario* und deren Fassungen

Ebenso wenig wie es zuvor darum gehen konnte, Travens literarische Quellen im Einzelnen nachzuerzählen, zu analysieren und zu interpretieren, kann es nun darum gehen, derart mit der Erzählung *Macario* zu verfahren. Auch hier sollen lediglich die wichtigsten Merkmale herausgearbeitet und zu denjenigen der literarischen Quellen ins Verhältnis gesetzt werden.

Zunächst die hier insbesondere zu berücksichtigenden deutsch- und englischsprachigen Fassungen der frühen 1950er Jahre: Diese sind nicht nur ungleich länger als die literarischen Quellen,[44] sondern verteilen das Erzählgeschehen auch auf dreiundzwanzig Kapitel von sehr unterschiedlicher Länge.[45] Diese dreiundzwanzig Kapitel lassen sich nach unterschiedlichen Handlungssträngen und deren ontologischem Status zu drei Gruppen zusammenstellen.[46]

Die erste Gruppe bilden die Kapitel eins und zwei sowie die beiden letzten Kapitel zweiundzwanzig und dreiundzwanzig. In diesen insgesamt zehn Seiten[47] umfassenden Kapiteln wird von einer konturlos bleibenden Erzählin-

---

[42] Guthke ist angesichts der eingangs geschilderten Textgeschichten der deutsch- und englischsprachigen Erstveröffentlichungen aber sicherlich insofern zuzustimmen, als man sprachlich den authentischen Traven erst mit der Überarbeitung der Bertelsmann-Ausgabe 1961 hat. (Guthke, 2000, S. 394).

[43] Deshalb stehen hier diese Ausgaben und nicht die späteren, auch die spanischsprachige nicht, im Zentrum des Interesses.

[44] Das hat u. a. damit zu tun, dass Traven durch Verzögerungen Spannung aufbauen möchte. So wird im zweiten Kapitel über eine ganze Seite hinweg (S. 14f.) ausführlich erzählt, wie sich Macario auf den Verzehr des Geflügels – hier ist es ein Puter, den seine Frau über drei Jahre hinweg erspart und ihm dann heimlich zubereitet hat (S. 12) – vorbereitet. Im Stil eines stets an Suspense orientierten Fortsetzungsromans schließt das Kapitel mit dem auf den Fortgang neugierig machenden Satz: „Er hielt des Puters Brust fest in der linken Hand und packte entschlossen mit der rechten zu, um einen der feisten Schenkel abzureißen." Auffällig ist in diesem Zusammenhang auch das hohe Gewicht, das ausführlichen Figurenbeschreibungen eingeräumt wird.

[45] Das erste Kapitel geht in der hier zugrunde gelegten Ausgabe (vgl. Anm. 5) über dreieinhalb Seiten, das zweiundzwanzigste Kapitel hingegen besteht aus nur einem Satz von zwei Zeilen Länge.

[46] Diese aus zahlreichen Aussagen des Textes abgeleitete Gruppierung löst zwar nicht alle Probleme, die der Text bietet, reduziert aber dessen nicht wenige Ungereimtheiten und Widersprüche so weit wie eben möglich. Dennoch verbleiben Sätze der Erzählinstanz wie „Das [...] ließ ihn [Macario] erkennen, daß das gestrige Abenteuer [Begegnung u. a. mit dem Tod] nicht nur ein Phantasiegebilde gewesen war, wie es ein befriedigter Bauch erzeugt" (S. 46), die zu grübeln geben, weil sie in einer Erzählpassage stehen, die nur als Traum Macarios verstanden werden kann. Wollte Traven uns hier auf besonders raffinierte Weise in die Irre führen – oder hat er schlicht das eigene Spiel mit Fiktionsebenen nicht mehr im Griff gehabt? Ich tendiere dazu, Letzteres anzunehmen.

[47] Da dem Text jeweils zu Kapitelbeginn halbseitige Drucke beigegeben sind und die Kapitel immer auf einer neuen Seite beginnen, stellen die Umfangsangaben nach Anzahl der Seiten faktisch nur Näherungswerte dar.

stanz eine realistisch-faktuale Rahmenhandlung geboten, die zunächst von den Lebensumständen Macarios handelt, dann davon erzählt, wie Macario bei Tagesanbruch seine Hütte verlässt, um später „tief im Walde"[48] einen Puter verzehren zu können, wie er eben „im Begriffe" [ist], dies [auch] zu tun"[49] – und die schließlich damit endet, dass Macario aus einem Traum erwacht,[50] stirbt[51] und tags drauf[52] von seiner Frau und weiteren Dorfbewohnern im Wald tot aufgefunden wird.[53] Was in der Zwischenzeit, seit dem Verlassen seiner Hütte, passiert ist, kann allein Macario wissen bzw. die Erzählinstanz verbürgen oder in Zweifel ziehen.[54]

---

[48] S. 14. – Macario macht sich bei „anbrechende[m] Tag []" (ebd.) in den Wald auf.
[49] S. 17. – Dies sind die ersten Worte des dritten Kapitels.
[50] In diesem Traum ist er kurz zuvor wie „aus einem Albtraum" erwacht, der eine unzählige Reihe von Jahren, vielleicht von Jahrhunderten gewährt hatte." (S. 80) Wir haben es an dieser Stelle nicht nur quasi mit einer weiteren Potenzierung der Fiktionsebenen zu tun, sondern wohl auch mit dem freilich im Anfang stecken gebliebenen Versuch Travens, Macarios soziale Lage und Geschichte als Exempel lesen zu lassen. Dazu passt auch das „Wir" (S. 42), das Macario an einer Stelle verwendet, und das es generell um die Lebensumstände und Lebenshaltung des kleinen Mannes geht. – Vgl. auch Anm. 65, 80 u. 84.
[51] Vgl. das aus einem einzigen Satz bestehende Kapitel zweiundzwanzig.
[52] Hier irrt Guthke, wenn er behauptet, man finde den toten Macario „noch am Abend des Tages, an dem er mit seinem gebratenen Truthahn in den Wald gezogen war". (Guthke, 2005, S. 265).
[53] Kapitel neun endet damit, dass sich Macario nach der Begegnung mit dem Teufel, mit Jesus und mit dem Tod zum Schlafen niederlegt. Es folgt dann unmittelbar darauf als letzter Satz des Kapitels: „An diesem Tag kam er ohne ein einziges Scheitchen Brennholz heim." (S. 44) Dieser letzte Satz kann weder im realistisch-faktualen noch im magisch-realistischen Sinne wahr sein, wenn man nicht annehmen möchte, dass Traven als Autor auch hier in hohem Maße nachlässig gearbeitet hat. Dieser Satz muss vielmehr seinem Inhalt nach wie alles andere bis zum Ende von Kapitel einundzwanzig Erzählte von dem in den Schlaf gefallenen Macario geträumt worden sein. Zwar erweckt bei uns der unmittelbare Erzählfortgang mit besagtem Satz, der Beginn von Kapitel zehn, mit Notwendigkeit den Eindruck, als sei Macario tatsächlich nach Hause zurückgekehrt und die Erzählung nunmehr wieder in realistisch-faktualem Fahrwasser angekommen. Ebenso muss man bis zum Ende von Kapitel einundzwanzig den durch keinen einzigen Hinweis in Frage gestellten Eindruck haben, sich vorwiegend in diesem realistisch-faktualen Fahrwasser und nur gelegentlich, anlässlich der weiteren Begegnungen Macarios mit dem Tod, in magisch-realistischem Fahrwasser zu bewegen. Doch kann weder das eine noch das andere der Fall sein. Das realistisch-magische Kapitel zweiundzwanzig nämlich schließt so, als sei zwischenzeitlich überhaupt nichts Weiteres geschehen, an jenen Punkt ganz am Ende von Kapitel neun an, an dem Macario in den Schlaf fällt: „Macario öffnete die Augen und sah, als er zurückblickte, den ehemaligen Genossen seines Mahles zu seinen Häupten stehen." (S. 81) All das Weitere, von dem nach diesem Einschlafen erzählt worden ist, wird sogar dadurch als irreal bzw. als von Macario geträumt ausgewiesen, dass das Wichtigste, von dem die Kapitel eins bis neun erzählten, als unverändert oder als unveränderlich bestätigt wird: Macario ist, obwohl tot, nach wie vor jung an Jahren und nicht „alt geworden" (S. 67), seine Frau ist ebenfalls nach wie vor weder alt noch hinfällig (ebd.) und immer noch arm, und ganz offensichtlich hat Macario tatsächlich den Tod zum Gast gehabt. Es finden sich (S. 83f.) nämlich bis ins Detail exakt jene Arrangements, von denen in den magisch-realistischen Kapiteln fünf bis neun erzählt wurde (vgl. die Sitzordnung S. 27, vgl. die Esslust des Todes Kap. 33, vgl. dessen Anhäufung von Puter-Knochen S. 44). Auch das Magisch-Realistische ist demnach also ein Faktum und kann den selben Wahrheitsgehalt beanspruchen wie das Realistisch-Faktuale. – Vgl. auch Anm. 39, 56, 82, 96 u. 100.
[54] Angesichts der zwei „Häuflein abgenagter Puterknochen", die Macarios Weib vorfindet, sagt diese ganz zu Recht: „Ich möchte wohl wissen – ach, wie gerne wüsste ich, wen er zu Gast hatte [...]". Wir, die wir es wissen, nehmen dann lächelnd ihren Irrtum zur Kenntnis, wenn sie fortfährt: „[...], aber es muß ein schöner und vornehmer und sehr freundlicher Gast gewesen sein" (S. 84). – Vgl. auch Anm. 39, 53 u. 56.

Eine zweite Gruppe geben die sich über achtundzwanzig Seiten erstreckenden Kapitel drei bis neun ab, in denen der eben zum Puter greifende Macario nacheinander vom Teufel, von Jesus[55] und vom Tod auf- bzw. heimgesucht wird und die von daher mit dem Etikett magisch-realistisch versehen werden können.[56] Die auf sechsunddreißig Seiten verteilten und damit ziemlich genau die Hälfte des Erzähltextes ausmachenden Kapitel zehn bis zweiundzwanzig als dritte Gruppe schließlich erzählen davon, wie der zuvor vom Tod mit einer sagenhaften Medizin[57] beschenkte Macario[58] an einem seiner eigenen Kinder zum Wunderheiler wird (Kapitel zehn bis dreizehn),[59] wie er bald darauf zu einem

---

[55] Dass es sich um Jesus handelt, lässt sich aus der Formulierung „sehr lang ist noch der Weg zu meines Vaters Haus" (S. 22) ableiten. Die verstellte, auf Poetisierung hinauslaufende Syntax unterstreicht zudem die außergewöhnliche Bedeutung dieser Figur. Ob es sich dabei allerdings um einen interpretierenden Eingriff des Übersetzers Hans Kauders handelt oder um eine von Traven vorgegebene Akzentuierung, bliebe zu überprüfen.

[56] Guthke, in seinem Bemühen, den Traven der Erzählung *Macario* als sozialkritischen und nicht als magischen Realisten bzw. als Eskapisten zu zeigen, hält diese Passagen der Kapitel drei bis neun für eine „Phantasie" oder einen „Traum" Macarios und sieht sich darin unverständlicher Weise auch noch durch jenen veränderten Schluss bestätigt, den Traven der Erzählung 1961 gab und auf den später noch eingegangen wird. (Vgl. Guthke, 2005, S. 264 u. S. 280) Aber schon die ursprünglichen Fassungen der Erzählung geben wenig Anlass, die angesprochenen Kapitel wie angedeutet zu kategorisieren. Wären die Begegnungen mit dem Teufel, mit Jesus und mit dem Tod nur erträumt, dann müsste es sich ja bei den Kapiteln zehn bis einundzwanzig, die von Macario dem Wunderheiler erzählen und die Guthke zu Recht für eine „traumartige[] Sequenz" (ebd., S. 265) hält, quasi um einen Traum im Traum handeln, fällt doch Macario am Ende der Begegnung mit dem Tod in den Schlaf. Der schlafende Macario müsste also träumen, dass er träumt, und dieses Träumen im Traum müsste dem Geschehen nach wesentlich umfangreicher und komplexer ausfallen als dasjenige des ‚Rahmentraums'. Das ist in keiner Hinsicht realistisch. Entscheidender ist aber: Für die Begegnung mit dem Tod werden Fakten (z. B. zwei Knochenhäuflein) genannt, die sich ja im auch von Guthke als ganz und gar realistisch gelesenen Schlusskapitel ausnahmslos bestätigen. Wie soll Macario Fakten träumen bzw. von Fakten träumen, die vor seinem von Guthke genannten Zeitpunkt des Einschlafens, d. h. vor dem ersten Biss in den Puter also (vgl. S. 15f.), noch gar nicht da sind, dann aber nach seinem einsamen Tod von seiner Ehefrau aufgefunden werden? Vgl. schließlich auch den Satz „‚Auf Wiedersehen, Gevatter [Tod]!' entgegnete Macario, dem zumute war, als erwache er aus einem schweren Traum. / Doch merkte er bald nur zu gut, dass er nicht geträumt hatte." (S. 44) Dieser Satz dem Inhalt nach nur dann Sinn, wenn man ihn als wahre, auf ein magisch-realistisches Geschehen bezogene Aussage wertet. – Vgl. auch Anm. 39, 53, 82, 96 u. 100.

[57] Man braucht nur einen Tropfen von dieser Medizin. „Aber", so der Tod zu Macario, „pass auf und präg es dir gut ein, Gevatter: sobald einmal der letzte Tropfen verbraucht ist, ist es aus mit der Arznei, und deine heilende Kraft hat ein Ende." (S. 41)

[58] Der Tod hat drei Motive, Macario mit dieser Wundermedizin zu beschenken. Er will ihn, zum einen, für seine Cleverness belohnen, er will, zum anderen, „ein wenig Kurzweil" in sein ansonsten „einsames Dasein bringen" (S. 39) und sich an all den „hochgelehrten Ärzte[n] und Mediziner[n] [rächen], die mir immer hässliche Streiche spielen wollen und glauben, mich hineinlegen zu können" (S. 40), und er will, zum dritten, die materiellen Voraussetzungen dafür schaffen, dass sich Macario schnell seinen einzigen Wunsch nach einem ganzen Puter für sich ganz alleine erfüllen kann (S. 42). – Vgl. auch S. 80, wo der Tod seine Arbeit sogar für „widerwärtig" erklärt. Vgl. auch die (bei Traven geläufigen) Spitzen gegen Akademiker, die über den Text verstreut sind (beispielsweise S. 30 und S. 69). – Vgl. auch Anm. 110 u. 152.

[59] Danach wird Macario von seiner Umgebung wie ein „Fremder" (S. 56) wahrgenommen.

reichen Dörfler⁶⁰ gerufen wird und dessen todkranke Frau heilt,⁶¹ wie er im Nu von diesem mit allen Wassern gewaschenen Geschäftsmann zu einem superreichen, international renommierten⁶² Stararzt gemacht wird (Kapitel vierzehn bis sechzehn),⁶³ wie er sich aber all seiner Erfolge und Reichtümer zum Trotz als Mensch über Jahrzehnte hinweg treu bleibt (siebzehntes Kapitel),⁶⁴ wie er unter Androhung härtester, ihm grauen- und schmachvoll das Leben raubender und seine Familie entehrender Strafen den todkranken Sohn des Vizekönigs⁶⁵ retten soll,⁶⁶ dies aber nicht vermag,⁶⁷ da ihm, der sich erstmals in seinem Le-

---

[60] Dieser Dörfler mit Namen Don Ramiro ist „der reichste Mann in der ganzen Gegend" (S. 57). Sicherlich ist er andere als eine Identifikationsfigur, wird er doch als „außerordentlich eifersüchtig" (S. 59), eigennützig, geizig und trickreich-verschlagen (S. 61) dargestellt. Andererseits aber hält er doch sein Wort – „Ich werde dir nie vergessen, was du für mich getan hast, sei dessen gewiß" (S. 61), lässt er Macario wissen – und beurteilt Macario nach der erfolgreichen Heilung seiner Ehefrau auf ebenso großzügige wie vielfältige Weise (S. 63f.). Auch dies tut er zwar nicht „aus purer Dankbarkeit; als guter Geschäftsmann lieh er niemals Geld aus, ohne an fetten Gewinn zu denken" (S. 64) – aber eben auch aus „Dankbarkeit". Und: Von Don Ramiros Cleverness und seiner Vermarktung Macarios profitiert nicht nur er allein „über seine kühnsten Träume hinaus" (S. 64), sondern Macario nicht minder (S. 64). Angesichts dieser Befunde hält sich die Sozial- und Kapitalismuskritik, die doch gerade in diesem Handlungsteil hätte zum Tragen kommen können, sehr in Grenzen. – Zu bedenken ist freilich, dass es sich bei dieser Figurenanlage Don Ramiros um einen Traum Macarios und damit um die Perspektive einer Figur auf eine andere Figur handelt. Distanziert sich jedoch die Erzählinstanz in nennenswerter Weise von dieser Perspektive? Sie tut es nicht.

[61] In der Begegnung mit Don Ramiro macht Macario einige für ihn bedeutsame Erfahrungen: „Aber als er Ramiro, diesen Gewaltigen und Mächtigen, gedemütigt und mit der Gebärde eines Bettlers vor sich stehen sah [...], wurde ihm auf einmal bewusst, dass er selbst jetzt zu einer großen Macht geworden war, da der anmaßende Ramiro in ihm einen Doktor sah, der Wunder wirken konnte." (S. 60) Und: „Durch sein Gespräch mit Ramiro war ihm aufgegangen, wie ungeheuer wertvoll seine Arznei sein musste, wenn ein so stolzer und reicher Mann wie der Händler sich vor ihm, dem armen Holzhauer, um ihretwillen demütigte. Und diese Erkenntnis eröffnete ihm trotz seinem langsam arbeitenden Verstande den Ausblick auf eine Zukunft, in der er [...] sich ganz und gar der Heilkunde widmen würde." (S. 62)

[62] Kranke aus der „höchsten Adelsgesellschaft" aus „Spanien, Italien, Portugal, Frankreich und andern Ländern" (S. 65) kommen zu ihm.

[63] Macario kann sich nicht nur einen „wahren Palast bauen" und große „Gärten und Parks" anlegen lassen, sondern auch seine Kinder „in Schulen und auf Universitäten bis nach Paris und Salamanca" (S. 64) schicken. – Für einige der in dieser wie in den unmittelbar vorhergehenden Anmerkungen getätigten Aussagen stellt sich die auf die Qualität der Erzählung anspielende Frage, ob Macario seiner in den ersten beiden Kapiteln entwickelten Figurenanlage nach solches Bildungswissen haben bzw. träumen kann. – Vgl. auch Anm. 71.

[64] Macario bleibt „rechtschaffen und unbestechlich" (S. 65), sozial (S. 65) und „ehrlich" (S. 66).

[65] Der Vize-König teilt mit Don Ramiro die Eigenschaft, gegenüber den Heilkünsten Macarios argwöhnisch zu sein, und der fragt sich, ob das „in irgendeiner Vorbedeutung für sein Schicksal sei". (S. 72) Da alle anderen Patienten über die Jahrzehnte Vertrauen zu Macario hatten, wie eigens betont wird, soll der ausgerechnet dem ökonomisch und dem politisch Mächtigen zugesprochene Argwohn wohl als herrschaftskritische Perspektive auf diese beiden verstanden werden. Die ‚Zahnlosigkeit' dieser ‚Kritik' wird allerdings noch dadurch unterstrichen, dass Macario ja faktisch von Don Ramiro profitiert – es sei denn, man wolle in materiellem Wohlergehen etwas per se Negatives sehen. Dafür spräche jener Kult der Armut, von dem zuvor (vgl. Anm. 39, 50) die Rede war und der an späterer Stelle (vgl. Anm. 80, 84) noch einmal interessieren wird.

[66] Im Falle der Heilung wird Macario freilich eine wahrhaftig königliche Belohnung versprochen (S. 70).

[67] Die Situation, in der sich Macario befindet, wird noch dadurch verschärft (und damit unser Mitgefühl gesteigert), dass Macario eigentlich beschlossen hatte, „sich von seinem Beruf zurückzuziehen und niemand mehr zu heilen" (S. 67), weil von seiner Wundermedizin nur noch

ben auflehnt,[68] der Tod die Rettung des Knaben unerbittlich verweigert (Kapitel achtzehn bis zwanzig), und wie Macario schließlich vom gnädigen, ihm freundschaftlich gesonnenen Tod um sein Leben gebracht wird (Kapitel einundzwanzig und zweiundzwanzig). All diese Geschehnisse nun müssen aus einer Reihe von Gründen als irreal, als lediglich von Macario geträumt gewertet werden,[69] so dass man es insgesamt gesehen mit von einander geschiedenen realistisch-faktualen, magisch-realistischen und geträumten Erzählanteilen zu tun hat.

Traven lässt seine in der Figurenanlage zuweilen trivialliterarische Züge[70] tragende Geschichte wohl im Mexiko der 1920er Jahre spielen, auch wenn es zwischenzeitlich den Anschein hat, man befinde sich zu Beginn des 18. Jahrhunderts im mexikanischen Teil Neuspaniens.[71] Der wie seine literarischen Ahnen bitterarme und kinderreiche Macario wird in den ersten Kapiteln als mitfühlend, empfindsam,[72] die Familie „auf seine Art" liebend,[73] äußerst wort-

---

zwei Tropfen übrig sind und er diese für seine Familie bewahren will, „besonders für sein geliebtes Weib, das er im Laufe der letzten fünf Jahre schon zweimal hatte heilen müssen. Sie zu verlieren, hätte ihn ein unerträgliches Unglück gedünkt." (S. 67) Wie an etlichen Stellen zuvor, wird auch hier wieder der makellose, idealische Charakter Macarios herausgestellt. – Vgl. auch Anm. 68-78.

[68] Bis dahin hat der ‚Held' der Geschichte Macario alles im Leben hingenommen, dem Tod sogar ohne Murren zwei Enkelkinder überlassen (S. 73). Jetzt aber wehrt er sich: „Seine Kinder [...] mussten in Schimpf und Schande fallen, wenn ihr Vater durch einen Spruch des heiligen Inquisitionsgerichts eines der fürchterlichsten Todes starb, der einem Christenmenschen auferlegt werden kann. [...] An dem Verlust seines Vermögens war ihm persönlich wenig gelegen, es hatte nie eine besonders große Bedeutung für ihn gehabt. Sehr viel aber bedeutete ihm das Glück seiner Kinder. Und mehr noch als an sie dachte er in dieser fürchterlichsten Lage seines Lebens an seine geliebte Frau. [...] Und so geschah es hauptsächlich um seines Weibes willen, nicht um sich selbst zu retten, dass er sich diesmal entschloß, den Kampf mit seinem ehemaligen Gaste aufzunehmen." (S. 74)

[69] Vgl. Anm. 39, 53 u. 55.

[70] So wird in undifferenziert-maximalistischem Ton Macarios Frau als „treueste und selbstverleugnendste Gefährtin" (S. 11) beschrieben, die „fast närrisch vor Freude und Glück" (S. 12) ist, als sie Macario einen Herzenswunsch erfüllen kann, und er selbst wird als ein „Muster von Ehemann" (S. 11) herausgestellt. Als unkritisch wird sogar gesehen, dass die Eheleute so gut wie nicht miteinander reden und kleine Geheimnisse voreinander haben (S. 45f.). – Vgl. auch die stereotypische Darstellung beispielsweise des Teufels im dritten Kapitel, der als ein „prächtig gekleideter Charro" (S. 17) mit „metallischer Stimme" und „mit schmalen Lippen und einer gewissen Arglist" (S. 18) vorgestellt wird. Vgl. auch die Figurenkonstellation Macario – Don Ramiro, der Sohn „des ärmsten Tagelöhners" der eine, der Sohn des „reichsten Händlers" (S. 61) der andere. Durch zahlreiche weitere Beschreibungen wird zudem auf reflexhafte, weichgespülte Mitleidsgefühle des Lesers spekuliert. – Vgl. auch Anm. 76.

[71] Auf die 1920er Jahre weist der Umstand hin, dass der Tod Macario offensichtlich vom Ersten Weltkrieg erzählt. Der Tod hat auch keine „Stundenglas" mehr, sondern so etwas wie eine Taschenuhr. (Vgl. beispielsweise S. 29; vgl. auch Anm. 94) – Im achtzehnten Kapitel, das Teil des von Macario geträumten Geschehens ist, ist vom Vizekönig Don Juan Marques de Casafuerte die Rede. (Vgl. S. 69) Das kann sich nur auf Juan de Acuña y Bejarano, segundo Marqués de Casa Fuerte (ca. 1658-1734) beziehen, der von 1722-1734 Vizekönig Neuspaniens war. Macario träumt sich also hier in eine fern liegende Vergangenheit zurück. Dafür spricht auch, dass er von der Inquisition heimgesucht wird und öffentlicher Verbrennung bei „lebendigem Leibe" bestraft werden soll. (Vgl. S. 71) – Auch hier stellt sich wieder die Frage, ob Macario all dies seiner Anlage nach träumen kann. – Vgl. auch Anm. 63.

[72] Macario, a. a. O., S. 10f. – Vgl. auch ebd., S. 50f.

[73] Ebd., S. 12.

karg[74] und einfach im Geiste,[75] vor allem aber als äußerst gottesfürchtig beschrieben.[76] Permanent dankt Macario Gott „für die Gaben, die du uns beschert hast",[77] und seit „einer schier endlos langen Reihe von Jahren" hat er „täglich"[78] darum gebetet, einmal im Leben nur „einen gebratenen Puter ganz für mich alleine haben" zu können: „Dann würde ich glücklich sterben und friedlich im Grabe ruhen, bis ich zum jüngsten Gericht gerufen werde."[79] Auch von Unzufriedenheit mit der Einrichtung der Welt oder von Rebellion gegen Herrschende ist weder hier noch an anderer Stelle die Rede,[80] und so ist schon nach wenigen Seiten klar, dass Macario hinsichtlich Sozialkritik und Glaubens- bzw. Ideologiekritik, die ja in den literarischen Quellen zentral gestellt waren, das genaue Gegenteil zu den Protagonisten bei den Grimms und bei Frances Toor ist – und es ohne jeden expliziten oder impliziten Widerspruch[81] der Erzählinstanz auch sein darf. Die Erzählinstanz steht ohne jede Einschränkung hinter ihrem als Held des depravierten Lebens entworfenen Protagonisten.

Wie inbrünstig und jenseits-, nicht diesseitsorientiert Macario glaubt, wird im vierten Kapitel überdeutlich, wo es zu einer der Erzähllogik bzw. der Erzählinstanz nach realen Begegnung[82] zwischen Macario und Jesus kommt. Jesus,

---

[74] Ebd., S. 13f.
[75] Ebd. S. 14. – An späterer Stelle, als sein jüngstes Kind Reginito im Sterben liegt, ist er zunächst konsterniert: „Hilflos und stumpfsinnig starrte er sie an, wie er es immer tat, wenn etwas vom trübselig-altgewohnten Trott abwich, mit dem sein Haushalt betrieben wurde, oder sich selbst betrieb." (S. 49) Die Erzählinstanz selbst bestätigt Macarios geistige Einfachheit explizit, wenn sie von dessen „beschränkte[m] Kopf" (S. 44) spricht.
[76] Das gilt auch für Macarios Frau, die nach der Errettung ihres jüngsten Kindes hervorstößt: „Ehre sei Gott und der heiligen Jungfrau! Ich danke Dir, o Herr im Himmel, mein kleines Kind wird leben !" (S. 56) – Vgl. auch Anm. 70.
[77] Ebd., S. 10.
[78] Ebd., S. 15.
[79] Ebd., S. 11. – Im Fortgang dann finden sich zahlreiche weitere Textstellen, die Macarios unerschütterlichen Glauben an einen lieben und gerechten Gott und an den Vorrang des Jenseits vor dem Diesseits unterstreichen. Immer wieder ist un- oder mittelbar die Rede von „unser[m] Herrgott" und dem „lieben Herrgott", dessen vorzüglichstes Werk darin besteht, der „Seele" (S. 19) zu helfen, und keinerlei Zweifel hegt Macario daran, dass auch der Teufel nur ein Werkzeug „in Gottes Hand Welt" (S. 20) als ist. Diese Glaubensstärke ermöglicht es ihm auch, den ihn versuchenden Teufel ebenso „ärgerlich" wie selbstbewusst zurückzuweisen: „Und jetzt pack dich in die Hölle zurück". (S. 19)
[80] Dem Tod bedeutet er sogar über Leute seiner Art: „Wir nehmen dieses Leben auf uns, weil es uns so bestimmt ist. Und wir sind auf unsere Weise glücklich […]. Dieser Puter, den wir heute zusammen verspeisten, war der höchste Gipfel meines Ehrgeizes. Nie wäre mir der Gedanke gekommen, in meinem Leben nach etwas Höherem zu verlangen." (S. 42) Und als der Tod von ihm Gehorsam abverlangt, redet Macario ihn sogleich mit „Herr" (S. 43) an. – Vgl. auch Anm. 50, 65 u. 84.
[81] Ein solcher impliziter Widerspruch der Erzählinstanz könnte ja beispielsweise durch das Arrangement des Erzählmaterials bewerkstelligt werden.
[82] Für Guthke – vgl. dessen hier zitierte Beiträge – handelt es sich bei Macarios Begegnungen mit dem Teufel, mit Jesus und mit dem Tod um einen Traum Macarios und nicht um ein als real behauptetes Geschehen. Der Diskussion dieser These vorausgreifend, sei an dieser Stelle schon darauf hingewiesen, dass dem Beobachtungen am Text wie die folgende entgegenstehen: Macario, so wird uns erzählt, nimmt die Augen von Jesus als „eine kleine goldene Sonne" (S. 22) wahr. Das könnte dann als rein subjektivistisch bzw. als objektive Irrealität gedeutet werden, wenn er der einzige wäre, dem es so ergeht. Zu Beginn des zehnten Kapitels aber wird

der Macario mit „Bruder" anredet, wird hier als jemand beschrieben, der „wohl nicht viel anders als die andern indianischen Landleute der Gegend aus[sah]"[83], arm aber sauber und mit einem „gütige[n] Gesicht"[84]. Macario wird sogleich „inne, dass in dem Herzen dieses müden Pilgers alle Güte und Liebe von Erde und Himmel vereinigt waren", und so apostrophiert er ihn denn auch gleich so, „als bete er vor dem Bild der heiligen Jungfrau" oder spräche [...] zu dem Erzbischof", als „der liebreichste von allen Männern, die jemals waren, sein werden und heute sind." (S. 22) Dennoch verweigert Macario auch Jesus wie zuvor im dritten Kapitel dem ihn versuchenden Teufel, ihm etwas von dem zum Verzehr bereiteten Puter abzugeben, den ihm seine Frau unter größten Anstrengungen besorgt hat: „[...] ich muss es sagen und sollte es mich den Eintritt in den Himmel kosten, aber deine Augen und deine Stimme zwingen mich, die Wahrheit zu reden. Schau, erlauchter Herr, ich kann auch nicht das kleinste Knöchelchen von diesem Truthahn missen [...], das würde die ganze Glückseligkeit meines guten, treuen Weibes zerstören, das sich über alle Begriffe geopfert hat, um mir dieses reiche Geschenk zu machen. Drum bitte, mein Herr und Meister, verstehe eines armen Sünders Sinn, ich bitte dich inständig, versteh mich!"[85] Und siehe da, Jesus verzichtet mit den Worten: „Ich verstehe dich, Macario, der du mein Bruder und guter Nachbar bist [...]. Sei gesegnet und iß

---

uns erzählt, dass Macarios Ehefrau einige Stunden nach der morgendlichen Begegnung zwischen Macario und Jesus „gegen Mittag [...] ein seltsamer goldener Strahl, der, wie es schien, nicht von der Sonne kam, [...] berührt" hatte. „Von diesem Augenblick an" war „ihr Gemüt [...] so mit Frieden erfüllt wie nie zuvor in ihrem Leben." (S. 45) Ruft man sich an dieser Stelle in Erinnerung, dass Jesus von Macario mit der Ankündigung geschieden war, am gleichen Tag noch „dein gutes Weib und alle deine Kinder [zu] segnen", „wenn ich in dem Dorf an deiner Hütte vorüberkomme" (S. 23), dann ist klar, dass Jesus dieser segnende „Strahl" war. Der Text behauptet die Begegnung zwischen Macario und Jesus als real und lässt Macario später träumen, Jesus habe seine Ankündigung wahr gemacht. – Zur Frage nach der Art des Realismus' des Textes – magisch oder faktual – vgl. die weiteren Ausführungen im Fließtext. – Vgl. auch die Anm. 39, 53, 56, 96 u. 100.

[83] Ebd., S. 22. – Die Anrede „Bruder" kontrastiert deutlich mit dem herablassend-drohenden „Freundchen" (S. 19), mit dem der Teufel Macario anredete.

[84] Ebd., S. 21. – Diese Beschreibung unterstützt selbstverständlich jene politisch und sozial sedierend, ja paralytisch wirkende und damit systemstabilisierende Grundhaltung des Textes, die im opiatischen Geiste des „Also werden die Letzten die Ersten und die Ersten die Letzten sein" (Matthäus 20, 16) und (klein-)bürgerlich-idealistischer Superioritätsphantastereien auf den Kult einer hochmoralischen Bruderschaft in Armut hinausläuft. Vgl. dazu auch eine Stelle wie die folgende: „Seine Familie war die allerärmste im ganzen Dorf, und trotzdem gehörte sie zu den beliebtesten um ihrer Friedlichkeit, ihrer Ehrlichkeit, ihrer Bescheidenheit willen und auch noch wegen einer Tugend, an der sie kein Verdienst hatte, nämlich der Tatsache, dass die Armen überall und von jedermann mehr geliebt werden als die Reichen." (S. 49) Kann es vor diesem Hintergrund verwundern, dass *Macario* in den USA der frühen 1950er Jahre und im damaligen restaurativen Adenauer-Westdeutschland so erfolgreich war? – Vgl. auch Anm. 50, 65 u. 79.

[85] Ebd., S. 23. – Dem Tod gegenüber führt der bekennende „Christ" (S. 34) Macario später noch eine anders, theologisch gelagerte Begründung ins Feld: „Doch wer bin ich armer Sünder, dass mir die Ehre zuteil werden sollte, unserem Herrn ein Stückchen von meinem gebratenen Puter abzugeben? [...] Ich würde es als eine schwere Sünde betrachtet haben, ihm einen Schenkel von meinem Puter abzugeben. [...] Ich bin ein treuer Sohn der Kirche und habe als solcher die Macht und die Herrlichkeit unseres Herrn zu respektieren." (S. 35)

deinen Puter in Frieden!"[86] Lässt sich eine ultimativere, von jeglicher Sozialkritik zudem freie Nobilitierung Macarios denken?

Damit könnte nun diese an eine Heiligenlegende streifende Geschichte ihr Ende haben, wenn nicht zum Dritten auch noch der Tod auftauchen würde, von dem Macario annimmt, dass er ihn sogleich, noch vor dem allerersten Hineinbeißen in den Puter, holen werde.[87] Diese Begegnung Macarios mit dem von ihm ob seines ganzen Äußeren[88] sogleich erkannten[89] und als „Knochenmann"[90] angeredeten Tod[91] wird über ganze fünf Kapitel und neunzehn lange Seiten erzählt und hat vor daher – besonderes Gewicht?

Wenn es um den Gehalt, die Botschaft(en) der Erzählung geht, im Großen und Ganzen eher nicht. Denn Vieles, was in diesen fünf Kapiteln erzählt wird wie beispielsweise eine längere Episode aus dem Leben des Todes,[92] führt ohne erkennbare intranarrative Motivierung[93] von der eigentlichen Geschichte weg.[94] Traven hat hier, wie auch an anderen noch anzusprechenden Stellen der Textes, erzählerisch schlicht und einfach unsauber gearbeitet und Ungereimtheiten und Widersprüche produziert. Immerhin aber erfahren wir einiges Weitere über Macario und selbstverständlich auch Einiges über den Tod.

Der Tod stellt sich in diesen magisch-realistischen Passagen „gewissermaßen" als „Chef der Geheimpolizei [...] des ..." (S. 33) vor – seinen Chef nennt er nicht, es kann sich aber nur um Gott handeln[95] – und hat nach eigener Aussage ganz allein „die göttliche Macht" (S. 43), darüber zu entscheiden, wer wann zu sterben hat. Diese Macht dürfe er allerdings, darin scheint er weisungsgebunden zu sein, nicht „auf ein menschliches Wesen [...] übertragen",

---

[86] Ebd., S. 23.
[87] Macario bietet dem Tod schließlich „die Hälfte des Puters" (S. 27) an, denn: „solange er isst, werde ich auch essen". (S. 37) – Vgl. auch Anm. 34.
[88] Sein Gesicht besteht „aus nichts als Knochen"(S. 26), ebenso alles andere.
[89] Ebd., S. 26.
[90] Ebd., S. 27. – Guthke sieht im „Knochenmann" zu Recht den „eklatanteste[n] Germanismus" der ganzen Erzählung, da diese „Personifizierung des Todes ein Fremdling in der mexikanischen Todesmythologie" (Guthke, 2005, S. 284, Anm. 56) ist, in der der Tod weiblich ist und Tía bzw. Doña Sebastiana heißt.
[91] Macario ist im Übrigen zwar „über die grauenhafte Erscheinung des Fremden nicht im geringsten erschrocken", befindet sich aber dennoch in „äußerster Ratlosigkeit" (S. 26), weil er nicht weiß, mit welchem Argument er dem Tod dessen Bitte um Teile des Puters abschlagen soll. Schließlich fügt er sich mit vor „Trauer bebender Stimme in sein unausweichliches Schicksal: „Es hat mich doch schließlich erwischt. Da gibt's keinen Ausweg mehr. Es wäre ein herrliches Glück gewesen, aber das Schicksal will es nicht zulassen [...]. Niemals werde ich einen ganzen Puter für mich allein haben" (S. 27).
[92] Darüber hinaus berichtet Macario im siebten Kapitel ausführlich von seiner Begegnung mit dem Teufel und mit Jesus und begründet sein Verhalten noch einmal.
[93] Der Geschichte oktroyierte Motive Travens, die mit jener Sozial- und Gesellschaftskritik zu tun haben, von der beispielsweise das *Totenschiff* zeugt, lassen sich hier unschwer übersehen.
[94] Im sechsten Kapitel erzählt der Tod über drei Seiten ausführlich von Begebnissen, die mit dem Ersten Weltkrieg und dessen zeitlichem Umfeld zu tun haben. – Vgl. auch Anm. 63.
[95] Beispielsweise führt Macario aus, dass der Tod ja bloß „ein gehorsamer Diener des höchsten Richters" (S. 36) sei.

und deshalb müsse Macario, auch wenn er ihn mit einem Wunderheilmittel beschenken werde, diesbezüglich künftig „gehorchen und meine Wahl respektieren" (S. 43).

Es zeigt sich dann aber gegen Ende in der von Macario geträumten Binnenhandlung, dass der Tod den Mund zu voll genommen hat – oder Traven ein weiteres Mal inkonsequent fabuliert hat. Als es nämlich um die für Macario und dessen Familie selbst höchst existentielle Frage geht, ob der lebensgefährlich erkrankte Sohn des Vize-Königs sterben muss oder ob Macario ihn heilen darf, bekennt der Tod, auf höhere Weisung hin den Knaben mitnehmen zu müssen. Er sei „in diesem Falle machtlos" und „nicht imstande, einen Ausweg zu finden, der den Bedürfnissen beider Teile", demjenigen Macarios und demjenigen seines Auftraggebers nämlich, „gleichermaßen entgegenkäme." (S. 76) Mit „tiefem Bedauern und Mitgefühl" (S. 76) weist er deshalb Macarios inständige Bitten zurück und „versichert, dass ich nur selten bei Ausübung meines Amtes trauriger war als heute." (S. 77)[96]

Die sich hier stellende Frage nach der sich doch auch in Plausibilität, Kontinuität und Reliabilität niederschlagenden Qualität des Traven'schen Erzählens in *Macario*[97] drängt sich auch auf, wenn man sehr überrascht zur Kenntnis nimmt, dass der doch in den realistisch-faktualen Teilen so wortkarge, geistig unbewegliche und eher mürrische Macario in den magisch-realistischen Teilen

---

[96] Bezüglich der hier aufgezeigten inkonsequenten Figurenanlage könnte man zum einen argumentieren, es handele sich beim Tod um einen Aufschneider, zum anderen, die widersprüchlichen Aussagen über den Tod gehörten ontologisch geschiedenen Erzählpassagen an, einer realistisch-magischen und einer als Traum markierten nämlich, und seien von daher aussagenlogisch asymetrisch. Es finden sich allerdings keinerlei Hinweise, die die These vom Tod als Aufschneider stützen würden; der Tod erscheint durchgängig als charakterfest und integer. Ebenso wenig lässt sich ein Motiv benennen, warum Macario den Tod in der beschriebenen Weise träumen sollte. Überhaupt müsste gefragt werden, ob Macarios Traum, der ja offensichtlich so etwas wie die „Lebens-Revue" (so Guthke 2005, S. 265, unter Berufung auf einen Brief Travens an James Wong Howe vom 16. Oktober 1950, ebd. Anm. 23) eines Sterbenden sein soll, in diesem Sinne realistisch ist. Macario lässt ja im Traum keineswegs sein Leben Revue passieren, sondern träumt eher prospektiv. Auch hat er zu Lebzeiten nie davon geträumt, ein reicher und berühmter Mann zu werden; sein einziger Wunsch war es ja, einmal im Leben einen ganzen Puter für sich alleine zu haben (S. 42). Ist es realistisch, dass der den geistigen Möglichkeiten nach doch eher einfache Macario ein in vielerlei Hinsicht kompliziertes Resümee träumt, das zunächst so tut, als nehme sein Leben den prognostizierbaren Fortgang (vgl. beispielsweise S. 42, 47 und 57), das dann aber letztlich die Frage durchspielt „Was wäre gewesen, wenn ich nicht arm, sondern reich gewesen wäre?" – und das in sozialkritischer Hinsicht bemerkenswerte Antwort gibt „Dann wärest Du letztlich in Teufels Küche geraten und hättest auf einen gnädigen Tod hoffen müssen"? Sieht der tote Macario vielleicht deshalb so glücklich aus (S. 84), weil er, paradox wie es ist, dem Tod a u f die Schippe gesprungen ist? – Vgl. auch Anm. 39, 53, 56, 82 u. 100.

[97] Diese Qualität wird meinem Geschmack nach auch – typisch Traven – dadurch beeinträchtigt, dass sich die Erzählinstanz an einer Reihe von Stellen mit Informationen oder Kommentaren zu Wort meldet, deren Funktion dunkel bleibt und die jedenfalls dazu führen, dass man aus der Geschichte herausgerissen wird. Vgl. beispielsweise die Erläuterungen über Guajeflaschen gegen Ende des siebzehnten Kapitels (S. 66).

und in der langen Traumsequenz so eloquent, reflektiert und heiter[98] auftritt, dass der Tod ein ums andere Mal in Erstaunen gerät: „‚Trefflich, Gevatter, du bist ein philosophischer Kopf'" (S. 35), lässt er Macario bei ihrer ersten Begegnung beispielsweise ohne jede Ironie wissen, „‚[i]ch kann dir versichern, dass du gesunden Menschenverstand besitzest und dass dein Hirn vorzüglich funktioniert'"[99]. Zwar macht es Sinn, dass der träumende Macario sich auf jenem intellektuellen und sprachlichen Niveau bewegt, das dem Macario des magisch-realistischen Teils zugesprochen wird,[100] aber es gibt keine intranarrative Motivation dafür, dass sich der Macario des realistisch-faktualen und derjenige des magisch-realistischen Teils so grundlegend unterscheiden. Das erklärt sich nur daraus, dass es Traven sonst nicht möglich gewesen wäre, die in den knappen, hochkonzentriert zu Werke gehenden literarischen Quellen der Grimms und Frances Toors doch so punktgenau formulierten, entfalteten und gelösten Konflikte redselig auf eine tektonisch fragwürdige Erzählung hin auszuwalzen.

Traven ist also nicht nur hinsichtlich des kritischen Potentials nahezu vollständig von diesen literarischen Quellen abgewichen, sondern ist auch in erzählerischer Hinsicht hinter diesen zurückgeblieben. Ob dieses Zurückbleiben auch für die textlichen Überarbeitungen zutrifft, die Traven in den 1960er Jahren an den deutsch- und englischsprachigen Erstausgaben der 1950er Jahre vorgenommen hat? Bevor abschließend Gavaldóns Film das Thema ist, dazu noch einige Hinweise.[101]

Zunächst zu sprachlich-stilistischen Aspekten: In dieser Hinsicht hat Traven mit der deutschsprachigen Fassung von 1961 massiv in diejenige von 1950 eingegriffen. Diese wurde einer „mühselige[n], wenn auch nicht ganz konse-

---

[98] Bei ihrem „fröhliche[n] Mahl" reagiert Macario auf „viel[e] kluge[] Reden von seiten des Gastes" mit „viel Gelächter" (S. 29).
[99] Wenig später attestiert er Macario sogar, dass er ein „heller Kopf und sehr gerissen" (S. 39) sei.
[100] Deshalb überzeugt es auch, dass der träumende Macario einen geschliffenen Monolog über eine dreiviertel Seite hält (S. 75f.) und den Tod einen Satz sagen lässt, den der Macario des realistisch-faktualen Teils niemals denken bzw. äußern könnte: „Er war wirklich exquisit, dein Puter, wenn du das Wort verstehst." (S. 80) Dieser vom Tod gesprochene Satz und dessen ebenfalls vom Tod gesprochenes unmittelbares textliches Umfeld zitieren und paraphrasieren sogar eine abschließende Rede des Todes bei ihrer ersten Begegnung, wie der folgende dieser Rede entnommene Satz beispielhaft zeigt: „Das Mahl war ausgezeichnet, ich würde sagen exquisit, wenn du dieses Wort verstehen würdest". (S. 43) Der träumende Macario erinnert und verarbeitet also wirkliches, magisch-realistisches Geschehen. – Vgl. auch Anm. 39, 53, 56, 82 u. 96.
[101] Dabei nehme ich neben den Textvarianten selbst vor allem auf zwei hier bereits mehrfach zu Rate gezogene Beiträge Guthkes Bezug. Ein grundsätzliches Problem der in philologisch eng geführter Hinsicht ausgezeichneten Beiträge liegt allerdings darin, dass Guthke in den interpretatorischen Passagen nicht mit der in diesem Falle gebotenen Strenge zwischen den Ausgaben der 1950er und 1960er Jahre unterscheidet. Im früheren Beitrag wird offensichtlich von der 1961er Ausgabe und deren Schluss ausgegangen (vgl. Guthke, 2000, S. 394); der spätere Beitrag hingegen geht von dem Schluss der 1950er Erstausgabe aus, zitiert aber dennoch die die 1961er Ausgabe übernehmende Päßler- bzw. Büchergilde-Ausgabe.

quente[n] Mikro-Revision"[102] unterzogen, wobei „zahllose kleine Änderungen […] Kauders' stilistische Unebenheiten"[103] ausgeglichen haben. Diese Revision zeugt insgesamt von einem „kunstbewußte[n] Basteln an der literarischen Qualität", wobei es Traven ganz offensichtlich vor allem um eine „sorgsame Verstärkung der Anschaulichkeit oder Farbigkeit"[104] und um ein Zurückdrängen von Umgangssprache zugunsten einer poetischen Sprache ging. Aufs Ganze gesehen ist bei dieser Tätigkeit der „narrative Duktus" ohne Zweifel „konzentrierter" und „eindringlicher" geworden,[105] wobei aber nicht zu übersehen ist, „wie sicher und wie unsicher der Autor sich zwischen den Sprachen bewegt"[106]. So finden sich eben auch eine Reihe von Stellen, an denen Traven in der Tat „verschlimmbessernd"[107] in die Kauders'sche Übersetzung eingegriffen hat.

Was die revidierte englischsprachige Fassung von 1966 in *The Night Visitor* anbelangt, so ist diese in sprachlicher Hinsicht hingegen mit der 1953er (*Fantastic*) bzw. 1954er (*The Best American Short Storie 1954*) Fassung im Wesentlichen identisch. Traven hat cum grano salis nicht nur die sprachlichen Veränderungen, die die Redaktion von *Fantastic* vorgenommen hatte, im Nachhinein akzeptiert, sondern auch deren Zusätze und Kürzungen. Von daher ist diese „Ausgabe letzter Hand [zwar] wesentlich immer noch die der Redakteurshand von 1953, aber inzwischen vom Autor akzeptiert und validiert".[108]

Recht anders sieht es für beide Fassungen aus den 1960er Jahren allerdings in thematisch-inhaltlicher Hinsicht aus. Hier fallen zwei „einigermaßen signifikante Änderungen"[109] auf, wobei an dieser Stelle nur die zweite interessieren soll, die den Schluss der Erzählung betrifft.[110] Endeten Travens Typoskript und diesem folgend die erste deutsch- und die erste englischsprachige Fassung damit, dass Macarios Frau beim Leichnam ihres Mannes zwei Häuflein Puterknochen findet, die sie völlig korrekt schlussfolgern lassen, dass Macario einen Gast gehabt haben muss, so lautet die betreffende Stelle nunmehr: „Vor ihm auf der Erde […] lagen die sauber abgenagten Knochen eines Truthahns. / Dicht bei, ebenfalls auf Bananenblättern fein säuberlich ausgebreitet, lag die andere Hälfte des gebacknen Truthahns, jedoch völlig unberührt. […] und sie sagte,

---
[102] Guthke, 2005, S. 278.
[103] Ebd., S. 277.
[104] Ebd., S. 277.
[105] Ebd., S. 276f.
[106] Ebd., S. 273.
[107] Ebd., S. 275.
[108] Ebd., S. 289.
[109] Ebd., S. 278.
[110] Bei der ersten Veränderung geht es um einen vierzeiligen dialogischen Einschub Museen und deren Sammelpraxis betreffend (vgl. in der hier zugrunde gelegten Ausgabe S. 30 und in der Päßler-Ausgabe 1980, a. a. O., S. 275). Hier lasse Traven, so Guthke vielleicht etwas zu akzentuiert, „seinen indigenistischen, antikolonialistischen oder antiimperialistischen Sympathien freien Lauf" (Guthke, 2005, S. 279). – Vgl. auch Anm. 58 u. 152.

von bitterem Schluchzen unterbrochen: »Und er hatte noch nicht einmal Zeit, die andere Hälfte zu essen, so schnell und unerwartet erreichte ihn der Tod.«"[111] Das führt zu einer Reihe von Fragen. Warum eigentlich hat Traven den Schluss seiner Erzählung umgeschrieben? Und handelt es sich bei diesem neuen Schluss um eine Verbesserung oder um eine Verschlimmbesserung? Schließlich: Lenkt der „unberührte halbe Truthahn" hier tatsächlich, wie Guthke dafür hält, „den Fokus auf die Realitätsebene zurück: auf die Realitäten des campesino-Lebens, aus denen das Märchen vom Knochenmann und Wunderdoktor nur eine Art Flucht gewesen war"[112]?

Zur ersten Frage: Vermutlich hat Traven den Schluss nicht aus literarischen Erwägungen heraus in der beschriebenen Weise verändert, sondern weil ihn Gavaldón in seinem Film in dieser Weise verändert hat; dort sehen wir zum Schluss jenen nur halb aufgegessen Truthahn, von dem uns Traven erst später erzählt. Gavaldón hat also zwar auf den gesamten Text hin gesehen Traven adaptiert, doch bezüglich des Schlusses stellt Travens Ausgabe letzter Hand eine Adaption von Gavaldón dar. Ob da vor allem ökonomische Erwägungen bei dem in solcher Hinsicht ja nicht gerade zimperlichen Traven eine Rolle gespielt haben?[113]

Mit Sicherheit aber stellt dieser neue Schluss keine Verbesserung dar. Denn er passt nicht zu jenem Geschehen, das uns die Erst- wie auch die Neufassung erzählt bis zu jenem Punkt, an dem mit dem Teufel der erste Besucher auftaucht. Von einem Teilen des „Bratens" und von einem Verteilen der beiden Hälften auf zwei separate ‚Gedecke' aus Bananenblättern ist weder dort noch hier die Rede.[114] Das zumindest aber hätte der Fall sein müssen, wenn die Beobachtung und die Aussage von Macarios Frau hätte plausibel sein und wenn der neue Schluss zu weiter führenden Erwägungen und Auslassungen hätte Anlass geben sollen. Aber selbst wenn Traven von einem solchen Aufteilen des Bratens vor dem Auftauchen des ersten metaphysischen Besuchers erzählt hätte, bliebe beispielsweise unklar, warum Macario, der ja den Braten auf jeden Fall alleine verzehren möchte, solches überhaupt tut.

Es zeigt sich: Traven hat nicht nur mit der ursprünglichen Fassung der Erzählung einige Rätsel aufgegeben, die sich nur dann ‚auflösen' lassen, wenn man offen von einschlägig mangelhafter erzählerischer Sorgfalt spricht, son-

---

[111] Päßler-Ausgabe, 1980, S. 307.
[112] Guthke, 2005, S. 290.
[113] Vielleicht aber war es auch so, dass Traven wie im Falle des Films/ der Adaption *The Treasure of the Sierra Madre* (als Hal Croves) auch am Drehbuch von Gavaldón und Emilio Carballido bereits mitgearbeitet hat; dann würden auch die Textrevisionen von 1961 und 1966 sozusagen auf eigene ‚Vorarbeiten' zurückgreifen. Mir liegen dazu jedenfalls keine Informationen vor, die dies ausschließen würden. – Vgl. auch Anm. 5, 7, 116 u. 117.
[114] Vgl. Päßler-Ausgabe, 1980, S. 267.

dern hat mit seinem neuen Schluss den Text in thematisch-inhaltlicher Hinsicht sogar noch verschlimmbessert. Dass sich angesichts dieses Befundes auch Guthkes These nicht halten lässt, es gehe in *Macario* in kritischer Absicht um die „Realitäten des campesino-Lebens" (s. u.), zeigt sich damit ein weiteres Mal.[115] Vielmehr ist es so, dass Traven sich in den 1950er Jahren mit *Macario* als ein magischer Realist ohne nennenswerte Sozial- und Ideologie- bzw. Glaubenskritik re-etabliert hat[116] bzw. re-etablieren konnte,[117] den man darum freilich ggf. nicht gleich als „eskapistischen Märchenerzähler" (s. o.) schelten müsste.

IV. Roberto Gavaldón (und Emilio Carballido): *Macario*[118]

Der 90-minütige Schwarz-Weiß-Film *Macario* greift sozialkritische Tendenzen der damals jüngeren mexikanischen Filmgeschichte auf.[119] Darüber hinaus steht er klar in der Tradition des italienischen Neorealismo und erinnert filmästhetisch und thematisch häufiger an große Filme dieses einflussreichen Stils aus der zweiten Hälfte der 1940er Jahre.[120]

In einer Mischung aus dokumentarisch-ethnologischer[121] und expressiver Zeigetechnik[122] wird in der Eingangssequenz unter Einspielung diversen Tonmaterials[123] der „Día de los Muertos" in einer mexikanischen Kleinstadt mit all seinen faszinierend vielfältigen Calaveras,[124] Ofrendas,[125] verstreuten Blumen-

---

[115] Vgl. Anm. 56 u. 96.
[116] Wenn man dies akzeptiert, ergibt sich vielleicht auch eine neue Perspektive auf den Roman *Aslan Norval* (1960) und dessen eklatante Schwächen in gesellschaftsanalytischer Hinsicht. Könnte es sein, dass es den scharfsichtigen Gesellschafts- und Ideologiekritiker Traven nach dem Ende des Zweiten Weltkriegs einfach nicht mehr gab, sei es aus kreativ-intellektuellen und/ oder aus kommerziellen Gründen? – Vgl. auch Anm. 5, 7, 113 u. 117.
[117] In diesem Zusammenhang wäre auch auf die großen Erfolge hinzuweisen, die in den 1950er Jahren dem magischen Realismus zuzurechnende AutorInnen wie Asturias und Carpentier weltweit und Hagelstange, Jahnn, Kasack, Kreuder, Langgässer oder Nossack im deutschsprachigen Bereich hatten. Vgl. auch Anm. 5.
[118] Regie: Roberto Gavaldón; Drehbuch: Emilio Carballido und Roberto Gavaldón; Kamera: Gabriel Figueroa; Musik Raúl Lavista.
[119] Beispielsweise zu sozialkritischen Filmen von Emilio Fernández wie *Maria Candelaria* (1946) aus den 1940er Jahren oder Buñuels *Los olvidados* (1950).
[120] Rossellinis *Paisà* (1946), de Sicas *Sciuscià* (1946), Viscontis *La terra trema* (1947) oder de Santis *Riso amaro* (1949).
[121] Ganz zu Anfang des Films, quasi als Establishing Shot, wird ein Insert eingeblendet, das die im Folgenden gezeigte kulturelle Situation erklärt. Hier schon wird deutlich, dass sich der Film vor allem auch an ein Publikum außerhalb von Mittel- und Lateinamerika wendet. Diese Tatsache soll dem Film bei seinem Erscheinen in Mexiko einige Kritik eingetragen haben (vgl. den Eintrag „*Macario* (film)" in der englischsprachigen Wikipedia).
[122] Auffällig sind zahlreiche Abweichungen von der Normalsicht; häufig kommt hier wie im gesamten Film eine unter- oder aufsichtige Kamera zum Einsatz.
[123] Glockengeläut, dazu rhythmisiert-forcierte, dramatisch und fremdländisch klingende Musik, bei der diverse Schlag- und Blechinstrumente dominieren.
[124] Skelette und Totenschädel aus Pappe, Gips oder Zucker.
[125] Gabentische bzw. Opferaltäre.

gebinden[126], Laternen und Prozessionen eingefangen, jene prächtige Kompilation aus indigener Tradition, Allerheiligen und Allerseelen also, die faktisch vom 31. Oktober bis 2. November währt. Somit ist der Zuschauer durch diese Eingangssequenz nicht nur bestens instruiert, in welchem Umfeld sich die im Folgenden präsentierte individuelle Geschichte abspielen wird, sondern hat auch schon sozusagen eine beglaubigte ‚Sehhilfe' aufgesetzt bekommen: Man wird es mit einer Geschichte zu tun haben, in der europäische und mexikanische Traditionen, Allgemeines und Besonderes, Vernunft, Magie und Glaube sowie Realismus der faktualen und solcher der magischen Art Hand in Hand gehen und zusammen eine qualitativ neue, authentische Wirklichkeit bilden.[127] Gavaldón und Carballido, daran lässt diese Eingangssequenz keinen Zweifel, folgen Traven vorbehaltlos insofern, als auch sie neben dem Empirisch-Rationalen das Magische und Mythische als wirklich und gleichgewichtig gelten lassen.[128] Und sie folgen, dies sei vorweggenommen, Traven auch insofern, als sie sich auf dessen Ungereimtheiten und Widersprüche einlassen, ja diese sogar noch, wie bereits mit Blick auf den Schluss des Films gesagt wurde, vermehren.[129]

Aber es gibt auch bemerkenswerte Abweichungen von Traven und Angleichungen wieder an dessen literarische Quellen. Diese betreffen sowohl die Figurenanlagen als auch die Figurenkonstellationen, die thematischen Akzen-

---

[126] Flores de Muertos (eine Tagetesart), Ringelblumen, Chrysanthemen.
[127] Für die man heute mit gutem Grund den Begriff „transkulturell" verwenden würde.
[128] Das wird nicht nur durch die geradezu obligatorische Begegnung mit Teufel, Gott und Tod im ersten Drittel des Films deutlich, sondern auch noch einmal gegen Ende des Films, als Macario aus dem Palast des Vizekönigs flieht, da er dessen Sohn nicht retten kann. Im unwirklich erscheinenden Wald, durch den er in der nächsten Sequenz hetzt, begegnet er erneut dem Teufel, dessen Hilfe er aber diesmal entschieden zurückweist, und auch Gott, der ihn dazu auffordert, nicht mehr zu fliehen und sich im Angesicht des Todes um der unsterblichen Seele willen seinen eigenen Taten zu stellen. Doch Macario hetzt mit den Worten „Ich muss fliehen, Herr!" weiter und gelangt schließlich in die in sehr beeindruckenden Bildern wiedergegebene Höhle des Todes, in der die Lebenslichter der gesamten Menschheit versammelt sind. Es kommt zu einem Streitgespräch zwischen Macario und dem Tod, in dem Macario dem Tod Betrug, der Tod Macario aber Unverständnis und ein Trivialisieren seines Geschenkes, des Wunder wirkenden Heilwassers, vorwirft; Macario verstehe nichts von der höheren kosmischen Ordnung und deren Gesetzen. Als der Tod auf Macarios eigene Lebenskerze verweist, greift dieser danach und läuft mit ihr weg. Des Todes „Es ist zwecklos" und „Der Moment der Ruhe, der Hoffnung und des Urteils ist gekommen" hört er nicht mehr. – Vgl. auch Anm. 129, 132 u. 152.
[129] Über Angesprochenes hinaus gibt es im Film einige Detailfehler. So lässt Macario einmal am Bett einer Kranken ein Glas mit dem kostbaren Heilwasser zurück. Widersprüchlich scheint es auch zu sein, wenn der Tod zum Schluss seiner ersten Begegnung mit Macario sagt „Ich zweifele, dass wir uns noch einmal sprechen werden" [37:34], dann aber am Ende des Film in der Höhle des Todes einen einlässlichen Dialog mit Macario führt [1:24:00ff.]. Im Kerker schließlich muss der seitens der Inquisition auf die Probe gestellte Macario sein Wundermittel nicht einmal anwenden – er könnte es auch gar nicht, da er keines dabei hat –, auf den Tod Sieche genesen auch ohne sein Eingreifen. Macario muss mit Hilfe des nur von ihm wahr genommenen Todes lediglich Prognosen abgeben (die sich, abwegig wie sie zu sein scheinen, dann aber doch bestätigen; dafür wird Macario der Zauberei verdächtigt). Vgl. auch Anm. 128, 132 u. 152.

tuierungen und die ‚Botschaften', das Handlungsgeschehen, die Fiktionsebenen und die Dramaturgie. Hinsichtlich der Fiktionsebenen und der Dramaturgie ist Folgendes festzuhalten: Gavaldón scheint zwar an einigen Stellen ungeachtet von deren ontologischer Gleichwertigkeit zwischen realistisch-faktualer und realistisch-magischer Welt unterscheiden zu wollen,[130] indem er bestimmtes Geschehen mit metaphysischem Personal in Dunst hüllt und dazu aus dem Off sphärische Klänge erschallen lässt, doch setzt er dann eben jene optischen und akustischen Marker auch wieder für Szenen ein, die nur realistisch-faktualer Natur sind bzw. sein können.[131] Wie hier, wird auch an weiteren Stellen des Films die Erzähllogik durch solche Inkonsequenzen unvorteilhaft durchbrochen.[132] Ein Grund dafür könnte sein, dass es Gavaldón auch um vordergründige Effekte ging, die Spannung erzeugen und seinen Film damit marktgängiger machen sollten. Dafür spräche, dass der Film insgesamt auf der Meso- wie Mikroebene wesentlich spannungsreicher und dramatischer[133] ausfällt als Travens literarische Vorlage, die es meist bei summarisch-unspektakulären und nur begrenzt anschaulichen Andeutungen belässt.

---

[130] Hingegen wird bei Carballido und Gavaldón die Wunderheiler-Geschichte nicht wie bei Traven als erträumt dargestellt, sondern, mit magisch-realistischen Einlassungen, der realistisch-faktualen Welt zugeschlagen. Macario macht nach der Begegnung mit dem Tod keinen Schlaf wie bei Traven, sondern eilt davon.
[131] Vgl. insbesondere die letzten ca. acht Minuten des Films.
[132] Das gilt insbesondere ganz zum Schluss, als Macarios Frau diesen tot auffindet. Eine ihrer Äußerungen – „Er ist noch niemals zu spät gekommen" – erweckt hier den Eindruck, alles Vorhergehende im Umfeld der Wunderheiler-Geschichte habe gar nicht stattgefunden, Macario sei lediglich wie alle Tage zuvor morgens in den Wald gegangen, um Holz zu schlagen. Eine andere Äußerung – „Du warst wie ein Kind mit Deinem neuen Geschenk" – bestätigt hingegen die Realität des Vorherigen. Carballido und Gavaldón folgen hier Traven, ohne zu bedenken, dass diese Wunderheiler-Geschichte bei ihm ein (Alb-)Traum Macarios ist, während sie selbst sie zuvor als Realität erzählt haben. Vgl. auch Anm. 128, 129 u. 152.
[133] Die Dramatisierung der textlichen Vorlage Travens, die sich auch in einer beträchtlichen Anzahl an harten, kontrastierenden Schnitten niederschlägt, geht zugleich mit einer Episierung und Panoramaisierung einher. Vgl. in diesem Zusammenhang beispielsweise die Begegnung Macarios mit dem Teufel – bedrohlich-dramatische Musik, der Teufel scheinbar übermächtig auf einer Art Plattform über Macario, zweifacher Ortswechsel – und die sehr ausführlich und anschaulich erzählte Bedrohung Macarios durch die Inquisition, von der Traven ja lediglich das Wesentliche berichtet. Bei Gavaldón sehen und hören wir Macarios überfallartige Gefangennahme, die gewalttätige Hausdurchsuchung, das Sanctum Officium mit seinen verbiesterten oder sadistisch nach grausamsten Foltermethoden gierenden Vertretern, das Leiden anderer Gefangener in den Verliesen etc. – Vgl. auch Anm. 149 u. 156.

Dazu tragen ein Stück weit auch die Figurenanlagen und die Verhältnisse zwischen den Haupt- und Nebenfiguren[134] bei. Macario, zum Beispiel,[135] ist zwar wie in der literarischen Vorlage auch ein liebender, fürsorglicher und uneigennütziger Vater und Ehemann, der bei den Armen beliebt und geachtet ist, und sehr arm und kinderreich ist er selbstverständlich auch. Aber Macario ist nicht von jener gewissen dumpfen Ernsthaftigkeit und antriebslosen Schicksalsergebenheit bzw. Gläubigkeit, die seinen literarischen Namensvetter ausmachen, sondern er ist darüber hinaus unglücklich und sich dessen auch voll bewusst: „Nos pasamos la vida muriéndonos de hambre",[136] „Wir verbringen unser Leben mit Verhungern", lässt er seine Frau nach knapp zwanzig Filmminuten wissen, und diese bittere Einsicht zeitigt bei ihm ein deutlich vom Vorgänger abweichendes Verhalten. Macario im Film hat, obwohl gläubig, nichts von dessen weltabgewandter, entsagender und beinahe kindischer Frömmigkeit.[137] Sein tägliches Beten bei Tisch gleicht eher einem ernst genommenen Ritual[138]

---

[134] Eine wichtige Nebenfigur ist am Ende des Films beispielsweise die Frau des Vizekönigs, die in ihren menschlichen, ehelichen und mütterlichen Qualitäten das Pendant zu Macarios Frau abgibt. Als es für ihren todkranken Sohn nur noch eine einzige Hoffnung gibt, den unterdes von der Inquisition gefangen gehaltenen Macario nämlich, entscheidet sie sich vehement gegen ihren politisierenden, um sein Prestige fürchtenden und von daher Macario ablehnenden Ehemann ohne Wenn und Aber für das Leben ihres Sohnes. Wenn der Vizekönig es verbiete, dass Macario komme, dann werde sie ihn eben selbst holen, und dann werde sich zeigen, wer eigentlich seinen Ruf aufs Spiel setze, der Vizekönig oder sie selbst. – Vgl. auch Anm. 135, 139, 148, 150 u. 155.

[135] Macarios Frau im Film teilt viele ihrer Eigenschaften mit Macarios Ehefrau in Travens Text. Im Film ist sie in Heimarbeit als Wäscherin und Büglerin für Reiche tätig. Sie ist nicht nur eine selbstlose, aufopferungsvolle und liebevolle Mutter, sondern auch eine treu liebende Ehefrau, die um eines einmaligen Glückserlebnisses ihres Mannes bzw. dessen suizidales Ultimatum willen bereit ist zu stehlen, jenen Truthahn nämlich, um den es auch hier beispielsweise zwischen Macario und seinen Besuchern aus der anderen Welt geht. Dieses Stehlen des Truthahns wird allerdings nicht als eine geplante Tat dargestellt, sondern als ein spontanes Handeln, das dadurch motiviert ist, dass Macarios Frau unmittelbar zuvor wieder einmal die Erbarmungslosigkeit der Wohlhabenden erfahren musste. Es sind die Reichen selbst, die den ‚Fall' einer reinen Seele provozieren. – Im Fortgang des Films dann, als Macario zunächst zum Stararzt aufsteigt, dann aber gefangen genommen und als Hexer, Lästerer und Ketzer im Kerker der Inquisition gefangen gehalten wird, wird Macarios Frau in ihrem häuslichen Umfeld und Ort im Kerker sogar regelrecht zur Heldin; zu einer solchen zumal, die in ihren wertkonservativen Grundsätzen und Überzeugungen deutlich stabiler und konsequenter ist als ihr eigener Mann, der durch Reichtum, Ansehen und Macht ein Stück weit verführbar erscheint und der sogar glaubt, ihr bzw. ihren Besorgnissen gegenüber den omnipotenten Macho hervorkehren zu können. – Vgl. auch Anm. 134, 139, 148, 150 u. 155.

[136] Gavaldón, *Macario*, 1960, [18:33].

[137] So erkennt zwar Macario bei den Begegnungen im Wald nicht nur den Teufel, sondern auch Gott sogleich (hier ist es nicht wie bei Traven Jesus). Aber anstatt wie bei Traven in ein überschwängliches und variantenreiches Lob auszubrechen, sagt Macario im Film Gott auf den Kopf zu, er wolle ja nur seinen Gehorsam testen [29:14]. Inständig dann wieder bittet er um Verzeihung dafür, dass er um nichts in der Welt den Truthahn teilen will, um schließlich doch einen fast kaltsinnig wirkenden Sinneswandel zu vollziehen: „Aber wenn Du unbedingt etwas haben willst …". Da aber ist Gott schon, welch' elegante Deus ex Machina-Lösung, verschwunden.

[138] Dieser rituelle Umgang mit dem Glauben zeigt sich auch später bei seiner Begegnung mit dem reichen Don Ramiro, als sich Macario konventionell korrekt als „Gottes Diener" [43:51] vorstellt.

als einer inbrünstigen Ansprache,[139] und keineswegs ist es für ihn ausgemacht, dass das Leben im Diesseits bloß eine vernachlässigenswerte Vergänglichkeit „aus viel Arbeit und viel Schmerz"[140] ist und das Leben nach dem Tode alleine zählt. Gleich nach gut zehn Filmminuten sehen und hören wir[141] ihn denn auch bei seinem Weg durch das Städtchen über dieses Problem grübeln. Dabei wird dieses Grübeln noch zusätzlich dadurch angefacht, dass er bei einem Bäcker lecker zubereitete Truthähne sehen und riechen muss[142].

Als er dann auch noch mit anschauen muss, wie Berge von Essen für einen Reichen des Städtchens durch die Straßen getragen werden,[143] ist es um ihn geschehen. In der Nacht wird er von einem Albtraum geschüttelt, in dem ein Marionettenspieler diverse, z. T. mit Truthahnkeulen bewaffnete La Catrinas[144] einen wüsten und schließlich in Mord und Totschlag endenden Tanz aufführen lässt und dabei über dieses Geschehen lacht. Könnte die Kritik an Gott als einem sadistischen Zyniker und seiner Schöpfung als einer Mischung aus Sodom und Gomorra und der Kain und Abel-Geschichte angesichts der gesellschaftlich-kulturellen Bedingungen um 1960 herum expliziter sein als in diesem Albtraum?[145] Die nächsten Filmminuten am darauf folgenden Morgen gehören jedenfalls einem intensiven Gespräch zwischen Mann und Frau und einem großen Monolog Macarios über den Hunger bzw. das Essen,[146] das zusammen mit dem Tod[147] ganz allgemein den wichtigsten Gedanken im Leben der Armen darstellt. Macario beschließt an dessen Ende unwiderruflich, so lange zu hungern, bis er einen ganzen Truthahn für den alleinigen Verzehr bekommt oder eben stirbt, und setzt diesen Entschluss dann auch am nächsten Morgen in die Tat

---

[139] Als Macario später (nach ca. 50 Filmminuten) reich geworden ist, fällt sein Gebet an einem übervollen Tisch zum Leidwesen seiner Frau recht unkonzentriert aus. – Vgl. auch Anm. 134, 135, 148, 150 u. 155.
[140] So ein Arbeiter zu ihm in einer Kerzenfabrik.
[141] Das Thema Tod bzw. Jenseits geht Macario unablässig durch den Kopf, indem die diesbezüglichen Worte des Arbeiters in der Kerzenfabrik in seinem Kopf nachhallen.
[142] Macario ist so fasziniert und konsterniert, dass er darüber beinahe vergisst, das Geld für das von ihm gelieferte Holz einzunehmen; tatsächlich aber vergisst er das ihm anlässlich des „Día de los Muertos" zustehende Feiertagsgeld, das der eigennützige Bäcker hämisch lächelnd selbst einsackt. – Vgl. auch Anm. 154.
[143] Macario läuft höchst angespannt und sehr aussagekräftig hinter einem wie ein Gitter wirkenden Zaun platziert parallel zum Zug der vorbei getragenen Speisen. Dabei wird er von seiner aus der Unterperspektive in Nahaufnahme gezeigten Ehefrau beobachtet, deren auf ihn gerichtete Augen mit Tränen gefüllt sind. Optisch werden uns also sowohl eine streng geschiedene Klassengesellschaft als auch ein melodramatisches Rührstück präsentiert.
[144] „Catrina" ist im Spanischen die anklagend-abwertende Bezeichnung für wohlhabende oder reiche Personen.
[145] Vgl. einschränkend allerdings Anm. 155 u. 156.
[146] Eine Tochter Macarios bringt den Zusammenhang zwischen Hunger auf der Seite der Vielen, Überfluss auf der Seite der Wenigen und der Gottgewolltheit dieser Verhältnisse auf den Punkt, indem sie einem jüngeren Geschwister erklärt, auch im Jenseits kriegten nur die Reichen üppig zu essen.
[147] Selbst in den Spielen der Kinder ist der Tod allzeit präsent.

um. Er ist es also im Unterschied zu Travens Macario selbst, der rebellierend um eines zuträglicheren Lebens willen die Initiative ergreift.[148]

Der sozial-, glaubens- und dann auch kirchenkritische[149] Akzent, den der Film mit der Figur des meist positiv gesehenen Protagonisten Macario setzt,[150] wird durch eine Reihe weiterer Figuren und deren Verhältnisse unter- bzw. zueinander weiter befördert. Hier finden sich recht stereotyp gezeichnet ebenso mickrige wie protzige und knickrige Reiche wie ein Don Narcisio, ein Don Ramiro[151], ein Don Crispino Alatrisme[152] und andere mehr,[153] für die Moral und Glaube nur Deckmäntelchen sind oder eine Gelegenheit zur Aufschneiderei abgeben, dort hingegen zahlreiche bescheidene und aufrichtig gläubige Arme sowie eine Reihe von kleinbürgerlichen und mittelständischen Figuren. Diese zuletzt genannten sind insofern von Interesse, als der Film an ihnen mehrfach demonstriert, wie schnell Gerüchte, Neid, Missgunst und Verleumdung auch im sogenannten Volk erblühen,[154] sobald einer aus seiner Mitte wie Macario

---

[148] Diese Weltlichkeit Macarios zeigt sich auch in seinem Umgang mit dem reichen Don Ramiro. Hier ist er es, der im Umfeld der Heilung von Don Ramiros Ehefrau Eulalia den Lauf und das Ergebnis der geschäftlichen Verhandlungen bestimmt. Im Fortgang wird Macario sogar – zum Leidwesen seiner Frau, die den Reichtum skeptisch betrachtet und böse Mächte im Hintergrund befürchtet – zum ebenbürtigen Geschäftspartner Don Ramiros. – Vgl. auch Anm. 134, 135, 139, 150 u. 155.

[149] Beispielsweise kommt es zwischen dem Sanctum Officium und dem Kirchenvertreter vor Ort zu einem Disput darüber, wie mit dem gefangen gesetzten Macario zu verfahren sei. Dabei verteidigt der lokale Kirchenvertreter Macario mit zwei eben im Glauben wurzelnden, materialistisch-strategischen Argumenten: Die Kirche vor Ort profitiere von Macarios Wunderheilungen durch den großen Zustrom an Menschen von weither, und wenn man Macario verurteile, komme es zu Aufständen. – Vgl. auch Anm. 133 u. 156.

[150] Später, als Macario ein reicher und weithin bekannter Arzt ist, der nun sogar in seiner ‚Praxis' einen Anzug trägt, wird über zwei Minuten in einer folkloristischen, legendenhaft-heiteren Ballade, die zu Bildern eines langen Zuges von Siechen auf Bahren oder in Kutschen erklingt, eigens hervorgehoben, dass Macario ehrlich und insbesondere ein Freund der Armen geblieben ist und dass er auch dann kein Geld annimmt, wenn er mit Heilen helfen kann (obwohl das Geld verloren ist, da es an den Sargtischler geht). – Vgl. auch Anm. 148 u. 155.

[151] Don Ramiro wird als klein, feist und geizig entworfen. Anstatt sich um seine eben noch auf den Tod kranke Ehefrau zu kümmern, beginnt er nach der Heilung über Geschäft nachzudenken; die ganze Nacht lang schreibt er Geschäftsbriefe, während seine Frau nur wenige Meter von ihm entfernt im Bett liegt.

[152] Dabei handelt es sich um einen berühmten Arzt, der zum großen Gegenspieler Macarios wird, was optisch auch dadurch in Szene gesetzt wird, dass sich beide nach einiger Zeit ein Doppelhaus als jeweilige Praxis teilen, wo für Macario mit „Aqui despacha Macario" und für den Arzt mit „Hosteria de Don Ramiro" (einer der Detailfehler des Films; vgl. auch Anm. 128, 129 u. 132) geworben wird. Dieser Arzt protestiert, freilich vergeblich, ein ums andere Mal im Namen der Wissenschaft gegen Macario und denunziert ihn schließlich, als Macarios Praxis unaufhaltsam erblüht und seine eigene ebenso unaufhaltsam zurückgeht, bei der Inquisition. – Vgl. auch Anm. 58 u. 110.

[153] Beispielsweise einen hoch vermögenden, überaus hinfälligen Greis, bei dem an Heilung gar nicht mehr zu denken ist und bei dessen Präsentation vor Macario im Hintergrund bereits der Sargtischler zu sehen ist – der Film hat zuweilen auch komische Züge. Dem selbst in hohem Maße zweifelnden Macario bedeutet aber der Tod, dass der Alte noch gerettet werden kann. Kaum jedoch hat Macario den Alten geheilt, schmeißt ihn dieser wutentbrannt aus seinem Palast.

[154] Die Gerüchteküche fängt schon an zu brodeln, als Macario seinen in einen Brunnen gefallenen und mehr oder minder für tot gehaltenen Sohn rettet. Sogleich wird geargwöhnt, er sei ein „curandero", ein Medizinmann, und Macario hat alle Mühe, diesem Gerücht entgegenzutreten.

einen sozialen Aufstieg erlebt.¹⁵⁵ An dieser Stelle versteht es der Film also, in soziologischer Hinsicht einen Komplexitätsgrad zu erreichen bzw. eine Differenzierungsleistung zu erbringen, die keine der literarischen Vorlagen bzw. Quellen aufweisen kann.

Aufs Ganze gesehen handelt es sich somit bei Gavaldóns *Macario* um einen sozial- und bis zu einem gewissen Grade¹⁵⁶ auch glaubens- und kirchenkritischen Film mit melodramatischen und zuweilen auch komischen¹⁵⁷ Zügen. Dabei werden Genügsamkeit, Bescheidenheit, Aufrichtigkeit und Gerechtigkeit sowie ein familiäres und eheliches Zusammenleben in Harmonie und Eintracht als höchste Werte herausgestellt.

Zusammenfassung

Der Beitrag setzt sich aus phänomenologischer und aus narrativer Perspektive mit der Erzählung *Macario* bzw. *The Third Guest* und deren literarisch-medialem Umfeld auseinander, mit der B. Traven in den 1950er Jahren wieder ins transatlantische literarische Interesse rückte. Neben der Erzählung selbst und deren deutsch- und englischsprachigen Varianten aus zwei Jahrzehnten diskutiert der Beitrag von daher die Märchen *Der Herr Gevatter* und *Der Gevatter Tod* nach den Brüdern Grimm und die Legende *The Hungry Peasant, God, and Death* nach Frances Toor als Travens Quellen sowie *Macario* von Roberto Gavaldón (und Emilio Carballido) als filmische Adaption von Travens Erzählung.

Aufgrund ihres konzentrierten, geschlossenen Erzählens und ihres auf Soziales, Weltanschauliches und den Glauben gerichteten kritischen Potentials können insbesondere zwei Prätexte zu *Macario*, das Märchen *Der Gevatter Tod* und die Legende *The Hungry Peasant, God, and Death*, überzeugen.¹⁵⁸ Travens

---

– Vgl. auch Anm. 142.

¹⁵⁵ Auch der Film stellt sich diesem Aufstieg skeptisch gegenüber, indem er dessen vermeintliche negative Folgen herausstellt und darin die Perspektive von Macarios Frau übernimmt. Das große Stadthaus, das Macario später bewohnt und das er mit repräsentativen Möbel ausstatten lässt, erweist sich als familienunfreundlich; man verliert sich darin und die Kinder ängstigen sich in diesem beispielsweise bei Gewitter. Als Macarios Frau deshalb zurück ins alte Haus will, ist Macario sprachlos vor betretener Verwunderung, und die Eheleute entzweien sich sogar – ein weiteres Moment der Dramatisierung – vorübergehend (versteht sich) ein gutes Stück weit. Erkennbar wird, dass die Sozialkritik, die der Film betreibt, von jener tendenziell asketischen Art ist, die u. a. Genügsamkeit und Bescheidenheit zu Leitwerten erklärt. – Vgl. auch Anm. 134, 135, 139, 148 u. 150.

¹⁵⁶ Die Einschränkung ergibt sich daraus, dass Macario im Film ja aufgrund seiner Anfälligkeit beispielsweise für das Leben der Reichen nicht der unbestrittene ‚Held' ist, der er bei Traven ist; deshalb ist auch das Gewicht seiner Glaubens- und Kirchenkritik zu relativieren. – Vgl. auch Anm. 133 u. 149.

¹⁵⁷ Es treten beispielsweise eine Reihe skurriler Nebenfiguren auf. Darüber hinaus gibt es die eine oder andere mit Figurenkomik einhergehende Situationskomik, sogar in ausgesprochen ernsten Kontexten. In diesem Zusammenhang ist beispielsweise auf den jammerlappigen Henker in den Kerkern der Inquisition zu verweisen.

¹⁵⁸ Das Märchen *Der Herr Gevatter* hingegen ist gehaltlich wie ästhetisch flach; seine Funktion

Erzählung *Macario* hingegen wirft in erzählerischer Hinsicht einige Fragen auf, sind doch eine Reihe von Unstimmigkeiten, Widersprüchen und kompositorischen Devianzen nicht zu übersehen. In gehaltlicher Hinsicht überrascht, dass dem Traven'schen Text allenfalls am Rande ein sozial- und/ oder ideologiekritisches Potential attestiert werden kann; ein glaubenskritisches Potential hat er allerdings ganz und gar nicht. In diesem weitreichenden Mangel an kritischer Potenz könnte ein Grund für den Erfolg der Erzählung bei der Kritik und beim Lesepublikum in den 1950er Jahren in Adenauers Bundesrepublik und in den USA der McCarthy-Ära gesehen werden. Dieses kritische, das Soziale, Weltanschauliches sowie Glaube und Kirche betreffende Potential ist Gavaldóns Traven-Adaption *Macario* allerdings nicht abzusprechen, wenn es auch aufgrund diverser Relativierungen nicht an dasjenige des Märchens *Der Gevatter Tod* und der Legende *The Hungry Peasant, God, and Death* heranreicht. Travens *Macario* ist der Film aber insofern verwandter als den literarischen Quellen, als auch er aufgrund einiger Verwerfungen und Brüche erzählerisch nur bedingt überzeugen kann. Für diese Verwerfungen und Brüche entschädigt die begeisternde Kameraarbeit Gabriel Figueroas nur teilweise.

---

für *Macario* erschöpft sich darin, Motivgeber zu sein.

Literatur- und Medienverzeichnis

Primärliteratur und Filme

Gavaldón, Roberto: *Macario*. Mexiko: CLASA Films Mundiales 1960.

Grimm, Brüder: *Kinder- und Hausmärchen*. Ausgabe letzter Hand mit den Originalanmerkungen der Brüder Grimm. Mit einem Anhang sämtlicher, nicht in allen Auflagen veröffentlichter Märchen und Herkunftsnachweisen herausgegeben von Heinz Rölleke. 3 Bde. Bd. 1: Märchen Nr. 1-86. Bd. 2: Märchen 87-200, Kinderlegenden 1-10, Anhang 1-28. Bd. 3: Originalanmerkungen, Herkunftsnachweise, Nachwort. Stuttgart: Reclam 2014.

Grimm, Brüder: *Der Herr Gevatter* [= KHM 42]. In: *Kinder- und Hausmärchen*. Bd. 1, a. o. O., S. 216-218.

Grimm, Brüder: *Der Gevatter Tod* [= KHM 44]. In: *Kinder- und Hausmärchen*. Bd. 1, a. o. O., S. 219-222.

Huston, John: *The Treasure of the Sierra Madre*. USA: Warner Bros. 1948.

Toor, Frances: *The Hungry Peasant, God, and Death*. In: Toor, Frances: *A Treasury of Mexican Folkways. The Customs, Myths, Folklore, Traditions, Beliefs, Fiestas, Dances, Songs of the Mexican People*. New York: Crown Publishers 1947, S. 492-494. Gleichlautend wieder in: Crossley-Hollands, Kevin: *Why the Fish Laughed and Other Tales*. Oxford University Press 2002, S. 91-93.

Traven, B.: *Land des Frühlings*. Berlin: Büchergilde Gutenberg 1928.

Traven, B.: *Macario*. Aus dem Englischen übertragen von Hans Kauders. Weihnachtsgabe für die Vertrauensleute der Büchergilde Gutenberg. Zürich: Büchergilde Gutenberg 1950.

Traven, B.: *Macario*. Aus dem Englischen übertragen von Hans Kauders. Treueprämie. Zürich: Büchergilde Gutenberg 1950.

Traven, B.: *The Third* Guest. In: *Fantastic*, H. 2, Chicago 1953, S. 5-36.

Traven, B.: *The* Third *Guest*. In: *The Best American Short Stories 1954*. Hrsg. von Martha Foley. Boston: Hougthon Mifflin 1954, S. 328-362.

Traven, B.: *The* Third *Guest*. In: Ders.: *The Night Visitor and Other Stories*. New York, Hill and Wang 1966, S. 193-235.

Traven, B.: *Macario*. Gütersloh: Bertelsmanns Lesering 1963.

Traven, B.: *Macario*. In: *Werkeausgabe B. Traven*. Hrsg. von Edgar Päßler. Bd. 14, *Ungeladene Gäste*. Frankfurt am Main: Büchergilde Gutenberg 1980, S. 261-307.

Traven, B.: *Macario*. Traducción de Rosa Elena Luhán. México, D.F.: Compañía General de Ediciones 1960.

Sekundärliteratur und Internetquellen

Guthke, Karl S.: »Gevatter Tod« in Zacatecas: Grimms Märchen mexikanisch. In: Guthke, Karl S.: *Der Blick in die Fremde. Das Ich und das andere in der Literatur*. Tübingen und Basel: Francke 2000, S. 393-396.

Guthke, Karl S.: B. Travens Comeback zwischen den Sprachen. Der *Macario*-Text und seine Abenteuer. In: Dammann, Günter (Hrsg.): *B. Travens Erzählwerk in der Konstellation von Sprachen und Kulturen*. Würzburg: Königshausen & Neumann 2005, S. 261-291.

Wikipedia (2015): *Macario (film)*. https://en.wikipedia.org/wiki/Macario_(film). (17.12.2015).

Moser-Rath, Elfriede: Gevatter Tod. In: Brednich, Rolf Wilhelm (Hrsg.; zus. mit Bausinger, Hermann, Brückner, Wolfgang, Röhrich, Lutz und Schenda, Rudolf). *Enzyklopädie des Märchens. Handwörterbuch zur historischen und vergleichenden Erzählforschung*. Begründet von Kurt Ranke. Herausgegeben von. Band 5. Berlin, New York: de Gruyter 1987, Sp. 1224-1233.

Rall, Dieter: Travens Erzählung *Der Großindustrielle*. Fassungen, Übertragungen, Bearbeitungen. In: Dammann, Günter (Hrsg.): *B. Traven. Autor – Werk – Werkgeschichte*. Würzburg: Königshausen & Neumann 2012, S. 115-127.

Treverton, Edward N.: *B. Traven. A Bibliography*. Lanham, Maryland, and London: The Scarecrow Press 1999.

Der Mann Site und die grünglitzernde Frau.
Die Geschichte eines Lebens, das nach einem Ziel strebte

Ein Künstlerroman von Ret Marut

Jörg Thunecke

> Ich bin der Eine und bin Beide
> Ich bin der zeuger bin der schooss
> Ich bin der degen und die scheide
> Ich bin das opfer bin der stoss
> Ich bin die sicht und bin der seher
> Ich bin der bogen bin der bolz
> Ich bin der altar und der fleher
> Ich bin das feuer und das holz
> Ich bin das zeichen bin der sinn
> Ich bin der schatten bin der wahre
> Ich bin ein end und ein beginn.
>
> Stefan George: *Der Stern des Bundes* (1914)*

Im Nachlass Ret Maruts in der Rivera Library der University of California (Riverside) befindet sich ein undatiertes, zwölfteiliges Roman-Manuskript,[1] das vom Verfasser dieses Beitrags 2008 veröffentlicht wurde.[2] Protagonistin des Werkes ist die Tänzerin Hellie Laskin, Ort der Handlung – die zeitlich zwischen der Jahrhundertwende und dem Ausbruch des 1. Weltkrieges anzusiedeln sein dürfte – ist anfänglich Deutschland (wahrscheinlich Berlin [42]), später Amerika, England, die Schweiz, Frankreich, Ostpreußen und der Libanon. Vom eigentlichen Plot abgesehen wimmelt es in *Der Mann Site und die grünglitzernde Frau* von Abschweifungen, welche an Maruts anderen Roman, *Die Fackel des Fürsten*,[3] sowie an B. Travens spätere, in Mexiko entstandene Werke erinnern.[4]

Die Heldin des Romans wird 16jährig von einem amerikanischen ‚head hunter', dem Impresario R. Bun Ward aus New York – der wiederum für den Showbusiness-Tykoon Kanterby arbeitet – angeworben und macht anschließend in den USA Karriere. Als Tochter von Zirkusartisten war sie ca. 12jährig von ihren Eltern einer Internat-Tanzschule anvertraut worden (die ‚Akademie für höhere Tanzkunst' der Schwestern Ammerling [13]) und nach etwa zweijähriger Ausbildung mit vierzehn zur Berufstänzerin (Chortänzerin) avanciert.

---
* George, 1993, S. 27.
[1] Es handelt sich dabei um einen numerierten, 286 Seiten langen Schreibmaschinen-Durchschlag, als dessen Autor Richard Maurhut angegeben wird.
[2] Ret Marut: *Der Mann Site und die grünglitzernde Frau* (2008); alle Seitenverweise im laufenden Text beziehen sich auf diese Ausgabe.
[3] Ret Marut: *Die Fackel des Fürsten* (2008).
[4] Vgl. dazu Thunecke (2012), S. 149-64.

Bereits zu diesem frühen Zeitpunkt zeigte Hellie außergewöhnliches künstlerisches Talent, als die beiden Ammerling-Schwestern z.b. anlässlich eines Ausfluges Zeugen wurden, wie ihre jugendliche Schülerin selbstverloren auf einer Waldlichtung tanzte:[5]

> Die beiden blieben still und fast andächtig stehen. Etwas, das sie selbst lange gesucht und nicht gefunden, [...] sahen sie hier von dem Mädchen. Von demselber Kinde, dem das Tanzen so schwer und scheinbar erfolglos beizubringen war. Das Mädchen tanzte in einem strengen, von der Musik angedeuteten Rhythmus, aber doch immer am eigentlichen Takte vorbei. Sein Tanz war nicht Unterordnen unter den Willen der Musik, sondern ein völlig nebenher laufendes, von der Musik unabhängiges Empfinden, das in der Bewegung des Körpers nach einem sichtbaren Ausdruck suchte. Die Musik war eigentlich nur Beleuchtung dazu. Der Tanz stellte keine landläufige Empfindung dar, etwa Freude, Schmerz, Trauer, Haß, Liebe ode Begeisterung, noch viel weniger war das Tanzen ein einaktiges Theaterstück. [...] Denn von allen Tänzereien erschien ihnen von jeher am hassenswertesten die getanzte Anekdote oder das gehüpfte Melodrama, wozu man den Wortlaut gedruckt in der Hand haben mußte, um das musikalisch verbrämte Hopsen überhaupt verstehen zu können. (18)

Was Hellie dort im Wald tanzte – so der Erzähler – „war schön, nichts sonst. Regellos und formlos, aber unaussprechliche Wonne" (19). Sie war völlig unbefangen, und es fehlte ihr scheinbar total das Bewusstsein ihrer eigenen Begabung.

Die hier geschilderte – jugendstilhafte – Szene ist zweifelsohne dem sogenannten ‚Ausdruckstanz' nachempfunden, der zu Beginn des 20. Jahrhunderts populär war und durch die US-amerikanische Tänzerin Isadora Duncan (1877-1927) verkörpert wurde, die seit Ende 1902, als sie erstmalig im Münchner Künstlerhaus auftrat, in Deutschland eine Berühmtheit war,[6] worauf Wolfdietrich Rasch bereits vor einiger Zeit in einem Beitrag des Titels ‚Der Tanz als Lebenssymbol im Drama um 1900' hingewiesen hat:

---

[5] Vgl. hierzu einen vor einigen Jahren wieder entdeckten zeitgenössischen Beitrag in der frz. Zeitschrift *Les Annales* (vom 27.6.1909; in dt. Übersetzung, 1992, S. 50-53), wo es u.a. heißt: „Das erste Gebot beim Unterricht lautet, und ich habe ja selbst eine Schule gegründet, dem Kind keine Bewegung zu gestatten, so lange es deren Bedeutung nicht erkannt hat. [...] Und *eine solche Schule soll frei sein, unter Bäumen, mitten im Wald*, und der Tanz soll in Freiheit erfolgen. Er muß sowohl den Rhythmus des Alles, als auch die Seelenregungen umschließen. Wenn meine Schüler so ausgebildet sind, glauben sie sich, wenn sie einmal auf der Bühne sind, noch immer in Freiheit, und dies soll so sein. Sie sollen die Arme weit zum Himmel erheben und zum Gipfel der Bäume, wo sie den Wind wehen hören [...], und ich wiederhole: *der Wald ist noch vor der Kunst der wahre Erzieher* [Hervorh.; JT]." (S. 53)

[6] Vgl. dazu Irma Duncan, 1966, Kpt. 2: ‚Dancer of the Future', S. 20-36, hier S. 20: „It was Germany's privilige in the opening years of the twentieth century to offer the comparatively unknown American dancer both serious recognition and lucrative success"; s. ferner Kurth, 2001, S. 99-100.

> [...] der Tanz gewinnt in der Zeit um 1900 eine neue und spezifische Bedeutung und wird ungewöhnlich hoch gewertet. Die Tanzkunst, die damals in der Loslösung von der Ballett-Tradition neue Formen im Ausdruckstanz fand, ist nur die künstlerische Verwirklichung einer im Lebensgefühl der Epoche wirksamen Wertung und Deutung des Tanzes. Man sieht im Tanz die freie Regung des ursprünglichen und unmittelbaren Lebens, das von der Zivilisation mit ihren Konventionen eingeschnürt und entstellt, sich selbst entfremdet war. Isadora Duncan z.B., eine der Schöpferinnen der neuen Tanzkunst, findet im Tanz [...] Bewegungen, ‚die der vollkommene Ausdruck dieses individuellen Körpers und dieser individuellen Seele sind'.[7]

Duncan ließ sich anschließend in Berlin nieder, gründete Ende 1904 eine Tanzschule für Kinder im Grunewald und begab sich in den darauf folgenden Jahren – bis sie 1909 endgültig nach Paris übersiedelte – auf etliche Deutschland-Tournees,[8] wo der junge Ret Marut möglicherweise irgendwo einer ihrer Aufführungen beigewohnt haben mag, insbesondere da er einst behauptete – wie er Louise Drumont-Lindemann am 17. Januar 1911 anlässlich einer Bewerbung am Düsseldorfer Schauspielhaus (er war zu dem Zeitpunkt noch am Danziger Stadttheater engagiert[9]) mitteilte –, selber „in einem großen Ballett als Solotänzer mitgewirkt [zu haben]"[10] und also mit ziemlicher Sicherheit an dem neuen Tanzphänomen interessiert gewesen sein muss, worauf Richard Hammann und Jost Hermand bereits vor einiger Zeit in ihrem bahnbrechenden Werk *Stilkunst um 1900* hingewiesen haben:

> Ein weiteres Ergebnis dieser steigenden Bedeutung des Leiblichen war die neue Bewertung des Tanzes, der als die unmittelbare Ausdrucksgeste des menschlichen Körpers hingestellt wurde. Allenthalben ertönt plötzlich das Lob der rhythmischen Bewegung, der edlen Geste, der Ganzheitlichkeit des Empfindens, das nach neuen Gebärden verlange. Aus diesem Grunde wandte man sich schärfstens gegen die genau berechneten Schritte und Figuren des üblichen ‚Corps de ballett', denen eine wohlüberlegte Choreographie zugrunde liegt, und forderte einen Tanz mit dem ganzen Körper, der auf alle ästhetischen Illusionen verzichtet und sich mit der organischen Harmonie der einzelnen Körperglieder begnügt. Während man bisher das turnerische Können oder die elegante Beinarbeit als das Entscheidende empfunden hatte, verlegte man sich jetzt mehr auf das Gymnastische, wodurch sich der traditionelle Tanz immer stärker in eine linienselige Eurhythmie verwandelte. Überwältigt von einem rhythmischen Körpergefühl, das man sich im Sinne des Kosmogonischen mit den ‚Urgesetzen der Natur' in Übereinstimmung dachte, verzichtete man selbst auf das erotisch Prickelnde der kurzen Spitzenröcke, die man als ein entwürdigendes Zugeständnis an den

---

[7] Rasch, 1967, S. 58-77, hier S. 63-64.
[8] Isadora Duncans Deutschland-Tournees – abgesehen von Auslandstouren – fanden z.B. im Herbst 1904, im Sommer 1905, im Frühjahr 1906, im Sommer 1907 und 1913 statt (s. dazu Kurth, 2001, sowie Jeschke / Vettermann, 1995, S. 217-29 u. Peter, 2000, S. 2-30).
[9] Vgl. Recknagel (1), 1977, S. 72; s. dazu ferner Guthke, 1987, S. 146.
[10] Recknagel (1), 1977, S. 80.

männlichen Reizhunger empfand. [...] Die erste Priesterin dieser rhythmischen Leiblichkeit war Isador Duncan, die ‚Professorin für Eurhythmie' [...].[11]

Isadora Duncan hat sich während ihrer Berliner Zeit – und auch später – wiederholt schriftlich zu ihren neuartigen Kunstideen geäußert,[12] vor allem in einem 1903 – auch in deutscher Übersetzung – veröffentlichten Vortrag ‚The Dance of the Future'.[13] Die Tänzerin führte darin aus, dass die Bewegungen, die die damaligen Ballettschulen lehrten, „vergeblich gegen die natürlich Gesetze der Gravitation, gegen den natürlichen Willen des Individuums ankämpfen" und „ihrer Natur nach sterile Bewegungen sein [müssen]."[14] Es sei deshalb Aufgabe zeitgenössischer Tanzschulen, „[j]ene primären Bewegungen für den menschlichen Körper zu finden, aus welchen sich die Bewegungen künftiger Tänze [...] entwickeln [können]";[15] denn „[d]ie Tänzerin der Zukunft wird ein Weib sein müssen, deren Körper und Seele so harmonisch entwickelt sind, dass die Bewegung des Körpers die natürlich Sprache der Seele sein wird":[16]

> Das ist die Mission der Tänzerin der Zukunft. [...] Ihre Bewegungen werden denen der Götter gleichen, sie werden die der Wogen und Winde spiegeln, und das Wachsen der irdischen Dinge, den Flug der Vögel, das Ziehen der Wolken und zuletzt die Gedanken des Menschen von dem Weltall, das er bewohnt. Ja, sie wird kommen, die Tänzerin der Zukunft, sie wird kommen als der freie Geist, der in dem Leibe des freien Weibes der Zukunft wohnen wird. Sie wird herrlicher sein, als irgend ein Weib, das gelebt hat [...]. Ihr Kennzeichen wird sein: der höchste Geist in dem freiesten Körper![17]

Dem sei noch hinzugefügt, dass Duncan in einem Beitrag aus dem Jahre 1906 – ‚A Child Dancing' – spezifisch auf den Kinder-Tanz eingegangen ist, wo es u.a. heißt: „[...] if we are to bring about a renaissance of the art of dancing, it will not spring from the head of any learned professor, but it will rather bud forth from the joyous movements of children's bodies, guided by the flute of the great god Pan himself".[18] Und in einem weiteren, undatierten Beitrag – ‚Youth and the Dance' – steht zu lesen:

---

[11] Hamann / Hermand, 1977; ¹1973, darin: ‚Das neue Lebensgefühl', S. 150-76, hier S. 161.
[12] Eurythmie (altgr. εὖ =‚gut', ‚richtig' und ῥυθμός = ‚Rhythmus', also Gleich- und Ebenmaß der Bewegung) ist eine expressive Tanzkunst, die zu Anfang des 20. Jahrhunderts entstand.
[13] Isadora Duncan (1903; deutsche Version), S. 27-46; vgl. dazu auch Isadora Duncan, ³1977, S. 54-63, Irma Duncan, 1966, S. 25, sowie Daly, 1995, S. 29-36, 64-68 u. S. 136ff.
[14] Isadora Duncan, 1903, S. 30.
[15] Ebd., S. 33.
[16] Ebd., S. 44.
[17] Ebd., S. 45-46.
[18] Isadora Duncan, ³1977, S. 76.

> For an understanding of the dance, the activities of the child should be directed into the channels natural to the tastes and capacities of childhood. [...] Above all do not force on him movements towards which his nature rebels, but only lead his spirit and his body into accord with the most noble movements and the most spiritual expressions of mankind. Then the body becomes a spirit whose gestures are its language, and the young soul opens out to light, beauty and everlasting love. [...] Let the child dance as a child: don't impose on him the attitudes and the gestures of an epoch which had nothing in common with simple living and true humanity – of the ballets of Louis XIV.[19]

Allerdings sei hierzu einschränkend angemerkt, dass – sollte er während des Zeitraumes 1903 bis 1909 wirklich einer Aufführung Isadora Duncans beigewohnt haben – Ret Marut die Früchte dieses Erlebnisses[20] erst während seines Engagements in Düsseldorf (1912-1915) geerntet haben dürfte.[21] Denn im Roman *Der Mann Site und die grünglitzernde Frau* findet an einer Stelle (98)[22] – während Hellie Laskins Aufenthalt auf einem ostpreußischen Gut – der Ort Lasdehnen Erwähnung, wo das Ensemble der ‚Berliner Neue Bühne', deren Mitglied Marut einst gewesen war, während des Zeitraumes 6. November 1910 bis 25. Februar 1911 ein Gastspiel gegeben hat[23] (Standort der Truppe war der Breslauer Hof von Albert Strunskus in Pillkallen, wo Marut damals – laut Angaben gegenüber Scotland Yard während seiner Inhaftierung in London im Jahre 1923 – angeblich seine sämtlichen Papier bei einem Brand verlor[24]).

Der oben erwähnte amerikanische Unternehmer Kanterby führte ein Unternehmen, das Künstler und Künstlerinnen vermittelte, jedoch nie ausgereifte Stars anheuerte, sondern – wie auch Ward – stets auf der Suche nach neuen, unfertigen Talenten war. Ward wusste instinktiv, „was gut und was falsch war. Er wusste wahre, unverfälschte Kunst von der Vorgaukelei, vom minderwertigen Handwerk und vom gefühlsduseligen Kitsch haarscharf zu unterscheiden" (25). Und folglich erkannte er sehr bald Hellies spezielle Begabung, die Tatsache nämlich, dass sie „etwas in ihren Bewegungen und in ihrem Ausdruck

---

[19] Ebd., S. 97.
[20] Er könnte zudem aber Anregungen aus der zeitgenössischen Fachliteratur bezogen haben, wie etwa aus den Schriften (1905 u. 1906) von Georg Fuchs (1868-1949), denn dieser war einer der einflussreichsten Theater-Theoretiker der Jahrhundertwende (s. dazu Gumpert, 1994, S. 82-83); vgl. in diesem Kontext ferner Frank Wedekinds Roman-Fragment *Mine-Haha*, 1903.
[21] Marut kann das Manuskript aufgrund obiger Ausführungen daher frühestens im Laufe des Jahres 1911 in Danzig verfasst haben (*post quem*), wahrscheinlicher ist jedoch, dass dies zwischen 1912 und 1915 in Düsseldorf geschah (vgl. dazu auch Thunecke, 2003, S. 90; s. ferner Anm. 24).
[22] Die genaue Bezeichnung des Ortes direkt an der Grenze zu Russland im Roman lautet ‚Roblasdehnen'.
[23] Diese Angaben entstammen einem Notizbuch-Eintrag Ret Maruts aus diesem Zeitraum, das sich im Nachlass in Riverside befindet; demnach erstreckte sich das damalige Gastspiel auf folgende ostpreußische Orte: Lasdehnen, Eydtkuhnen, Schirwindt, Stallupönen, Kussen, Schillehnen, Kaukehmen, Budwethen, Mohrungen u. Liebesmühl.
[24] Vgl. Wyatt, 1980, Kpt. 21: ‚A Confession', S. 231-52, hier S. 235.

[hatte], das zum Nachdenken anregt[e]" (26), insbesondere, da sie sich inzwischen „in der ihr gegebenen Eigenart weiterentwickelt [hatte]" (31), wodurch sich das künstlerische Ziel, das ihr selbst noch unbewusst vorschwebte, immer bestimmter ausprägte. Kanterby schickte Hellie daher auch bald auf Tournee in die nördlichen Industriestädte der USA, dann in alle Teile des Landes. Als Ward allerdings Kanterbys Unternehmen verließ und sich selbständig machte, schloss Hellie sich dem Impresario an, unter der Bedingung, dass sie in den Theatern, in denen sie zukünftig auftreten würde, immer so tanzen dürfte, wie es ihr gerade gefiel (31). Zudem kam es bald darauf zur Zusammenarbeit mit einem berühmten Maler namens Tuck Griewald in Philadelphia, bei dem es sich um einen Künstler handelte, der zu denjenigen gehörte, „die alles Hergebrachte brutal über den Haufen rennen, aber an die zerstörte Stelle etwas Neues und Besseres [zu] setzen" und mittels neuer Lebensrhythmen ungeahnte Möglichkeiten schufen (33). Man wird hier einmal mehr an Isadora Duncan erinnert, die im Sommer 1903 in Vélizy bei Paris die Bekanntschaft des berühmten französischen Bildhauers Auguste Rodin (1840-1917) gemacht hatte,[25] der ihrer Tanzkunst großes Interesse entgegen brachte und einem Freund schrieb: „It may be said of Isadora Duncan that she attains sculpture and emotion effortlessly. [...] Suppleness, emotions, these high qualities, the soul of the dance, are her complete and sovereign art."[26] Hingewiesen sei in diesem Zusammenhang zudem auf das Bild der Tänzerin, das der bekannte deutsche Maler August Friedrich von Kaulbach (1850-1920) von der Duncan Ende 1902 während ihrer ersten Vorführung in München schuf und das zwei Jahre später ein Titelblatt der Zeitschrift *Jugend* zierte.[27] Wards Absicht war, den Rhythmus, den Griewald in seiner Malerei empfand, „durch einen menschlichen Körper zum Ausdruck und zur Darstellung bringen zu lassen." (34) Für Griewald seinerseits bot sich die Chance, „seine Gedanken über den neuen Bewegungsausdruck des menschlichen Körpers an einem lebenden Menschen [...] zu beobachten." (34) Mit anderen Worten: während Hellies Tanzvorführungen konnte der Maler einen „von seinem Gedanken beseelte[n] menschliche[n] Körper" (35) observieren. Griewald, der seiner Zeit weit voraus war, wollte nämlich „Kunst als Ausdruck der vollendeten Schönheit" dargestellen, was lediglich in Verbindung eines Intellektes möglich war, „der die feinsten Differenzierungen des meschlichen

---

[25] Vgl. dazu Kurth, 2001, S. 107-08 sowie Macdougall, 1960, S.76-77; Coellen, 1906 stufte Auguste Rodin als „Neuromatiker der Plastik" ein (S. 125).
[26] Kurth, 2001, S. 108; Rodin added to that: „Miss Duncan a proprement unifié la vie en la dance. Elle est naturelle sur la scène où on l'est si rarement. Elle rend la danse sensible à la ligne et elle est simple comme l'antique qui est le synonyme de la beauté." (Kurth, ebd., S. 577, Anm. 54); s. dazu ferner Amaya, 1962, S. 32 u. Daly, 1995, S. 134-35.
[27] Vgl. *Jugend* 9, Bd. 2, 1904, Nr. 38, S. 763, reproduziert auf dem Umschlag von *Der Mann Site und die grünglitzernde Frau*, 2008.

Empfindungs- und Seelenlebens zuließ." (35) Das neue Tanzprogramm Hellies – das zunächst in den USA, später auch in Südamerika[28] und anschließend in Europa angeboten wurde – erregte überall enorme Aufmerksamkeit und war sehr umstritten (ähnlich dem Isador Duncans), wie einige vom Erzähler zitierte fiktive Presse-Rezensionen beweisen (39-42), von denen eine der positiven hier auszugsweise zitiert sei,[29] da sie dem Ausdruck verleiht, was Maler und Impresario gleichermaßen beeindruckte, dass nämlich „ein menschlicher Körper, ein Frauenkörper, der noch nicht einmal alle Anforderungen einer vollendeten Schönheit erfüllt, so reich an Ausdrucksformen und Ausdrucksmöglichkeiten sein kann, ist das unbegreiflich große Wunder […]." (40)

Letztendlich erreichte die Tournee auch die britische Hauptstadt (Isador Duncans erster Aufenthalt in London datiert auf das Jahr 1899[30]), wo Hellie – nach New York – der gewaltige kulturelle Unterschied zwischen der alten und der neuen Welt bewusst wurde; denn „[i]n London [war] eine Kultur zu verteidigen, in New York erst eine zu schaffen." (44) Und obwohl ihr in beiden Städten großer künstlerischer Erfolg zuteil ward, wurde ihr erst dort die „feine Lebenskunst eines Volkes mit alter Kultur" (45) bewusst. In Londons Regent's Park macht sie dann während eines Spaziergangs die Bekanntschaft von Gerhard Munks, einem deutschen Großindustriellen aus dem rheinisch-westfälischen Industriegebiet,[31] woraus eine enge Freundschaft entstand, die letztendlich zu einem Heiratsangebot des Millionärs führte,[32] gleichwie Hellie nicht eigentlich in ihn verliebt war. Streng genommen war das Verhältnis der Tänzerin – sowohl zu Munks, aber auch zu Ward – nämlich ein ausschließlich platonisches, denn „sie hatte kein Bedürfnis nach der Freundschaft eines Mann." (49) Hellie stand ihrem Impresario zwar gefühlsmäßig durchaus nahe (54f. & 74); da dieser Künstler und Künstlerinnen jedoch generell nur als Geschäftsobjekte behandelte und freimütig bekannte, dass diese ihn als Menschen nicht im geringsten interessierten (62), entwickelte sich ihre Beziehung nie über eine

---

[28] Auch Isadora Duncan befand sich von Juli bis September 1916 auf Tournee in Südamerika, u.a. in Brasilien, Argentinien u. Uruguay (s. dazu Dumesnil, 1932); Dumesnil (1886-1974) war ein frz. Pianist, der die Duncan auf dieser Tour begleitete. Sollten Ret Marut davon Einzelheiten bekannt gewesen sein, wäre dies ein weiterer Hinweis auf die Entstehungszeit des Romans (*post quem*)!

[29] Daneben wurden aber auch negative Kritiker angeführt (vgl. dazu aus zeitgenössischer Sicht Irma Duncan, 1966, S. 23: „Many critics were then barking at her heels, trying to disparage her efforts and ridicule her art.").

[30] Vgl. Kurth, 2001, S. 55-67.

[31] Die Ortsangaben deuten auf Essen bzw. Wuppertal (der Name entstand allerdings erst 1929 durch Zusammenlegung verschiedener Ortsteile) hin, was ebenfalls darauf hinzuweisen scheint, dass dieser Roman zur Zeit von Ret Maruts Engagement am Düsseldorfer Schauspielhaus (1912-15) oder danach während seiner Münchener Zeit (1915-19) entstand (s. dazu Anm. 21).

[32] Vgl. dazu Isadoras langjähriges Verhältnis mit dem Millionär Paris Singer (1867-1932), Erbe des Nähmaschine-Empiriums seines Vaters Isaac Singer (1811-75) (s. Kurth, 2001, S. 249ff.).

wunderbare Kameradschaft hinaus (61). Anders das Verhältnis der Tänzerin zu Munks: Dieser liebte sie zwar innig, seine Liebe fand jedoch bei Hellie keinen aufrichtigen Widerhall (79), so dass sie sich ihm gegenüber bereits zum Zeitpunkt des Heiratsantrags quasi als Betrügerin fühlte (57); denn – wie bereits erwähnt – empfand sie keinen hinreichenden Grund, gerade ihn zum Gatten zu wählen (74). Ergebnis dieser Situation war, dass Hellie, indem sie das Heiratsangebot trotzdem annahm, in einem bedeutenden Augenblick ihres Lebens völlig anders handelte, als man es erwartet hätte (59), was letztendlich zum Eklat während der Hochzeitsnacht führte (76f.).

Hellie stattete anschließend der Familie Munks – wozu insbesondere eine reiche Tante zählte – einen Besuch ab (Reise über Harwich, Hoek van Holland und Rotterdam) und machte sich vertraut mit dem an einem Fluss (Ruhr oder Wupper) gelegenen Industriegebiet, wo Gerhard Munks Fabrik und die Villa der Tante situiert waren,[33] in welchem Zusammenhang der Erzähler Einzelheiten von Munks Leben einfließen lässt.

Bald danach kehrte Hellie dann kurzfristig nach London zurück, wo sie bei einem Treffen mit Ward ihren Vertrag auflöste – jedoch noch drei Monate weiter arbeitete – und behauptete, dass nicht die geplante Ehe Anlass für die Trennung sei, sondern dass sie für Ward „nichts als Objekt war", ein lebloser Gegenstand zum Geldmachen (69), wogegen Ward allerdings Einspruch erhob, indem er behauptete, dass Geld einen erst dann peinigt, „‚wenn man es schätzt oder wenn man es fürchtet'" (70) und dass er nur arbeitete, weil es keinen andern Gradmesser gäbe, um seinen Erfolg zu erkennen.[34]

Im Zuge der Hochzeitsvorbereitungen stellte sich Hellie dann erneut die Frage der gegenseitigen Zuneigung; und während Gerhard Munks bekannte, dass er Hellie liebe, wie er noch nie eine andere Frau geliebt habe (73), heißt es von Hellie erneut, „[s]ie fühlte, wenn sie ehrlich sein wollte, keinen eigentlichen Zwang, gerade ihn zum Gatten zu wählen [...]." (74) Die Hochzeitsfeier selbst war allerdings an Glanz und Pracht kaum zu übertreffen, und anschließend begab sich das neu vermählte Paar auf Hochzeitsreise an einen nicht namentlich genannten Schweizer See, wo es in der Hochzeitsnacht zum großen Eklat kam. Als nämlich – vor dem Hintergrund einer ziemlich romantischen, um nicht zu sagen kitschigen Landschaftsschilderung, mit Abenddämmerung

---

[33] Bei dem in diesem Zusammenhang erwähnten Zuchthaus könnte sich es sich um die heutige Justizvollzugsanstalt Remscheid handeln, die im Jahre 1906 gerade als Königliches Gefängnis im nahegelegenen Lüttringhausen in Betrieb genommen worden war.

[34] Auf die sehr ähnliche Einstellung beider Männer gegenüber Eigentum – und insbesondere Geld – (49-51), die vielleicht Ausdruck von Ret Maruts Anlehnung an Thesen Max Stirners (1806-56) in dessen Abhandlung *Der Einzige und sein Eigentum* (1844) sind, kann hier nicht näher eingegangen werden.

und Mondschein – in Hellie gerade das Gefühl „eine[r] unendliche[n] Glückseligkeit und eine[r] wunschlose[n] Ruhe" (76) aufkam, und sie sich eins fühlte „mit allem, was ihr Auge und ihre Seele in diesem Augenblick umfaß[t]en" (76), legte sich zärtlich ein Arm um ihre Schulter und sie fühlte einen Kuss verlangend im Nacken, so dass sie zusammenschauderte, „[e]in namenloses Weh sie [überkam]", „eine Sehnsucht nach einem geahnten Vorher ihres Seins ihr Schmerz [bereitete]" und „[a]lles Wunderbare, das sie vor sich [sah], sich in ein höhnendes Grinsen [verwandelte]." (76) Anschließend hatte sie dann nur einen Wunsch: „[…] allein zu sein, allein zu bleiben und ihres Körpers ganz zu vergessen […]." (77)

> In ihren Gedanken ist eine ferne, weich-klingende Musik, die sie zu einer klaren Reinheit erhebt und eine große Sehnsucht erweckt, immer unberührt zu sein von allem, was nicht schön, edel und erhaben ist. (77)

Sex – in der Gestalt des ihr gerade angetrauten Gerhard Munks – ward dementsprechend zur „grinsende[n] Larve" (77), und Hellie wurden plötzlich intuitiv die *eigentlichen* Ziele ihres Lebens deutlich: „welche Forderungen sie an das Leben stellen soll[te], um in sich selbst festen Halt zu bekommen." (77) Hier offenbart sich somit, was die Tänzerin bereits bei ihrem ersten Zusammentreffen mit Munks in London gespürt hatten, als sie tief in ihrem Innern „eine traurig-süße Sehnsucht" empfunden hatte (45), sich damals jedoch nicht über dieses Gefühl klar werden konnte. Folglich teilte sie nunmehr dem erstaunten und am Boden zerstörten Munks mit, dass sie von ihm von dem Moment an für immer allein gelassen werden wolle, was dieser nach einigen vergeblichen Überredungsversuchen letztendlich auch akzeptiert, indem er sich eingesteht, dass auch er bereits früher ein ungutes Gefühl hinsichtlich ihrer Beziehung gehabt hatte, weil „,in irgend einem Punkte unser Verhältnis sich nicht berühr[e]. Ich habe ihn niemals finden können. Aber er kam zum Ausdruck darin, daß ich immer vor Dir eine unerklärliche Scheu empfand und mich immer Dir gegenüber unsicher fühlte'." (79) Hellie spricht ihrerseits von einem Irrtum hinsichtlich ihrer Beziehung: „,[i]ch bin ja nicht Deinetwegen auf der Welt, sondern meinetwegen'." Es gäbe nämlich ihrer Meinung nach „,weder Mutterliebe, noch Kinderliebe, noch Gattenliebe, noch Freundesliebe oder Nächstenliebe […] nur Egoismus'." (79) Mit anderen Worten: „,Alle Liebe ist nur Beruhigung oder Befriedigung eigener Empfindungen'." (79) Ferner gab sie Munks – der nach Gründen für ihren Sinneswandel suchte – zu verstehen: „,Warum muß man denn für alles einen Grund haben oder einen Grund angeben können? Das sehe ich nicht ein. Man kann doch sehr gut etwas ohne Grund tun'," um fortzufahren:

> „Vielleicht ist das Beste und Größte im Leben der Menschen immer noch das gewesen, was sie ohne jeden Grund getan haben. [...] Ich will es einfach tun, weil ich fühle, daß ich so und nicht anders handeln darf, weil es für mich das Beste ist." (80)

Hellie steht dementsprechend unerbittlich zu ihrer Entscheidung (80), insbesondere, da sie sich nunmehr bewusst geworden ist, nie je mit einer Falte ihres Wesen zu Munks gehört zu haben und dass es letztendlich so oder so zum gleichem Ergebnis gekommen wäre (81). Das Paar wohnte danach noch, Zimmer an Zimmer, etliche Wochen lang im gleichen Hotel, und es entstand – statt des ehelichen Verhältnisses – eine gute Freund- und Kameradschaft; denn, wie der Erzähler ausdrücklich betont: „[...] in beiden lag etwas von der Größe und Gesundheit jener Menschen, die sich [...] nicht in eine Tragödie verwickeln lassen, weil sie Vorläufer einer kommenden Generation sind [...]." (82) Und Hellie brachte es unter diesen veränderten Verhältnissen nunmehr auch über sich, Munks Einblick zu ihren eigentlichen Empfindungen zu gewähren, indem sie ihm z.B. erklärt:

> „ich habe bisher noch keinen Mann geliebt [...]. Aber, seit einigen Monaten glaube ich, daß ich vielleicht, wenn gewisse Forderungen und Bedingungen als erfüllt erscheinen, lieben könnte. Aber dieser Gedanke, der seit Monaten in mir schlummerte, ist erst an diesem Abend in mir zur Klarheit gekommen, in dem Augenblick als ich plötzlich wußte, daß ich Dich nicht als meinen Mann lieben könnte." (83)

Auch von der reichen Erbtante wird Hellies Schritt akzeptiert, indem sie auf sehr emanzipatorische Art zu verstehen gab, dass ihrer Meinung nach „‚nichts zu größeren Schamlosigkeiten der Seele und der Gesinnung, zu größeren Brutalitäten gegen einander [führe] als geflickte Bündnisse und überkleisterte Kompromisse'" und ferner anmerkte: „‚Wenn ich zu bestimmen hätte, dann sollten die Menschen überhaupt immer erst ein vollen Jahr nach der Eheschließung endgültig heiraten [...]'." (84) Letztendlich reiste Hellie bei Nacht und Nebel, ohne Abschied von Munks zu nehmen, mit dem Zug nach Paris ab (85).

*

An diesem Punkt der Erzählung hat der Autor zwei längere digressive Passagen in die Handlung eingeflochten, in denen – im Zusammenhang der Ehe-Problematik Hellie Laskins im unmittelbar vorangehenden Abschnitt des Roman – nacheinander Misogynie und Misandrie thematisiert werden.

Die erste dieser Episoden handelt von Hellies Begegnung mit einer etwa 30jährigen Schweizerin, die gerade in Bern promoviert hat. Das Gespräch befasst sich u.a. mit der modernen Ehe, wobei die junge Frau die Behauptung aufstellt, dass – obwohl die zeitgenössische Kultur den Menschen frei mache – die Ehe immer mehr zum ‚reinen Geldgeschäft' werde und dass Ansichten über Liebe und Ehe sich grundlegend geändert hätten (87). Sie präsentiert sich Hellie als eine Frau, die versucht hat, sich durch Wissenserwerb zu emanzipieren und die der Tänzerin in diesem Zusammenhang von den – zumindest nach heutiger Sicht – frauenfeindlichen Äußerungen eines jungen Medizinstudenten berichtet, der sich eine Zeit lang in ihrem elterlichen Hause aufgehalten hatte. Nicht nur hatte dieser nämlich die Aneignung von Wissen resolut in Abrede gestellt, indem er behauptete, dass Bücher lediglich „‚ein armseliger Abklatsch, ein Notbehelf des wahren Lebens'" seien (91), sondern in diesem Kontext generell die Rolle der modernen Frau in Frage stellte. Lediglich der Mann müsse etwas lernen, gab er ihr zu verstehen, denn „‚er ist auf der Welt um zu arbeiten; er muß den ganzen Klimbim zusammenhalten, damit er nicht in die Brüche geht'." (91) Und auf Nachfragen der Schweizerin hin, ob das bedeute, Frauen könnten dumm wie Bohnenstroh bleiben und sollten lediglich Lustobjekt für Männer seien (91), entgegnete er:

„[...] in dem, was Sie da eben sagten, steckt verteufelt viel Wahrheit. Würde die Frau kein anderes Bestreben haben, als zur reinen und immerwährenden Freude der Männer da zu sein, würde sie eine viel wichtigere, höhere und wertvollere Aufgabe erfüllen, als wenn sie sich mit allen Kräften anstrengt, etwas zu machen, was der Mann nicht schon lange vor ihr getan hat, sondern viel besser getan hat und mit einer viel geringeren Anstrengung tut." (91)

„‚Der Mann kann nämlich seine Pflichten der Natur gegenüber erfüllen, ohne in seiner Arbeit oder in seinen Zwecken dadurch irgend wie gehindert zu werden. Die Frau kann dies nicht'." (91) Ihre Aufgabe sei es, schön zu sein, „‚dem Mann das Leben zu versüßen und verschönern, damit er Freude an der Arbeit [gewinnt] '." (91) Die damalige Obersekundanerin, die dem Studenten seinerzeit in Sachen ‚Frauenfrage' nicht zustimmte und später selber Medizin studierte, musste diesem Mann – der einzige, der ihr je rücksichtslos die ‚Wahrheit' gesagt hatte (92) – jedoch nachträglich in gewisser Hinsicht Recht geben; denn während des Studiums hatte sie vollständig verlernt, „‚wie man sich freut, wie man genießt und wie man [...] sorglos in den Tag hineinlebt'." (93) Und sie musste zudem erkennen, dass ihr „‚die wundervolle anschmiegende Fähigkeit der Frau [...] völlig verloren gegangen [war]'" (93-94), so dass sie oft das Gefühl hatte, halb Mann geworden zu sein (94): „‚Ich habe die Passivität, die beglückendste Eigenschaft der Frau verloren',„ teilt sie Hellie mit „‚und habe für den Verlust einen Teil Aktivität gewonnen, die mir nichts nützt und mir nur hinderlich ist'." (94). „‚[S]oll denn'," so fragt sie weiter, „‚darin schließlich der tiefere Sinn des Lebens bestehen, daß man alle Schönheiten des Lebens ignoriert, um bestenfalls den Durchschnitt einer männlichen Leistung erreichen zu können!'"(94), und schlussfolgert: „,Ich kann mit dem Mann konkurrieren, aber ich habe dafür alles hingeben müssen und stehe da mit leeren Händen'." (94) Eine Frau solle daher, so ihre Resumé, nur „,soviel lernen, daß sie die Arbeit des Mannes versteht und würdigt und ein Kind erziehen kann'" (95), da „,ihre Arbeit ja doch in allen männlichen Berufen nur halb so viel wert wie die des Mannes [ist]'." (95) Nach Ankunft in Paris war Hellie völlig konfus; denn das Gespräch mit der Medizinerin – einem „prachtvollen freien Menschen", der sich ein hohes Ziel gesetzt hatte, aber dort angelangt, mit leeren Händen dastand, „ohne auch nur den geringsten Ersatz für das Opfer seiner Jugend zu erhalten" (97) – hatte dazu geführt, ihre gedankenlose Gleichgültigkeit und Interessenlosigkeit zum Wanken zu bringen. Und mit Staunen erkannte sie nunmehr, „daß sie im Grunde genommen bis jetzt überhaupt nicht gelebt hatte." (97) Außerdem überfiel sie eine Unsicherheit, die ihr früher fremd gewesen war, das Gefühl einer Halbheit und des Unvollendetseins, das nur im Manne sein Ziel finden könnte, gleichwohl dieser Drang zur ‚Ergänzung' nicht unbedingt körperlicher Art sein musste (97). In diesem mentalen Zustand machte sie sodann im Pariser Hotel die Begegnung einer jungen ostpreußischen Gutsbesitzerin namens Ursula, die sie einlud, eine gewisse Zeit mit ihr auf ihrem Landsitz nahe der russischen Grenze zu verbringen – was zum zweiten episodischen Einschub führt.

Diese zweite Episode bietet – in der Person der jungen, emanzipierten und zudem hoch gebildeten Gutsbesitzerin – ein der vorausgehenden gänzlich anderes und den damaligen zeitgenössischen Vorstellungen ziemlich diametral gegengesetztes Frauen- und Männerbild. Auf der Reise nach Ostpreußen, die über Berlin ging, und vor allem während ihres mehrmonatigen Aufenthaltes auf dem Gut selbst, wurde Hellie nämlich klar, dass es auch andere Einstellungen zur Sexualität gab als diejenigen, die ihr bisher begegnet waren. In diesem entlegenen Teil Deutschlands hatte nämlich die Gutsbesitzerin, welche es ausschließlich auf *echte* Männer und nicht auf Hanswürstchen abgesehen hatte, die Hosen an. Um dies zu verdeutlichen verweist der Erzähler ausdrücklich auf zwei zeitgenössische literarische Beispiele: Einerseits findet nämlich das negative Beispiel von August Strindbergs Protagonistin Fräulein Julie – im gleichnamigen Drama (1888), das schon vor der Jahrhundertwende in Deutschland aufgeführt wurde – im Bericht der gebildeten Ursula Erwähnung, worin die der Oberklasse angehörige Protagonistin in Strindbergs Stück ein Verhältnis mit dem Diener ihres Vaters unterhält, der durch seine Männlichkeit Macht über sie ausübt und sie letztendlich zum Selbstmord treibt. Die Gutsherrin äußert sich dazu Hellie gegenüber folgendermaßen: „‚[...] denken Sie nicht, daß ich ebenso schlapp bin wie Fräulein Julie, eine [...] Jammerdrüse, die nachher um Liebe bettelt [...]. Verrückte Perversität!'" (103). Andererseits verweist Ursulas Bericht auf die Hauptfigur von Jens Peter Jacobsons Roman *Frau Marie Grubbe*, der – 1876 auf Dänisch erschienen – bereits 1898 in deutscher Übersetzung veröffentlicht wurde[35] und worin das freie Liebesleben einer dänischen Aristokratin im späten 17. Jahrhundert thematisiert wird. Die Gutsherrin gibt in diesem Zusammenhang zu verstehen, sie sei keinesfalls Willens, nach der Pfeife eines ihr unwürdigen Mannes zu tanzen: „‚Da pfeift der Wind bei mir aus einer andern Himmelsrichtung. Ein solcher Lümmel hat mal versucht, hinterher einbis'chen Herr zu spielen und hat geglaubt, so etwas wie eine Marie Grubbe aus mir zu machen'" (103), was ihm allerdings übel bekommen sei; denn Ursula ist der Meinung, dass „‚[e]in Mann, der nicht den Mut hat, sich selbst ein Riesenvermögen aus dem Nichts heraus zu verdienen und es lieber erheiratet oder ererbt oder sonst ergaunert, überhaupt kein Mann [ist]'," sondern ein Waschlappen (103). Nicht die Tat an sich macht nämlich für sie einen Mann aus, sondern „‚daß jemand etwas mit bewußter Intelligenz macht und den Weg genau übersieht, [...] [und] weiß, was er letzten Endes will [...]'." (103) Folglich hatte sie auch mit den überkommenen Moralvorstellungen gebrochen: „‚Ich sehe nicht ein'," äußerte sie sich Hellie gegenüber, „‚weshalb ich den besten und stärksten Teil meiner Energie und Lebenskraft darauf verwenden soll, einen an sich gesunden und natürlichen Instinkt zu unterdrücken'" (104). Sie hatte daher die Zügel selber in die Hand genommen und sich ihren jeweiligen Sexualpartner in eigener Regie gewählt. Mit anderen Worten, wir haben es hier mit einer gehörigen Portion von Misandrie zu tun, die narratologisch die frauenfeindlichen Ausführungen im vorangehenden Romanabschnitt konterkarriert und wodurch Hellie Laskin zwei extreme Alternativen im Umgang mit Männern präsentiert werden, wie dies auch im abschließenden Kommentar der Gutsherrin ihrem Gast gegenüber deutlich wird:

> „Na, ich weiß nicht, soll ich da sagen: ich beneide Sie, oder soll ich sagen: ich bemitleide Sie. Aber wenn alle Mädchen so veranlagt wären wie Sie, Fräulein Hellie, wäre es ja kein Verdienst Jungfrau oder eine treue Frau zu sein." (106-07)

*

---

[35] Jacobson: *Frau Marie Grubbe. Interieurs aus dem siebzehnten Jahrhundert* (1898); verschiedene Neuauflagen erschienen bis zum Ausbruch des 1. Weltkrieges. Zum Thema Feminismus bei Isadora Duncan s. auch Daly, 1995, S. 162f.

Anschließend an den zweiten Einschub folgt der Abdruck eines längeren Brief Hellies an Bun Ward, ihren ehemaligen Impresario in New York, in dem viele der jüngsten Geschehnisse noch einmal Revue passieren, während sie gleichzeitig kommentiert werden. So heißt es z.b. hinsichtlich der fehlbeschlagenen Beziehung mit Munks, sie habe nunmehr einen „Ekel vor der Ehe" (109) und der bloße Gedanke, immer und ewig an eine Person gebunden zu sein, sei ihr unerträglich (110). Auch habe sie keinen Ernährer nötig, da sie ihr eigenes Einkommen habe und Munks ihr zudem eine großzügige Abfindung von fast einer Millionen Mark habe zukommen lassen. Ferner übertreffe der Genuss von Alkohol oder Opium die Vorteile eines Liebhabers jederzeit (110). Letztendlich sei ihr auch klar geworden, dass „gerade der Gegensatz der Geschlechter die tiefsten Lebensproblem [berge]" (110), weshalb dieser Konflikt auch immer wieder von Künstlern aufgegriffen worden sei: Mann gegen Weib und Weib gegen Mann; denn „[a]lles, was Menschen tun, hat hier seinen Ausgangspunkt und führt hierauf wieder zurück." (111) Das Ergebnis von Hellies Reise nach Ostpreußen – so der Schlusspunkt ihres Schreibens an Ward – war allerdings eine heiße Sehnsucht nach Arbeit; denn: „[d]as göttliche Gefühl, daß man die Arbeit um der Arbeit willen lieben könnte, ja daß die Arbeit eigentlich das Leben selber [sei]" (111), habe sie angesichts von Ursulas Tätigkeit auf ihrem Gut in Ostpreußen dermaßen überwältigt, dass sie zu folgender Einsicht gelangt sei:

> Heute erst empfinde ich so ganz die kühle, entsetzliche Leere, in der ich mich befand. Mir fehlte ja alles im Leben; denn wenn man nicht erkennt, daß man einen Lebenszweck erfüllt, braucht man doch nicht zu leben. Und sobald man dies weiß, ist man sich selbst zur Last und ist schlimmer dran als ein Tier, das den Vorteil hat, nicht denken zu können. (112)

Sie gibt zudem zu verstehen: „Das Schönste bei allem ist, daß ich jetzt eine so große Freude, […] eine wundervolle Begeisterung in meiner Arbeit entdeckt habe. Ich fange an, sie zu lieben und mit ihr auch innerlich zu verwachsen […]." (115) Demzufolge hat sie nunmehr das sichere Gefühl: „Ich könnte nie etwas anderes tun als dies, und ich würde es sogar auch dann tun müssen, wenn ich keinen Cent dafür bekäme, nur um der reinen schönen köstlichen Sache selbst willen", um hinzuzufügen: „Heute weiß ich auch, […] daß ich mit dieser meiner herrlichen Arbeit alles Herzleid und Weh, das mich vielleicht träfe, vergessen und überwinden würde und tiefere Schönheit noch daraus schöpfte." (115) Folglich beschloss sie, beim Tanz zu bleiben, wobei ihr allerdings Wards Erfahrungen und Beziehungen fehlten; denn die Zusammenarbeit mit gewissen Berliner Agenturen – man vergleiche dazu Isadora Duncans negative Erfahrungen mit dem Impresario Alexandre Grósz während der ersten Jahre ihres

Deutschland-Aufenthaltes[36] – stellte sich als Fehlschlag heraus, da diese – wie es heißt – „alle so etwas Mickriges und boshaft Geiziges in ihren Unternehmungen [haben], nichts Großes." Sie besaßen nämlich „weder ein Dimensionsgefühl noch ha[tt]en sie auch nur für einen Pfifferling Sinn für Monumentalität. Und sie erschreck[t]en infolge ihrer Hausbackenheit immer gleich vor jeder Gage, die über die Normalbegriffe hinaus[ging]." (113) Folglich hatte sich Hellie an Londoner Agenturen gewandt und dort mit Halston, Whigtrif & Shamsbird einen für sie äußerst günstigen Vertrag ausgehandelt (113).

Nach Einstudierung einer völlig neuen Nummer (112 & 115), die von der Kritik glänzend aufgenommen wurde, begab sich Hellie Laskin sodann auf Tournee, die sie u.a. nach St. Petersburg, Moskau, Warschau, Stockholm, Kopenhagen, den Balkan (114) und schließlich nach Beirut – obwohl nicht namentlich genannt[37] – im Libanon führte, einer der „schönsten Städte des Orient am Wasser" (116), die durchaus den Vergleich mit Kairo, Alexandria und Konstantinopel aushielt (123). Auf der Strandpromenade machte Hellie dort die Bekanntschaft eines jungen Künstlers,[38] der sich als Deutscher zu erkennen gab, allerdings hinsichtlich seiner genauen Abstammung ähnlich vage Angaben machte, wie später B. Traven: „‚Staatsangehörigkeit'," lässt der junge Mann namens Felix verlauten – wobei man an den Namen des Helden in Ret Maruts anderen Roman, *Die Fackel des Fürsten*, erinnert wird – „‚ist bloßer Zufall. Der Geist macht den Mann, nicht der Geburtsort und nicht der Wohnort der Eltern'." (117)[39] Das Paar erörtert anschließend angeregt zahlreiche interessante Themen, wobei Felix der Ansicht Ausdruck verleiht, „‚der Mangel an selbstän-

---

[36] Dieser Impresario taucht unter verschiedenen Namen auf: Isadora Duncan (1927; S. 99 & 113) nennt ihn Alexander Gross (s. dazu Groß, 1928, S. 98, Seroff, 1971, S. 48f. u. Niehaus, 1981, S. 24); Macdougall, (1960; S. 69-70), Blair, 1986, S. 53ff. u. Dorée Duncan, 1993, S. 44 nennen ihn Alexander Grosz, Kurth (2001, S. 88ff.) Sàndor Grosz. In der Howard Holtzman Isador Duncan-Sammlung (UCLA Library / Special Collections) befindet sich jedoch ein offizieller Brief des ungarischen Impresarios Alexandre Grósz aus Budapest – datiert auf den 10. Oktober 1904 – an die Tänzerin in Berlin, so dass es sich hierbei um seinen eigentlichen Namen handeln dürfte.

[37] „Wie heißt diese Märchenstadt? Und ja. Weshalb die Schönheit mit Namen besudeln" (116); in ‚Khundra' findet das Land Libanon allerdings *verbatim* Erwähnung (s. *Ziegelbrenner*, S. 57).

[38] Evtl. hatte Marut hierbei Isadora Duncans Beziehung zu dem englischen Bühnenbildner Gordon Craig (1872-1966) während der Jahre 1904 bis 1907 im Sinn (s. dazu Steegmuller, 1974 u. Edward Craig, 1968, S. 180ff.).

[39] Vgl. dazu auch Felix' weiterführende Meinungsäußerungen, die große Ähnlichkeit mit denen Gales in B. Travens *Totenschiff* (1926) aufweisen. s. dazu insbes. B. Traven: ‚Mein Roman „Das Totenschiff"', in: *Die Büchergilde*, 1926, H. 3, S. 34-38, abgedr. bei Guthke, 1987, S. 732-35, hier S. 732-33, sowie ferner Czechanowsk, 2008, S. 45-58): „‚Daß die Menschen verschiedenen Stammes sind und es ab und zu als heiligste Pflicht betrachten, sich gegenseitig abzumurksen, ist doch nur seitdem eine künstliche Grenzen auf dem Papier gezeichnet hat. Wischen Sie die Grenzen fort und unsere Enkel werden vergessen haben, daß die Menschen sich auch aus anderen Gründen unterscheiden als lediglich durch die verschiedene Philosophie jeder Gruppe. Alle anderen Interessen sind gemeinschaftlich, und solange wir sogenannte politische Grenzen haben, wird die Menschheit niemals die Kulturhöhe erreichen, die sie kraft ihrer natürlichen Gaben schon längst erreicht haben müßte'." (117)

diger Denkfähigkeit [sei] das verbreitetste aller menschlichen Laster'." (118) Hellie wurde allmählich von seiner Persönlichkeit gefesselt, insbesondere als er ihr provokativ unterstellte, ihn auszuhorchen; denn seiner Meinung nach „,[fragen] [ü]berflüssige Menschen immer ohne Unterlaß, die andern handeln einfach und machen die Geschichte, die Weltgeschichte'." (119) Folglich war sie freudig überrascht, als auf einer Bootsfahrt eine Wiederbegegnung stattfand, wobei Felix sie an ihrem *grünen Gewand* erkannte (120) und gestand, sie habe bereits vorher in seiner Traum- und Vorstellungswelt existiert, wo sie „,ein sichtbarer Begriff vollkommener Schönheit'" gewesen sei, „,ein beglückendes Zeichen dafür, welche vollendete Herrlichkeit in den bewegten Gliedern des Menschen verborgen [seien]'" (121). Er zählte sich zwar zu derselben Art von Geschöpfen wie Hellie, war jedoch gleichzeitig der Ansicht, der Alltag zerstöre viele Ideale, was wiederum Ursache vieler menschlicher Tragödien sei. Darum würde er, Felix, auch nie die Frau, die er wirklich liebe, ständig um sich haben wollen; denn „,die Menschen haben eine satanische Freude daran, Ideale in den ekelhaftesten Schmutz zu ziehen'" (121) und dadurch zu entheiligen. Stattdessen hoffte er, das Schönheitsideal langsam zum Gipfelpunkt seines Lebens zu erheben:

> „Den Tag nicht rufen. Ihn ersehnen im Wunsche und ihn in Demut und Ehrfurcht begrüßen, wenn er vor uns steht und uns findet wie Kinder, denen alles Schönheit ist. Dann die Augen schließen, ein Singen hören und untergehen!" (127)

An diesen Worten – heißt es dann im Erzählkommentar – erkannten beide, Hellie und Felix, intuitiv einander und „wußten alles von einander, ohne es je gehört zu haben." (128) Darauf folgt sodann erneut eine Unterbrechung der Handlung, während welcher der Leser – in einer Art Rahmenerzählung – Einzelheiten über Felix' Vergangenheit erfährt.

*

Ähnlich vielen jungen Künstlern hatte der Bildhauer und Schriftsteller kein klares berufliches Ziel, insbesondere da er sich aufgrund des väterlichen Vermögens ein unabhängiges Leben leisten konnte. Eines Tages machte er dann allerdings die Bekanntschaft eines verbummeltes Malergenies, der von Radierungen lebte, und bald verband die beiden eine innige Freundschaft: „de[r] alternde[] Zigeuner der Kunst und de[r] junge[] Mann aus der ersten Familie" (128). Als Felix jedoch beschloss, ein monumentales Reiterbild aus Stein zu meißeln, „ein Wesen, wie es nur ein Künstler denken konnte, der [...] sich nur leiten läßt von seinen himmelstürmenden Gedanken über Freiheit und Schönheit" (129), empfand der Ältere seine Anwesenheit als Störung und beschloss, eine Weltreise zu machen. Er war nämlich der Meinung, „‚das Bild [d.h. die Skulptur; JT] [könnte] in seiner reinsten Form und seiner letzten Gestalt [...] nie zur Ruhe gelangen'," wenn er vor Ort bliebe und sich ständig einmischte; denn „‚[n]icht im Ziel und nicht im Ende liegt die Freude, sondern in der Arbeit selbst. Die Arbeit muß Dir allein gehören'." (130) Später war dann allerdings ein Wiedersehen geplant, das aber nie zustande kam, da zwei Jahre später, zeitgleich – man wird erneut an Maruts Indochina-Roman *Die Fackel des Fürsten* erinnert[40] – das Reiterbild des Jüngeren zusammenbrach und dabei zerstört wurde (132), während der Ältere irgendwo in Afrika starb (140). Felix gab daraufhin sämtliche künstlerische Tätigkeiten auf, schloss sein Atelier und gab sich einem Lotterleben hin: „Es war ein Abschied von seiner Kunst" (135), wie es im Erzählkommentar heißt; er wollte einfach keine Erinnerung an diesen Zeitabschnitt mehr haben und gab sich, um zu vergessen, Alkohol, Drogen und Freudenmädchen hin (137). Endlich freundete er sich mit einer Edelhure namens Heté an und meinte, im Umgang mit dieser Frau schöner, vollkommener und reifer geworden zu sein. Auf dem Höhepunkt dieser Beziehung trennte er sich dann allerdings von ihr (139), da er – man wird an Hellie Laskins Trennung von Munks erinnert – befürchtete, diesen Augenblick durch Brutalität zunichte zu machen; denn „[d]er darauf folgende Schmerz müßte ein bitterer sein, und irgendetwas in ihm müßte [dadurch] für immer zerstört werden." (138) Stattdessen überkam ihn eine tiefe Freude, „daß er solcher Gefühle und Empfindungen überhaupt noch fähig war" und dass sie dazu beitrugen, ihm ein neues Ziel zu geben. (138) Er begab sich sodann also auf eine Pilgerfahrt zum Grabe seines verstorbenen Freundes in Afrika, unterbrach jedoch die Rückreise in Beirut, „der schönsten Stadt" des Orients (140), wo er Hellie kennenlernte, die sich dort im Rahmen ihrer Tournee aufhielt.

Hellie Laskin hatte ihrerseits zwischenzeitlich allen überflüssigen Männerverkehr vermieden, da Gönner aller Schattierungen sie anödeten. Zwar „dürstete [sie] [...] nach Menschen, die ihr etwas gaben und denen sie etwas geben konnte" (141), aber Bekanntschaften, geschweige denn Freundschaften, waren dabei bisher nie zustande gekomken, abgesehen von der mit einem Tanzmeister, den sie in Madrid angeheuert hatte und der mit eiserner Disziplin ihr Tanztraining überwachte (142f.). Seit der ersten Begegnung mit Felix auf der Strandpromenade hatte sie jedoch ein großes Verlangen, ihn wiederzusehen; denn „[s]o unendlich viel Süßigkeit der Empfindung hatte sie noch nie gefühlt."

---

[40] *Die Fackel des Fürsten* (2008), S. 122-23 bzw. 124-25.

(146) Bei ihren nächsten Zusammentreffen[41] vertraut Felix Hellie sodann ein Erlebnis an, das ihn – wie er hoffte – von allen Bedrängnissen, die ihn quälten, künstlerisch erlösen könnten. Ihm war nämlich von frühester Jugend an eine mystische Frau erschienen:

> „Sie steht vor mir aufgerichtet als das wundervollste und schönste Ziel meines Lebens. Mit ihr vereinigt zu sein, in ihr völlig aufzugehen, dünkte mich als die einzige und vollkommenste Erfüllung meines Daseins. Alles was ich denke, alles was ich tue, ist in irgendeiner Art […] mit jener wunderbaren, geheimnisvollen Frau veknüpft." (149)

Die Lieblingsfarbe dieser Frau war „‚ein wundervolles Grün, das die Mitte zwischen dem satten Grün frischer Wiesen und dem klaren funkelnden Grün eines Bergsees oder des Meeres, das Grün eines seltenen Edelsteines von wundervoller Pracht [hält]'." (150) Farben – so führte Felix weiter aus – reflektieren das Wesen des Menschen, wobei grün tradionell *die* Farbe war, die in Folklore und Literatur Fruchtbarkeit und Wiedergeburt repräsentiert und zudem seit dem Mittelalter die beginnende Liebe symbolisierte. Die von Felix erträumte Frau hatte allerdings keinen Namen; „‚[n]ur ein Begriff prägte sich [ihm] fest ein […]: Die grünglitzernde Frau'" (150);[42] denn dieses Wort gab am genauesten von allen zur Verfügung stehenden Worten wieder, wie sie ihm erschien. Und seit sie ihm eines Tages auf einer Waldlichtung feenhaft erschienen war,[43] war eine unendliche Sehnsucht nach ihr erwacht: „‚Seitdem weiß ich'", berichtete er Hellie, „‚daß ich diese Frau irgendwann und irgendwo finden werde, vielleicht in einer anderen, natürlicheren, menschlicheren Gestalt, daß es unser beider Ziel ist, uns anzugehören auf einem denkbar kürzesten Zeitraum des Lebens und daß mein Leben dann erfüllt ist und verlöscht'." (151-52) Mit anderen Worten, Felix steuerte auf ein Ziel zu, das den Endzweck seines Lebens ausmacht: „‚Ein Mensch im langsamen Entstehen, der eine genau festgelegte, ganz genau umgrenzte Aufgabe in der Welt zu erfüllen hat'." (152)

Im Zusammenhang mit dieser Erscheinung hatte Felix – „‚unter furchtbaren Nöten'" – an einer Erzählung gearbeitet, jedoch bisher alles stets wieder vernichtet, da sich darin bisher „‚nicht die notwendigen sichtbaren Formen der Gedanken, die nach ihrer Freiheit und ihrer Tat dürsteten'" (148) offenbart hatten. Seine aufgestauten Gefühle in Form einer „‚novellenartigen Skizze'" (153) schriftlich zu fixieren, war eine Art von „‚künstlerische[m] Zwang'" (153) und – wie er betonte – „‚das Grausamste, was den Menschen mitgegeben worden

---
[41] Im moslemischen Viertel Beiruts (145), d.h. im Westen der libanesischen Hauptstadt.
[42] In der *Ziegelbrenner*-Überarbeitung der ‚Khundra'-Geschichte ist der Ausdruck ‚grünglitzernd' allerdings durchgehend durch ‚strahlen-umkleidet' ersetzt worden!
[43] Vgl. dazu obige Ausführungen im Zusammenhang mit Hellies Ausbildung in der ‚Akademie für höhere Tanzkunst' der Schwestern Ammerling.

ist'" (153). Hellie erbot sich, das Manuskript zu lesen, welches – laut Felix – jeden Tag das festhielt, was auf den Autor den tiefsten Eindruck gemacht hatte (153), oft lediglich Gedanken, manchmal ein Traum, eine Phantasie oder das sinnende Grübeln über eine bestimmte Frage (154), wobei das in der Entstehung begriffene Werk noch nicht einmal einen Titel hatte; denn spätere Leser sollten diesen letztendlich selber bestimmen. Außerdem waren Fortgang und Ende der Erzählung völlig offen (153). Hellie wusste mit der Romanskizze wenig anzufangen, außer das Gefühl zu haben: „hier spricht ein Mensch über Erlebnisse seiner unaufhörlich wechselnden Gedankenwelt [...]." (154) Trotzdem waren die ihr verbleibenden zehn Tage bis zur Abreise die erfüllungsreichsten ihres bisherigen Lebens; denn sie spürte instinktiv, es müsse sich in diesem kurzen Zeitraum etwas ereignen, „worauf ihr Leben mit unaufhaltsamer Geschwindigkeit zusteuerte" (154); denn in diesen zehn Tagen würde sich entweder ihr Leben vollenden oder sie würde sterben (155). Auch für Felix waren die verbleibenden Tage ein Schlüsselerlebnis; denn er sah sich plötzlich in der Lage, sein Novellen-Manuskript zügig voran zu treiben, das aus einem einzigen, sich ständig wiederholenden Motiv bestand: „Seine Gedanken, seine Worte, seine Seele, sein Leid und seine Freude" (156), und woraus während der den Roman abschließenden, etwas über 40 Seiten – in einer Serie von Einschüben – ausführlich zitiert wird.

*

Wie jedem mit B. Travens Œuvre vertrauten Leser sofort deutlich wird, handelt es sich bei diesem den Roman abschließenden, neuromantisch anmutenden Werk über weite Strecken *verbatim*[44] um Maruts im April 1920 in der vorletzten Ausgabe des *Ziegelbrenners* veröffentlichte allegorische Erzählung ‚Khundar',[45] die allerdings in der bisherigen Traven-Forschung – in Unkenntnis der Entstehungsgeschichte – stets als selbständige Arbeit behandelt[46] und abwechselnd als Legende[47] bzw. als Märchen bezeichnet wurde.[48] Selbst Karl

---

[44] Zwar trifft diese Feststellung für ca. 75% des Textes zu; es muss allerdings einschränkend angemerkt werden, dass Marut seine ursprüngliche Romanfassung ganz offensichtlich für die *Ziegelbrenner*-Ausgabe überarbeitet hat, wobei sowohl Zusätze – manchmal auch längere – und Auslassungen – meist geringfügige – zu verzeichnen sind, sowie eine Änderung der Orthographie, die stark an Stefan Georges (1868-1933) ästhetisierende Bestrebungen in dessen Poesie erinnert, welche sich ja rein äußerlich u.a. durch konsequente Kleinschreibung auszeichnete (vgl. dazu *algabal* [1892], *das jahr der seele* [1897], *der siebente ring* [1907] u. *der stern des bundes* [1914]).
[45] ‚Khundar. Begegnungen. Das erste Buch', in: *Der Ziegelbrenner* 4 (30. April 1920), Heft 26/34, S. 2-72.
[46] Vgl. dazu Gales (2), 1963, S. 74.
[47] Vgl. dazu ebd. Gales (1), 1963, S. 1 u. Recknagel (2), 1977, S. 18.
[48] Vgl. dazu *Khundar. Ein deutsches* Märchen, eine von Sybille Zerling illustrierte Ausgabe im Klaus Guhl Verlag (Berlin: o.J. [1977]).

Guthke und Gerd Heidemann,⁴⁹ die Zugang zum Marut-Nachlass in Tübingen bzw. Süd-Tirol hatten, als sich dieser noch im Besitz von Irene Mermets Tochter befand, aber auch James Goldwasser, der diesen Nachlass in den späten 80er Jahren für ein New Yorker Auktionshaus aufgearbeitet hat,⁵⁰ haben diesen Zusammenhang seinerzeit nicht erkannt. Spätestens seit der Veröffentlichung des Romans *Der Mann Site und die grünglitzernde Frau* im Jahre 2008 ist jedoch ersichtlich,⁵¹ dass es sich bei der ‚Khundar'-Geschichte keineswegs um eine separate und getrennt entstandene Erzählung Ret Maruts handelt, sondern um einen integralen – und diesen abschließenden – Bestandteil des oben genannten Romans, d.h. um einen Text, der die eigentliche Handlung kommentierend begleitet und deshalb auch in diesem Sinne interpretiert werden muss. Es handelt sich also durchaus nicht um Maruts „letzte literarische Arbeit in Deutschland"; und die Behauptung, bei ‚Khundar' handele es sich – quasi die ‚Evasion' des Autors vorwegnehmend – um Ret Maruts „poetischen Abgesang von der ‚alten Welt' [und] der europäischen Zivilisation", ist schlichtweg falsch.⁵² Zudem sind Interpretationsversuche – wie z.B. Recknagels – im Stirner'schen Sinne, aus eben diesem Grund mit Vorsicht zu genießen.⁵³ Gleiches gilt auch für Guthkes Hinweis, dass ein Bekannter Maruts, der Maler Franz Wilhelm Seiwert (1894-1933), der Autor von ‚Khundar' gewesen sein könnte.⁵⁴ Damals hatten nämlich neuromantisch getönte Kunstmärchen – wie Jens Malte Fischer in seinem informationsreichen Beitrag ‚Deutsche Literatur zwischen Jahrhundertwende und Erstem Weltkrieg' ausgeführt hat – durchaus Konjunktur.⁵⁵ So erhielt die Berliner illustrierten Zeitschrift *Die Woche* z.B. anlässlich eines Märchenwettbewerbs im Jahre 1905 über 4.000 Einsendungen, und der letztendliche Gewinner – ein gewisser Heinrich Traulsen – erhielt für sein Märchen ‚Erika' (das noch im gleichen Jahr in einem Sammelband von Kunstmärchen veröffentlicht wurde⁵⁶) ein Preisgeld von 3.000 Mark. Zudem war die Zeit nach der Jahrhundertwende „gekennzeichnet durch eine Abwendung von der politischen und sozialen Wirklichkeit, durch eine Individualisierung, die sich in dem wachsenden Interesse für psychologische Erkenntnisse ausdrückte und durch eine neue

---

[49] Vgl. dazu die Sammlung-Heidemann, die sich seit geraumer Zeit im Archiv der University of Californa, Riverside, CA, befindet.
[50] Vgl. dazu Goldwasser (1989, [S. IV]), ders. 1993, S. 133-42 u. 2003, S. 69-82.
[51] Anlässlich eines Vortrags zum gleichen Thema auf der Traven-Konferenz in Eutin im Herbst des Jahres 2003 hatte der Verfasser dieses Beitrags diesen Zusammenhang ebenfalls noch nicht erkannt.
[52] Recknagel (1), 1977, S. 141 u. Recknagel (2), 1977, S. 18.
[53] Vgl. Recknagel (2), 1977, S. 18-20, bes. S. 19: „Der *m a n Khundar* muß im Sinne des ‚Einzigen' [d.h. Stirners] verstanden werden."
[54] Guthke, 1987, S. 237.
[55] Fischer, 1976, S. 231-60, hier S. 255.
[56] Vgl. dazu *Neuer deutscher Märchenschatz* (Berlin: Scherl 1905; = 7. Sonderheft der *Woche*).

Ästhetik des Schönen und Überzeitlichkeit."[57] In diesem Kontext sei daher auch ausdrücklich auf die ‚Dämoniserung des Erotischen' (Horst Fritz) in der Literatur des Fin de Siècle hingewiesen, ein Thema, dessen positive Variante „im Motiv rauschhaften Glücks, wie es die Liebesvereinigung gewährt",[58] Ausdruck fand. Dabei zeichnete sich eine zunehmende „Entfremdung des Subjekts vom gesellschaftlichen Ganzen" ab, so dass die Wirklichkeitsferne, in der sich diese erotische Erfüllung letztendlich vollzog, oft darin resultierte, „daß in der konkreten gesellschaftlichen Realität diese Identität immer schwieriger sich herstellen [ließ]."[59] Weitere Aspekte dieser neuzeitlichen Bewegungen waren außerdem die mächtigen Strömungen der sogenannten ‚Lebensphilosophie' und des Vitalismus (mit ihren Hauptvertretern Henri Bergson [1859-1941] in Frankreich sowie Wilhelm Dilthey [1833-1911] und Georg Simmel [1858-1918] in Deutschland), wobei sich romantisch getönter Antikapitalismus mit Kultur- und Geschichtspessimismus verbündete[60] und „ein neuer Idealismus die verderblichen Wirkungen von Rationalismus und Materialismus bekämpf[te]."[61] In diesem Sinne offerierte die Flucht vor der Wirklichkeit in Bereiche des Okkulten, des Phantastischen und Makabren eine Art von Refugium,[62] was sich in Maruts Erzählung besonders gut an der Gestalt der grünglitzernden Frau nachweisen lässt,[63] da hier, wie oft in der zeitgenössischen Literatur, „die weibliche Figur von schmückenden und ornamentalisierenden Requisiten nahezu erdrückt und überlagert wird" und „[s]ogar Gewänder und Teile des Körpers selbst, wie Haare, Hals und Arme, primär als Objekte eines Stilisierungsprozesses [fungieren]" und damit Ausdruck sind für den – für den Jugendstil typischen – ‚Ästhetisierungsdrang', „der die konkrete Individualität zu beseitigen droht[e]" sowie den ‚Anspruch des schönen Lebens' selbst ‚gegen die Häßlichkeit der Realität' durchzusetzen suchte.[64].

Ret Marut hat all diesen Zeitströmungen – insbesondere der Neuromantik – in seiner ‚Khundar'-Geschichte Rechnung getragen, wobei jedoch – wie

---

[57] Fischer, 1976, S. 232.
[58] Vgl. Fritz, 1977, S. 451; s. dazu auch Recknagel (2), 1977, S. 19-20: „Die Begegnung mit der *königin* läßt KHUNDAR für kurze Zeit die Wirklichkeit vergessen und verwandelt die Dingwelt in märchenhafte Gestalten eines Zauberschlosses. [...] [Die Passage] gipfelt schließlich in der romantischen Triebseligkeit der unio mystica mit der Geliebten. Als diese Verklärung erreicht ist, stirbt die *strahlen-umkleidete und glitzernde frau* in KHUNDARS Armen."
[59] Vgl. Fritz, 1977, S. 453; s. dazu ferner Koopmann, 1977, S.73-92.
[60] Vgl. dazu auch das 1906 im Jenaer Eugen Diederichs Verlag erschienene und als programmatisch geltende Buch Ludwig Coellens mit dem Titel *Neuromantik*.
[61] Fischer, 1976, S. 233.
[62] Ebd., S. 251; s. dazu auch Recknagel (2), 1977, S. 18: „[...] die epischen Normen werden zum Teil aufgehoben, dramatische und lyrische Passagen herrschen vor."
[63] Vgl. Sternberger (1971; S. 39) hat deshalb in diesem Zusammenhang auch ausdrücklich auf die blassgrünen Schleiergewände hingewiesen, die Isadora Duncan stets während ihrer Aufführungen trug.
[64] Fritz, 1977, S. 454.

Theodore Ziolkowski ausgeführt hat – unterschieden werden muss zwischen einerseits „eine[r] zeitbedingte[n] literarische[n] Bewegung, die aus einzelnen Dichtern besteht", der sogenannten ‚historischen Romantik' (‚Nachwirken'), und andererseits „eine[r] Geisterverfassung, die weniger an bestimmte Dichter und eine bestimmte Zeit gebunden ist", der sogenannten ‚typologischen Romantik' (‚Nachleben'):[65]

> Im ersten Fall richtet sich das kritische Interesse auf den bewußten ästhetischen Prozeß: Übernahme des Stoffs, Nachahmung des Stils oder Umgestaltung der Struktur. Im zweiten Fall fragen wir uns, ob im Werk des modernen Dichters der Gesamtkomplex von Elementen, die nach der jeweils akzeptierten Definition das Wesen der Romantik ausmachen, festzustellen ist.[66]

Bei Ret Maruts ‚Khundar'-Geschichte handelt es sich dabei zweifelsohne um das ‚Nachwirken' gewisser neuromantischer Strömungen, die in der deutschen Literatur des angehenden 20 Jahrhunderts populär waren.[67] Allerdings hat der Autor in seiner ‚Einleitung' im *Ziegelbrenner* aus dem Jahre 1920 zu späteren Fehlinterpretationen dadurch Anlass gegeben, dass er die Entstehungszeit der Erzählung „in eine[r] Zeit der tiefsten Erniedrigung" plazierte (womit eigentlich nur der am 28. Juni 1919 von Deutschland unterzeichnete Vertrag von Versailles gemeint sein kann, der am 10. Januar 1920 förmlich in Kraft trat) und zudem das Eintreffen eines ‚Erlöser' prophezeite, der bereits aufgebrochen sei, um die Deutschen zu ‚befreien' (wobei der Leser natürlich – zumindest im Nachhinein – fatal an die Karriere Adolf Hitlers erinnert wird).[68] Zu diesem Eindruck trägt weiter bei, dass Marut den Namen des Protagonisten von Site in Khundar änderte, der – laut Armin Richter – auf das althochdeutsche Wort ‚chundari' = ‚(Ver)Künder' zurückgeht und somit darauf hinzudeuten scheint, dass es sich bei dem Text um eine Botschaft an die Menschheit handelte.[69]

Der erste Einschub zeigt den Mann Site – eine *außerweltliche* Figur, wie ausdrücklich betont wird – in einem unermesslich großen Garten über einen Blumenkelch gebeugt, worin auf einem zierlichen Thron eine Frau in einem Gewand aus grünem Gestrahle sitzt (158). Auf Sites Frage, warum sie ihm nachlaufe, plädiert diese: „‚Führe mich nicht aus meinem Blütenhain, nicht aus meinem Blumengarten in ein kühles, ödes Land; und siehe, ich will Dein Leben krönen mit allezeit offenen Augen für die Dinge der Welt, und ich will Dir endlich geben einen letzten Tag, der die Verheißung ist!'" (158) Im nächsten

---

[65] Ziolkowski, 1969, S.15-31, hier S. 17.
[66] Ebd., S. 29.
[67] Vgl. dazu etwa Richard Dehmels Roman *Zwei Menschen* (1903).
[68] Vgl. *Ziegelbrenner*, a.a.O., S. 2.
[69] Richter, 1977, S. 323 (‚Kommentar').

Moment fand Site sich dann allerdings in die graue, schmutzige Alltagswelt zurückversetzt und Gegenstand der Verhöhnung seitens der örtlichen Bevölkerung,[70] so dass ihm war, „als spränge etwas in seinem Herzen und als tröpfele langsam Blut heraus in seine Seele." (158)

Während der ihnen verbleibenden sechs Tage machten Hellie und Felix u.a. eine gemeinsame Fahrt übers Meer zu den Königsgräbern auf Kreta (159),[71] während der er ihr einen weiteren Teil seines Manuskripts anvertraut. In der darin enthaltenen Episode der Novelle wird der König des Traumreiches, in dem der Mann Site lebt, zu Grabe getragen (159-63),[72] und seine Tochter, die grünglitzernde Frau, die im Begriff ist, ein Kind zu gebären, ist im Begriff, die Nachfolge anzutreten (162). Auf Sites Erkundigungen hin erfährt er, dass die junge Frau nicht nur noch nie eine Liebesbeziehung gehabt hatte, d.h. dass es sich quasi um eine im biblischen Sinne jungfräuliche Geburt handele,[73] sondern dass sie sich „‚das Kindlein selber aus dem Herzen heraus[geschnitten habe]'" (162) und dass niemand anders als Site das Herz der neuen Herrscherin sei.

Nach diesem Einschub wendet sich der Autor erneut der eigentlichen Handlung des Romans zu, die Hellie und Felix – auf einer Wanderung zwischen den Königsgräbern – in eine lebhafte Diskussion über den Unterschied von abend- und morgenländischer Ehe vertieft zeigt (163), woran sich eine weitere Episode aus Felix' Novelle anschließt, in welcher der Reimer[74] der Königin eines seiner Lied vorträgt (167-68)[75] und sie anschließend auf ein Jagdschlösschen begleitet, wo die beiden unter extrem romantischen – um nicht zu sagen kitschigen[76] – Umständen gemeinsam eine Nacht verbringen (169-70).

Danach kehrt Ret Maruts Roman erneut zur eigentlichen Handlung zurück, die die verbleibenden drei Tage des Zusammenseins von Hellie und Felix zum Gegenstand hat und einen Wendepunkt in ihrem Leben einleitet (171). Hellie, die – 25jährig – bisher jede sexuelle Beziehung zu Männern vermieden hatte (172-73), erkennt nunmehr in Felix ihre erste große Liebe. Im Erzählkommentar heißt es, es sei in ihr das Gefühl wach geworden: „Dieser ist es! Dieser und kein anderer auf der Welt!" (173) Auf die Frage allerdings, warum gerade Felix,

---

[70] Diese ‚Lumpenhund'-Passage ist in ‚Khundar' (vgl. *Ziegelbrenner*, a.a.O., S. 5) erheblich erweitert worden! Vgl. dazu auch Recknagel (2), 1977, S. 19: „Vor dem zerlumpten Sänger Khundar […] entspinnt sich ein mystizierendes Scheinleben voller symbolischer Visionen und Begegnungen."
[71] Kreta wird allerdings nicht namentlich genannt!
[72] Auch diese Passage ist erheblich geändert worden (s. *Ziegelbrenner*, a.a.O., S. 7ff.).
[73] Vgl. dazu auch *Der Mann Site und die grünglitzernde Frau*, 2008, S. 184.
[74] In ‚Khundra' wird er als Sänger bezeichnet (*Ziegelbrenner*, a.a.O., S. 26).
[75] Auch diese Reime hat Marut in seiner Überarbeitung von ‚Khundra' leicht verändert und zudem erweitert (*Ziegelbrenner*, a.a.O., S. 27).
[76] Laut Recknagel ([2], 1977, S. 19) sind „[d]ie musikalisch-träumerischen Impressionen letztlich zu deuten als ein verinnerlichter und subjektiver Protest gegen eine Welt der Empfindungslosigkeit und des Krämer-Geistes."

konnte sie keine klare Auskunft geben, was – laut Erzähler – u.a. daran lag, dass Frauen, aufgrund ihrer Unfähigkeit, logisch zu denken, stets ausweichend antworten (174). Hellies Replik war daher auch: „Warum ich ihn liebe? Warum? Ja eben darum liebe ich ihn!" „Ich liebe ihn, [...] weil ich nicht anders kann". (174) Und weil Frauen angeblich derartige Fragen ohne Schlussfolgerungen zu beantworten vermögen, ist es Hellie möglich, „bedingungslos und voraussetzungslos zu lieben." (174) In diesem Sinne also liebte die Tänzerin ihren Felix und sah in ihm und an ihm „nichts als Schönes." (174)

Während eines erneuten Einschubs – dem Maruts bei der Überarbeitung des Romans in der ‚Khundra'-Geschichte zudem eine längere Passage vorangestellt hat[77] – begleitet der Mann Site die grünglitzernde Frau zu ihrer Königsburg, wo diese ihm beim Abschied gesteht: „‚Komm, mein Freund Site! Denn siehe: mein Herz dürstet nach einer Nacht, wo ich meine Seele aufgehoben fühle in die erhabene Ruhe und ewige Schönheit des Unerreichbaren'." (177)

Im Rahmen der weiteren Roman-Handlung wird dann seitens Hellie der Versuch unternommen, sich Klarheit über Felix' Person zu verschaffen, da sie quasi nichts von ihm weiß und nicht einmal seinen Familiennamen kennt; denn er war verschlossen und weigerte sich – Traven ähnlich – Einzelheiten über seine Person preiszugeben.[78] Die Tänzerin gewann dabei den Eindruck, Felix führe drei parallele Leben, die durch seine äußerliche menschliche Gestalt, seine Arbeit sowie seiner Gedanken und Worten charakterisiert würden, wobei letztere rücksichtslos alles zerschmetterten, „was den raschen Fortgang der menschlichen Geister- und Kraftentwicklung hinderte" (180), was wiederum der Grund war, weshalb ihn niemand als Autor früherer novellistischer Veröffentlichung erkannt hatte. Laut Felix besaß nämlich allein „‚die Phantasie, der Flug der Gedanken in die blühenden Reiche der Schönheit[,] die Fähigkeit und die Kraft, die Menschen von allen Leiden der Erde zu erlösen'", (180) und sein eigenes Schaffen war deshalb eine Art Fluchtversuch, um sich „‚von den Häßlichkeiten der Erde zu befreien'." (180) Tod und Schönheit waren somit für ihn Erlöser; und falls die Menschen ihr Elend nicht ertragen konnten und keinen Ausweg wüssten, wäre es seiner Meinung nach besser, sie würden Selbstmord begehen statt zu jammern und zu winseln und noch weiter im Elend zu vertieren und zu verkommen (180).

---

[77] Vgl. *Ziegelbrenner*, a.a.O, S. 37-44.
[78] Vgl. dazu *Der Mann Site und die grünglitzernde Frau*, 2008, S. 179: „Aber was bedeutet schließlich der Name bei einem Menschen. Name und Titel sind für das Mittelmaß, für das man Namen, Titel und Würden braucht, um die Masse zu sichten. Je größer, je vollkommener ein Mensch ist, umso weniger vermag der Name weder zu seinen Gunsten noch zu seinen Ungunsten etwas zu ändern."

Hellie war sich sehr deutlich des Abstandes zwischen der schmutzigen wirklichen Welt und der Phantasiewelt in Felix' Novelle bewusst, welche Ausdruck des Versuches war, die Berührung mit dieser schmutzigen Umwelt zu vermeiden (181). Sie hoffte allerdings weiterhin, seine Geistigkeit in Körperlichkeit umformen zu können; denn – wie ihr unterbewusst bereits während der kurzen Beziehung mit Munks klar geworden war – das, was sie einem potenziellen Partner gerne mitgeteilt hätte, „lag so tief, so versteckt in ihrem Inneren", dass sie es „ohne die Hilfe eines Menschen, der Ungeschriebenes in ihr zu lesen vermochte", nicht zutage befördern konnte (69). Aus diesem Grunde entschied sie, Felix solle der einzige Mann in ihrem Leben bleiben; denn „[d]er Erste, und nur der Erste, gibt der Frau die Wegrichtung an und formt ihr Lebensschicksal." (181) Zwar lässt sich in den ersten Kapiteln von Felix' Novelle keine Liebesbeziehung ausmachen; denn sie waren von reiner Symbolik bestimmt. Nach und nach jedoch machte sich ein Anflug von Liebe bemerkbar zwischen der grünglitzernden Frau und demjenigen Mann, der bestimmt war, ihr allerorts, in allen Gestalten zu begegnen (182). Mit anderen Worten, „mit jedem Fortschreiten des Buches wurde die Liebe dieser beiden allegorischen Gestalten immer inniger und sehnsüchtiger" (182), was nicht die ursprüngliche Absicht des Autors gewesen war, der dieser Entwicklung heftigen Widerstand entgegensetzte, jedoch letztendlich von ihr überwältigt wurde (183). Aufgrund dessen zog sich nunmehr „die Liebe der beiden und ihr Zusammendrängen immer farbenfreudiger durch das Buch" (182). Und es waren diese Umstände, die Hellies nachfolgende Entscheidungen am meisten beeinflussten (182); denn mehr als dies durch ein längeres, gemeinsames Zusammenleben mit Felix möglich gewesen wäre, hatte Hellie anhand dieses Manuskripts – das der Erzähler an einer Stelle als ‚Glaubensbekenntnis' des Autors bezeichnet (182) – sein innerstes und wahrstes Wesen kennen- und dessen Wert – trotz der ihr unverständlichen Symbolik – schätzen gelernt (182-83).

Hellie mietete während der verbleibenden Tage eine Villa hoch über dem Meer und lud Felix ein, die letzten Tage ihres Aufenthalts in Beirut dort mit ihr zu verbringen (183), wobei ihr bewusst wurde, dass sie damit zum ersten Mal aktiv in ihr eigenes Leben – d.h. ihr Sexualleben – eingriff, während sie sich vorher stets passiv hatte treiben lassen (184):

> Aber hier in der größten und wichtigsten Frage ihres Lebens […] hatte sie selbst gehandelt und zugegriffen, um nicht leer ausgehen zu müssen und an ihrem letzten Tage sagen zu müssen: „Ich habe gelebt, ja; doch weiß ich auch alles, was das Leben heißt? Ich bin dem Leben etwas schuldig geblieben; und nur diese Schuld allein heißt Sünde! Alles andere sonst, was Sünde heißen mag, ist Torheit der Menschen!" (184)

Der nächste und letzte episodische Einschub aus Felix Novellen-Fragment spielt ebenfalls während eines dreitägigen Aufenthalts des Mannes Site im Schloss der grünglitzernden Frau, anlässlich dessen – so scheint es zumindest andeutungsweise[79] – es endlich zu einer Vereinigung der beiden Liebenden kam: „‚Erfülle mich mit Deiner herrlichen, köstlichen und keuschen Liebe'" (186), fordert die Königin den Sänger auf; und als er mit dem tiefen Ernst eines Priesters die „heilige Handlung" vollzogen hatte, rief sie mit jauchzender Stimmer: „‚Site, mein lieber Freund, ich bin die glücklichste Frau der Erde, nun ich Dich kenne und weiß! Es ist erfüllt! Komm' und küsse mich'." (186) Anschließend musste der Sänger jedoch feststellen, dass die grünglitzernde Frau gestorben war (186), woraufhin er verkündete:

> „Du schläfst, grünglitzernde Frau! [...] Ist doch das Höchste Erfüllung nur dann, wenn der Schlaf ihr vorweg nimmt die schalen und modernden Reste. [...] Selig bist Du, edelste der Frauen, daß Du den Morgen und das Modern nicht sahst [...]. [D]enn Dein Reich und Deine Grenzen sind nun begründet und eisern gefügt immerdar! Selig bist Du, grünglitzernde Frau, Hoffnungverheißende." (187)

Der Sänger begrub die grünglitzernde Frau alsdann und verließ das Land, während die einheimische Bevölkerung verzweifelt ihre Königin suchte. Schließlich erging eine Verlautbarung, die junge Königin sei verstorben, woraufhin die Menschen das Land verließen, das wüst und leer wurde (189).

Am Morgen des dritten Tages verließ dann endlich auch Hettie Beirut per Schiff. Beim Abschied von Felix auf der Landungsbrücke gestand sie ihm: „‚Ich habe noch nie jemand auf der Welt geliebt, nur Dich! Dich allein! Ich werde Dich immer lieb haben und mein höchstes Glück soll sein: Treue zu halten meiner ersten einzigen Liebe, damit sie durch nichts verdunkelt werde'!" (190) Danach trug sie „wehe Freude im Herzen und Todessehnsucht" und begann ihre eigentliche Künstlerschaft, „wo sie bisher Handwerkerin gewesen war." (190) Das Volk seinerseits war beglückt von ihrer neuen Darstellungskunst und „schrie und tobte vor Lust, wenn ihre Blutstropfen zur Erde fielen." (190)

Mit der Trennung von Hellie und Felix endet der Roman *Der Mann Site und die grünglitzernde Frau*, in dessen abschließendem Teil der Autor mittels zahlreicher retardierender, aber gleichzeitig auch vorantreibender und kommentierender digressiver Einschübe versucht hat, dem Untertitel seines Werkes ‚Die Geschichte eines Lebens, das nach einem Ziel strebte' Rechnung zu tragen.[80]

---

[79] Vgl. dazu auch die Erweiterung dieser Passage die ‚Khundra' (*Ziegelbrenner*, a.a.O., S. 61-62).
[80] Das es sich auch dabei um ein neuromantisches Konzept handelte, wird u.a. deutlich in Coellens zeitgenössischer Abhandlung *Neuromatik* (1906), wo es an einer Stelle heißt: „Denn nicht im Getriebe des Alltags erschöpft und erfüllt sich das Leben; es verlangt einen Sinn. *Der Sinn aber ist Streben nach einem Ziel* [Hervorh. JT]: nach vollständiger Vollendung der Ein-

Dieses Ziel war – wie der oben zitierte vorletzte Satz beweist – die Darstellung wahrer Künstlerschaft, des ‚Schönen' *per se*, wie dies bereits 1903 in Isadora Duncans Vortrag ‚Der Tanz der Zukunft' Ausdruck gefunden hatte, wo es heißt: „Was mehr als alles andere schön, gesund und sittlich ist, künstlerisch auszudrücken, das ist die Mission der Tänzerin, und dieser Mission will ich mein Leben widmen."[81] Allerdings erklärt sich damit nur ein Teil dieses Phänomens; denn um diesem Ziel eine Richtung zu geben, war eine echte Liebesbeziehung als Auslöser notwendig, wie Hellie Laskin diese mit dem Felix erlebte und Isadora Duncan in ihrer Liebesbeziehung zu Gordon Craig, wozu hier erläuternd abschließend ein Brief der amerikanischen Tänzerin an den englischen Bühnenbildner vom 23. Dezember 1904 zitiert sei:

> Dearest Sweetest Spirit,
> You will never know how beautiful you are. Only I know that. You will never know what an immense Joy *Giver* you are. All that joy is with me. You have given joy & love unspeakable. What shall I give you in return – All that I have in my power to give & that is not enough – but perhaps you will find a cold empty corner for it. [...] Darling until we meet again – until I return to the Heart in which I was born – *Your* Isadora [...] [.]
> You have the most beautiful eyes in the world – & the dearest hands. You contain the sweetness of all the flowers & soft winds & sun – & I love you – as the essence of all that is good & sweet in creation [...] & will always be grateful to you. We were born in the same star and we came in its rays to earth, & for a little I was in your heart & then I wandered far away & now I am back. That is our History. No one could understand it – but us. [...][82]

---

zelindividuation zum Zwecke der Seinserfüllung, – ein Streben, das dem Individuum seinen ausreichenden Wert gibt, ein Ziel, das über das Individuum hinausweist." (S. 24)

[81] Isadora Duncan, 1903, S. 32; im englischen Original heißt diese Passage: „To express what is the most moral, healthful and beautiful in art – this is the mission of the dancer, and to this I dedicate my life." (Isadora Duncan, ³1977, S. 56).

[82] Zitiert bei Steegmuller, 1974, S. 30-31 (kursive Schreibweisen im Original); Isadora Duncan schickte diesen Liebesbrief an Craig aus Berlin, kurz vor ihrer Abreise nach St. Petersburg, wo sie zu Jahresende 1904 einige Aufführungen gegeben hat.

Bibliografie

Dehmel, Richard: *Zwei Menschen.* Berlin: Schuster & Loeffler 1903.

Duncan, Isadora: *Der Tanz der Zukunft (The Dance of the Future).* Eine Vorlesung, übersetzt u. eingeleitet von Karl Federn. Leipzig: Eugen Diederich 1903, S. 27-46 (= deutsche Version).

Duncan, Isadora: *My Life.* Garden City, NY: Garden City Publishing Co. 1927.

Duncan, Isadora: *The Art of the Dance*, ed. with an introduction by Sheldon Cheney. New York: Theatre Arts Books ³1977, S. 54-63.

George, Stefan: *Sämtliche Werke.* Bd. VIII: *Der Stern des Bundes.* Stuttgart: Klett-Cotta 1993.

Jacobson, Jens Peter: *Frau Marie Grubbe. Interieurs aus dem siebzehnten Jahrhundert.* Leipzig: Eugen Diederichs 1898.

Marut, Ret: Khundar. Begegnungen. Das erste Buch. In: *Der Ziegelbrenner* 4 (30. April 1920), H. 26/34, S. 2-72.

Marut, Ret: *Der Mann Site und die grünglitzernde Frau.* Thunecke, Jörg (Hrsg.). Nottingham: Edition Refugium 2008.

Marut, Ret: *Die Fackel des Fürsten.* Thunecke, Jörg (Hrsg.). Nottingham: Edition Refugium 2008.

Schmid, Max (Hrsg.): *Der Ziegelbrenner.* Nachwort von Rolf Recknagel. Berlin: Klaus Guhl 1976.

Traven, B.: Mein Roman ‚Das Totenschiff'. In: *Die Büchergilde* 3/1926, S. 34-38.

Amaya, Mario: Isadora and the Sculptor. In: *The Dance in Art* 7/August 1962, S. 32.

Blair, Fredrika: *Isadora. Portrait of the Artist As A Woman.* New York: William Morrow 1986.

Coellen, Ludwig: *Neuromantik.* Jena: Eugen Diederichs 1906.

Craig, Edward: *Gordon Craig. The Story of his Life.* London: Victor Gollancz 1968.

Czechanowsky, Thorsten: Die Irrfahrt als Grenzerfahrung. Überlegungen zur Metaphorik der Grenze in B. Travens Roman *Das Totenschiff.* In: *Mauerschau* 1/2008, S. 45-58.

Daly, Ann: *Done into Dance. Isadora Duncan in America.* Bloomington: Indiana UP 1995.

Duncan, Dorée et al. (Hrsg.): *Life into Art. Isadora Duncan and Her World.* New York: W. W. Norton 1993.

Duncan, Irma: *Duncan Dancer. An Autobiography.* Middletown, CT: Wesleyan UP 1966.

Dumesnil, Maurice: *An Amazing Journey. Isador Duncan in South America.* London: Jarrolds 1932.

Fischer, Jens Malte: Deutsche Literatur zwischen Jahrhundertwende und Erstem Weltkrieg. In: Hinterhäuser, Hans (Hrsg.): *Jahrhundertende – Jahrhundertwende II.* Wiesbaden: Athenaion 1976, S. 231-60.

Fritz, Horst: Die Dämonisierung des Erotischen in der Literatur des Fin de Siècle. In: Bauer, Roger et al. (Hrsg.): *Fin de Siècle.. Zu Literatur und Kunst der Jahrhudertwende.* Frankfurt a.M.: Vittorio Klostermann 1977, S. 442-464.

Fuchs, Georg: *Die Schaubühne der Zukunft.*Berlin / Leipzig: Schuster & Loeffler 1905.

Fuchs, Georg: *Der Tanz.* Stuttgart: Strecker & Schröder 1906.

Gales, Gerard (1): Einleitung. In: *Khundar.* Egnach: Clou-Verlag 1963, S. I-III.

Gales, Gerard (2): Nachwort. In: *Khundar.* Egnach: Clou-Verlag 1963, S. 74-103.

Goldwasser, James: Einleitung. In: *B. Traven: Archive of Ret Marut & Der Ziegelbrenner*, New York, 1989, S. IV.

Goldwasser, James: Ret Marut: The Early B. Traven. In: *Germanic Review* 68/1993, 3, S. 133-42.

Goldwasser, James: The Revolution Within: Ret Marut's Turn to Fiction. In: Thunecke, Jörg (Hrsg.): *B. Traven the Writer – Der Schriftsteller B. Traven.* Nottingham: Edition Refugium 2003. S. 69-82.

Groß, Alexander: *Memoiren.* Zürich: Amalthea Verlag 1928.

Gumpert, Gregor: *Die Rede vom Tanz. Körperästhetik in der Literatur der Jahrhundertwende.* München: Wilhelm Fink 1994.

Guthke, Karl S.: *B. Traven. Biographie eines Rätsels.* Frankfurt a.M.: Büchergilde Gutenberg 1987.

Hamann, Richard / Hermand, Jost: *Stilkunst um 1900.* Frankfurt a.M.: Fischer 1977; [1]1973.

Jeschke, Claudia / Vettermann, Gabi: Isadora Duncan, Berlin and Munich in 1906: Just an Ordinary Year in a Dancer's Career. In: *Dance Chronicle. Studies in Dance and the Related Arts*, New York, 18/1995, 2, S. 217-29.

Koopmann, Helmut: Entgrenzung. Zu einem literarischen Phänomen um 1900. In: Bauer, Roger et al. (Hrsg.): *Fin de Siècle. Zu Literatur und Kunst der Jahrhudertwende*. Frankfurt a.M.: Vittorio Klostermann 1977, S.73-92.

Kurth, Peter: *Isadora. A Sensational Life*. Boston: Little Brown 2001.

Macdougall, Allan Ross: *Isadora. A Revolutionary in Art and Love*. New York: Thomas Nelson 1960.

Niehaus, Max: *Isadora Duncan. Leben – Werk – Wirkung*. Wilhelmshaven: Heinrichshofen's Verlag 1981.

NN: Isadora Duncan: ‚Pourquoi j'aime la dans'. Grundlagen für eine freie Tanzkunst (bearb. v. Rudolf Liechtenhan). In: *Ballett-Journal*, Köln, 40/1992, 3, S. 50-53.

Peter, Frank-Manuel: Das Land der Griechen mit dem Körper suchend. Isadora & Elizabeth Duncan in Deutschland. In: ders. (Hrsg.): *Isadora & Elizabeth Duncan in Deutschland*. Köln: Wienand 2000, S. 2-30.

Rasch, Wolfdietrich: Der Tanz als Lebenssymbol im Drama um 1900. In: ders.: *Zur deutschen Literatur seit der Jahrhundertwende. Gesammelte Aufsätze*. Stuttgart: Metzlersche Verlagsbuchhandlung 1967, S. 58-77.

Recknagel, Rolf (1): *Beiträge zur Biographie des B. Traven*. Berlin: Klaus Guhl 1977.

Recknagel, Rolf (Hrsg.) **(2)**: Einleitung. In: *B. Traven – Ret Marut: Das Frühwerk*. Berlin: Klaus Guhl 1977, S. 7-24.

Richter, Armin: *Der Ziegelbrenner. Das individualanarchistische Kampforgan des frühen B. Traven*. Bonn: Bouvier Verlag 1977.

Seroff, Victor: *The Real Isadora*. New York: The Dial Press 1971.

Steegmuller, Francis: ‚*Your Isadora'. The love story of Isadora Duncan & Gordon Craig*. New York: Random House 1974.

Sternberger, Dolf: Jugendstil: Begriff und Physiognomik. In: Hermand, Jost (Hrsg.): *Jugenstil*. Darmstadt: Wissenschaftliche Buchgemeinschaft 1971, S. 27-46.

Thunecke, Jörg: *Die Fackel des Fürsten* – Ret Maruts Roman als kulturpolitischer und ethnologischer Brückenschlag zu B. Traven. In: ders. (Hrsg.): *B. Traven the Writer – Der Schriftsteller B. Traven*. Nottingham: Edition Refugium 2003, S. 83-131.

Thunecke, Jörg: Brückenschlag zu B. Traven? Die Funktion der Digressionen in Ret Maruts Roman *Die Fackel des Fürsten*. In: Dammann, Günter (Hrsg.): *B. Traven: Autor – Werk – Werkgeschichte*. Würzburg: Königshausen & Neumann 2012, S. 149-64.

Wyatt, Will: *The Man Who Was B. Traven*. London: Jonathan Cape 1980.

Ziolkowski, Theodore: Das Nachleben der Romantik in der modernen deutsche Literatur: Methodologische Überlegungen. In: Paulsen, Wolfgang (Hrsg): *Das Nachleben der Romantik in der modernen deutschen Literatur*. Heidelberg: Lothar Stiehm 1969, S.15-31.

Exil, Selbstübersetzung, Hybridität: B. Travens *Das Totenschiff* und fünf Übersetzungen ins Spanische[1]

Heike van Lawick (Universitat Jaume I)

0 Einleitung

Der Schriftsteller, der sich hinter dem Pseudonym B. Traven (u.a. auch Ret Marut oder Hal Croves) verbarg, gab – durchaus im Sinne des Autors – ausreichend Anlass zu nicht immer nachvollziehbaren Spekulationen, die dem Mythos dieser Figur Vorschub leisteten. Dank der bisher geleisteten biografischen Forschung[2] wurde aus diesem Mythos ein aus Schwiebus (jetzt Świebodzin) stammender Mensch mit einem nicht einfachen Lebensweg, der im mexikanischen Exil endete. Auch Sprache und Versionen seiner Hauptwerke wurden inzwischen erforscht.[3] Dabei stellt sich die Frage, wie seine Position als Exilierter und die damit verbundene Mehrsprachigkeit sowie andere Merkmale, die mit Exil und Emigration in Verbindung gebracht werden, sich in Travens Werk niederschlagen und, in engem Zusammenhang damit, wie sich dies auf dessen Übersetzungen auswirkt. Zunächst wird in diesem Beitrag daher auf die Faktoren eingegangen, die typischerweise bei exilierten Autor/innen eine Rolle spielen, um sie im Anschluss im Fall Traven zu erörtern, denn sie könnten einige Eigenheiten seiner Werke zumindest z.T. erklären.

Um zu untersuchen, wie sich die mit dem Exil zusammenhängenden Bedingungen in Travens Werken und deren Übersetzungen – in diesem Fall ins Spanische, der Sprache seines Exillandes – niederschlagen, bietet sich sein erster großer Erfolgsroman *Das Totenschiff* besonders an, denn einerseits stellt sein autobiografischer Hintergrund den Zusammenhang mit dem Thema des Exils her, andererseits legen die Umstände und Eigenarten der unterschiedlichen Ausgaben des Romans die Arbeitsweise des Autors offen. Dabei soll geklärt werden, welche der vorhandenen Versionen jeweils für die Übersetzungen herangezogen wurde, wann diese erschienen und welche Merkmale sie auszeichnen. Ebenso soll dabei auf die Übersetzer/innen und ihre Eigenheiten

---

[1] Dieser Beitrag wurde im Rahmen des vom spanischen Ministerium für Wirtschaft und Wettbewerbsfähigkeit finanzierten Projekts „Modelos de lengua literaria en las traducciones al catalán valenciano contemporáneo: análisis traductológico, contrastivo y sociológico" (FFI2015-68867-P) verfasst, das sich mit Übersetzungen in die Minderheitensprache Katalanisch aus unterschiedlichen Perspektiven auseinandersetzt. Für ihre wertvollen Anregungen zu diesem Text sei Brigitte Jirku besonders gedankt.
[2] Vgl. v.a. Recknagel, 1983/1966; Wyatt, 1980; Guthke, 1987; Hauschild, 2012 a und b sowie 2013.
[3] Hier sind v.a. der von Helmes 2003 sowie die beiden von Günter Damman 2005 und 2012 herausgegebenen Sammelbände hervorzuheben.

eingegangen und überprüft werden, in welchem Verhältnis jeweils Ausgangs- und Zieltext stehen und inwieweit das spanischsprachige Publikum denselben B. Traven las bzw. liest wie das deutsche.

1 Rahmenbedingungen: Exil, Mehrsprachigkeit, Selbstübersetzung

Von *Exil* spricht man bei einer – durch Vertreiben aus dem Ursprungsland oder aus politischen Motiven – erzwungenen Verlegung des Lebensmittelpunktes in ein anderes Land. Im Fall von B. Traven wird generell von seiner aktiven Teilnahme an der kurzlebigen Münchner Räterepublik als Grund für sein Exil ausgegangen: Wegen Landesverrates gesucht sah er sich gezwungen aus Deutschland zu flüchten. Auch wenn er Mexiko als seine neue Heimat betrachtete und sich selbst eher als Emigrant sah, kann man Traven durch den Verlust eines kulturellen Bezugspunktes, der „zu Krisen der Identität und Sprache führte", und dank seiner Mehrsprachigkeit als prototypischen Vertreter eines Exilschriftstellers bezeichnen.[4]

Andererseits werden im Exil lebende Autor/innen oft mit *Exilliteratur* in Verbindung gebracht, womit allerdings nicht nur die Werke von Exilautor/innen sondern auch von Exilverlagen – wie Querido in Amsterdam, Malik in Prag oder sein Nachfolger, der Aurora Verlag in New York – veröffentlichte Werke bezeichnet werden können. Von *Exilromanen* spricht man, wenn dort die Exilerfahrung selbst thematisiert wird, wobei Anna Seghers' *Transit* als Paradebeispiel erwähnt wird.

Nur einer von Travens Romanen erfüllt in gewisser Weise auch diese Bedingung des autobiografischen Hintergrundes, *Das Totenschiff*, in dem der interne Erzähler in der ersten Person den vom Staat ausgeübten Despotismus gegen den Menschen als Individuum stark kritisiert. Traven erläutert diesen Aspekt in einem 1926 in *Die Büchergilde, Zeitschrift der Büchergilde Gutenberg, Nummer 3*, veröffentlichten Text:

> Auf dieser Seite des Atlantischen Ozeans, wo ich lebe, wird ja heute noch behauptet, daß der große Krieg für die Freiheit, für die Demokratie, für die Unabhängigkeit der Völker geführt wurde. […] Seitdem der große Freiheitskrieg gewonnen wurde, haben alle Länder chinesische Mauern errichtet, deren Tore ohne Paß, ohne Visa, ohne Geburtsurkunde, ohne polizeiliches Führungszeugnis, ohne Ehescheidungsdokument, ohne Heiratslizenz nicht passiert werden dürfen […] da blieben einige Tausend Menschen draußen, außerhalb der Mauern. Sie konnten die Tore nicht passieren, weil das Papier wichtiger geworden war als der Mensch. […] Diesen menschlichen Abfallprodukten, diesen Toten, die-

---

[4] Lürbke, 2000, S.13.

sen Gespenstern wird der Glaube gelassen, daß sie durchaus freiwillig in die Arena treten, um als die modernen Gladiatoren zu kämpfen. Daß sie nicht fühlen, wie sehr [sie] die bedauernswerten, unfreiwilligen Opfer eines schändlichen Systems sind.[5]

Wie Guthke unterstreicht,[6] hat dieses Thema – im Gegensatz zu anderen in Travens Werken behandelten Themen – einen autobiografischen Hintergrund, denn Marut/Traven hatte mehrmals Probleme, weil seine diversen Identitätsänderungen dazu führten, dass ihm Papiere fehlten. Allerdings waren das im Zusammenhang mit dem Ersten Weltkrieg in vielen Ländern zu beobachtende Aufheben des freien Personenverkehrs und das Einführen von Grenzkontrollen aktuelle Themen, die u.a. in verschiedenen Beiträgen Kurt Tucholskys in den 1920er Jahren kritisiert wurden.[7] Auch Ret Marut wetterte bereits in seiner Zeitschrift *Der Ziegelbrenner* gegen die durch den Staat und seine Institutionen ausgeübte Kontrolle und trat, laut Hauschild,[8] für Völkerverständigung und -freundschaft ein – auch hier ganz in Übereinstimmung mit Tucholsky.

Exil und Emigration pflegen auch Änderungen in der Einstellung sowohl der Erst- oder sog. *Muttersprache* als auch der neu erlernten Fremdsprache gegenüber mit sich zu bringen, die oft mit spezifischen Funktionen verwendet werden und in vielen Fällen einen Wechsel in der Literatursprache zur Folge haben – s. Vladimir Nabokov (Engl.), Felix Pollack (Engl.), Franco Biondi (Dt.), Emine Sevgi Özdamar (Dt.), Romain Gary (Fr.), Jorge Semprun (Fr.) – obwohl auch sehr häufig die gegenteilige Reaktion zu beobachten ist, wie im Fall von Ernst Bloch, der sich gegen den Sprachwechsel aussprach, „weil er in ihm die Gefahr der Preisgabe, ja sogar die Zerstörung von Kultur erblickte",[9] was hier im Zusammenhang mit der *Lingua tertii imperii* gesehen werden muss. Das Alter der Betroffenen spielt sicher ebenso eine Rolle, wie sich am Beispiel von Heinrich und Thomas Mann im Vergleich zu den der jüngeren Generation angehörenden Erika und Klaus Mann feststellen lässt. Die häufigste Situation scheint ein Ne-

---

[5] Zitiert nach Beck; Bergmann; Boehncke, 1976, S. 148-149.
[6] Guthke, 1987, S. 339.
[7] S. z. B. „Einwohnerwehrmann auf Posten" (Kaspar Hauser in *Freie Welt,* 30.05.1920, Nr. 2, S. 19); „Der Ausweis" (Peter Panter in *Freiheit,* 23.06.1920); „Die Grenze" (Peter Panter in *Berliner Volkszeitung,* 27.06.1920); „Der Paß und der Reisende" (Ignaz Wrobel in *Welt am Montag,* 18.04.1921); das erste Kapitel des Pyrenäenbuches (1927) trägt den Titel „Der Beichtzettel" (soll heißen, der Reisepass), in dem über den Staat zu lesen ist: „Heimlich zugebend, dass die Bergpredigt für ihn nicht gelte, dass die vom Individuum geforderte Moral für ihn nicht gelte, dass die einfachsten altruistischen Gebote für ihn nicht gelten, will er Gott verdrängen und sich an seine Stelle setzen. Und glückt das nicht, so stellt er sich hinter das noch aufrechte Kruzifix, und der Betende neigt, vor wem er kniet. Drücke die Schwachen – aber schwenke die Fahnen! Bestrafe die Kranken – aber liebe den Präsidentensitz! Schände die Heimat – aber achte den Staat! Und keiner, keiner ist ohne Beichtzettel" (alle Texte sind auch zu finden unter http://www.textlog.de/). Der Grundton ist dem Travens nicht unähnlich.
[8] Hauschild, 2012b, S. 54.
[9] Kucher, 2002, S. 1.

beneinander der beiden Sprachen zu sein, wobei die Fremdsprache oft für die kulturelle Vermittlung in anderen Formen, wie z. B. der Übersetzung, genützt wird, ganz besonders wenn Englisch die Sprache des Exillandes ist.[10] Viele Exilautor/innen reflektieren auch explizit über Ausdrucksmöglichkeiten und Grenzen beim Verwenden beider Sprachen, die dazu neigen, sich gegenseitig zu beeinflussen. Ein repräsentatives Beispiel ist in diesem Fall Klaus Mann, der sich zudem auch selbst übersetzte – die Selbstübersetzung ist ein weiteres Merkmal, das Exil und Emigration sehr oft begleitet und auf das hier noch zurückgekommen wird.[11]

Was die Mehrsprachigkeit Travens angeht, stellte Guthke fest, dass er „auf der Höhe des Schriftstellerruhms, in der Luxusvilla in Mexico City" bereits die Sprache nicht mehr beherrscht habe, „die ihn berühmt gemacht hatte, und [...] noch nicht die Sprache, in der das Comeback seines Ruhms zustande kam".[12] Wahrscheinlich ist hier einzuwenden, dass Traven schon immer Probleme mit den Sprachen gehabt haben muss, auch mit seiner Erstsprache Deutsch, in der grammatische Fehler ebenso zu finden sind wie eine Vielzahl an Ausdrücken der Umgangs- und Vulgärsprache, deren Einsetzen als Stilmittel nicht immer als maßvoll erachtet wurde.[13] In einer langen, 1930 veröffentlichten Rezension zu den bis dahin erschienenen Werken Travens stellte Tucholsky diese Schwierigkeit im sprachlichen Ausdruck fest und erklärte sie mit dem proletarischen Ursprung des Autors:

> Aber auch er ist ein Opfer seiner Klasse. Dieser Proletarier kann nämlich nicht richtig Deutsch. Ich hielt seine Werke zunächst für übersetzt, und zwar für schlecht übersetzt. Es ist aber Unkenntnis, verbunden mit bösen Amerikanismen. [...] Im ganzen und dennoch: Ein großer Epiker. Sicherlich kein sehr angenehmer Herr, sicherlich kein sehr glücklicher Mensch. Aber ein großer Epiker.[14]

Tucholskys Urteil scheint einige grundlegende Aspekte der Figur und des Werkes offengelegt zu haben.[15] Und er hatte Recht mit der Annahme der proletarischen Herkunft des Autors, die durch Hauschild inzwischen bewiesen wurde.[16] Die Amerikanismen lassen sich einerseits auch durch die Anziehungskraft er-

---

[10] Vgl. ebd., S. 3.
[11] Vgl. Bischof; Gabriel; Kilchmann, 2014, S. 10.
[12] Guthke, 2000, S. 328.
[13] Vgl. Lürbke, 2000, S. 52. Laut Hauschild, 2013, S. 166-167, kompensierte der Autor „mit aggressiven, rabiaten, bisweilen zotig-unflätigen Formulierungen [...] ein eingeschränktes Ausdrucksvermögen".
[14] Tucholsky, [1930] 1993, S. 304.
[15] Der Kommentar zu seinem Charakter legt nahe, dass sich die beiden gekannt haben könnten; Traven las zweifellos *Die Weltbühne*, die zum Großteil von Tucholsky verfasst wurde; zwischen 1919 und 1921 verbrachte er zudem, nach seiner Flucht aus München, einige Zeit in Berlin.
[16] Hauschild, 2012 a und b sowie 2013.

klären, die dieses Land auf viele Autor/innen und Künstler/innen jener Zeit hatte.[17] Diese Faszination könnte – abgesehen von seinem Interesse, sich selbst als Nordamerikaner darzustellen – einer der Gründe sein, den Protagonisten des Romans *Das Totenschiff* zum US-amerikanischen Staatsbürger zu machen, was den Einsatz von Amerikanismen verstärkt haben muss, um den Roman so glaubwürdiger erscheinen zu lassen. Im Vergleich dazu enthält *Der Schatz der Sierra Madre* viel weniger syntaktische und lexikalische Anglizismen als *Das Totenschiff*, wenn dies auch auf die Korrekturen seitens Ernst Preczang, Mitbegründer und damaliger Cheflektor der Büchergilde Gutenberg,[18] zurückzuführen sein kann, wie Corkhill meint.[19] Andererseits könnten sie auch Zeugnis der eigenen sprachlichen Interferenzen sein, die als Stilmittel eingesetzt wurden. Travens Englischkenntnisse müssen ausreichend für die mündliche Verständigung gewesen sein – in Mexiko war Englisch seine Verkehrssprache, auch in der Familie –,[20] aber es besteht Einigkeit darüber, dass seine schriftliche Ausdrucksfähigkeit in dieser Sprache eher begrenzt war. Allerdings hielt ihn das nicht davon ab, seine Werke mehrfach selbst ins Englische zu übersetzen, was angesichts der Fehler und der Vielzahl von syntaktischen und lexikalischen Germanismen riskant war, denn es musste seinen Anspruch auf nordamerikanische Herkunft, an dem er generell festhielt, eher zweifelhaft erscheinen lassen. Dennoch lässt sich zusammenfassend feststellen, dass Traven sich auf Englisch und auf Deutsch ausdrückte – Spanisch hatte er in Mexiko auch gelernt, schien es aber im Alltag wenig zu verwenden, wohingegen das Gastland ihm den weit überwiegenden Teil des Stoffes für seine Romane lieferte –, weshalb er durchaus das Kriterium der Mehrsprachigkeit erfüllt. Sein Werk entstand „auf den kulturellen Achsen von Deutschland, den USA und Mexiko" und ist Teil dieser drei „nationalen Literaturen".[21]

Das Phänomen der Selbstübersetzung ist ein weiteres Merkmal, das Exil und Emigration zugeordnet wird und weitaus häufiger praktiziert wird als im Allgemeinen geglaubt.[22] Nach Grutman sind Selbstübersetzer/innen jene Schriftsteller/innen, die nicht nur mindestens zwei Sprachen beherrschen

---

[17] S. z. B. Georges Grosz, John Heartfield, Kurt Weill, Bertolt Brecht. Amerika galt als das Land der unbegrenzten Möglichkeiten, als Symbol für Freiheit und Demokratie, stand für Offenheit und Modernität. Laut Schmidt (*Reisen in die Moderne. Der Amerika-Diskurs des deutschen Bürgertums vor dem Ersten Weltkrieg im europäischen Vergleich*. Berlin, 1997) verkörperten die USA das Ideal eines modernen Miteinander, im Widerspruch zum autoritären, staatsfixierten Deutschland.
[18] Zur Rolle der Büchergilde für den Autor B. Traven aber auch seiner Rolle als Förderer dieser gewerkschaftlichen Buchgemeinschaft, s. Dragowski, 1989.
[19] Corkhill, 2005, S. 247.
[20] Vgl. Lürbke, 2000, S. 52.
[21] Lürbke, 2000, S. 52.
[22] Vgl. Hokenson; Munson, 2007 oder Grutman, 2013.

sondern ebenso die dazugehörigen Kulturen und Literatursysteme, was ihnen ermöglicht, sich besser den Erwartungen eines neuen Zielpublikums anzupassen.[23] Dabei unterscheidet Grutman drei Typen von Selbstübersetzer/innen: 1) aus früheren Kolonien stammende Schriftsteller/innen, die ihre Erstsprachen mit den europäischen Sprachen der früheren Kolonialherrschaft kombinieren, wie z. B. Rabindranath Tagore; 2) eingewanderte oder im Exil lebende Schriftsteller/innen, die, auf der Suche nach einer neuen Leserschaft, die Sprache ihres Adoptivlandes annehmen, wie Isaac Bashevis Singer oder Joseph Brodsky; 3) Schriftsteller/innen, die einer linguistischen Minderheit in einem Staat mit einer anderen, dominanten Sprache zuzuordnen sind – z. B. Schriftsteller/innen, die der katalanischen, baskischen und galicischen Minderheit angehören. Zweifellos gehörte Traven der zweiten Gruppe an, in der die erlernte und als Literatursprache adoptierte Sprache mehrheitlich die englische zu sein pflegt.

Unter den Motiven für die Selbstübersetzung werden v.a. Unzufriedenheit mit bereits erschienenen Übersetzungen fremder Hand oder Misstrauen den Berufsübersetzer/innen gegenüber genannt. Weitere Motive sind Misserfolge oder schlechte Rezensionen der ersten Ausgabe in der Muttersprache der Schriftsteller/innen und schließlich Probleme, einen Verlag für das Werk in der Originalsprache zu finden. Tatsächlich erschienen bedeutende, der Exilthematik gewidmete Romane, wie z. B. Anna Seghers' *Transit*, zunächst in spanischer und englischer Übersetzung, bevor sie in deutscher Fassung publiziert wurden. Diese zeitliche Verschiebung bringt eine Hinterfragung des Begriffs *Original* mit sich, das angenommener Weise zuerst – und in der Erstsprache – zu erscheinen pflegt.[24]

Travens Selbstübersetzungen sind zunächst im Licht historischer und finanzieller Umstände zu sehen: Mit Hitlers Machtübernahme verlor er einen Großteil seiner Leserschaft, wie seine Schriftstellerkolleg/innen, die zu jener Zeit ins Exil gezwungen wurden. Der Verlag, der bis dahin seine Bücher veröffentlicht hatte, die Büchergilde Gutenberg, verlegte ihren Hauptsitz ins Züricher Exil, wo Travens Werke zwar weiterhin publiziert wurden, der Absatz aber erheb-

---

[23] Grutman, 2013. Vielleicht war es eben die mangelhafte Anpassung an die englischsprachige Leserschaft, die das Ausbleiben des erwarteten Erfolgs der ersten Übersetzungen von Travens Romanen ins Englische erklärt.

[24] Vgl. Bischof; Gabriel; Kilchmann, 2014, S. 15-16. Des Weiteren verweisen diese Autoren hier darauf hin, dass „Klaus Mann und Georges-Arthur Goldschmidt ihre (Exil-)Autobiografien zunächst in der Zweitsprache (auf Englisch bzw. Französisch) [verfassten], um sie dann später selbst mit vielen Änderungen zu übersetzen bzw. auf Deutsch neu zu schreiben. Konrad Merz, dessen literarisches Debüt *Ein Mensch fällt aus Deutschland* unmittelbar aus der Exilerfahrung heraus entstanden ist, experimentiert wie etwa auch Hans Keilson mit niederländischen Einsprengseln, wodurch Prozesse des Selbst- und Sprachverlusts, aber auch der Übersetzung und der Neuerfindung des Schreibens im Exil erkundet werden". Hier wird ein etwas komplexerer Schreibprozess angesprochen, der auch bei Traven, in eigener Ausprägung, wiederzufinden ist.

lich geringer ausfiel, wodurch es nachvollziehbar ist, dass er an eine Veröffentlichung in englischer Sprache, für ein neues Publikum, dachte. Guthke sieht den Grund für diese „Hinwendung zum amerikanischen Publikum im Jahre 1933, nachdem Traven ihm noch 1932 den Rücken gekehrt hatte, eine Bekundung seines Antifaschismus".[25] Indem er selbst die Übersetzung vornahm, sah er zudem die Möglichkeit, seine Werke zu überarbeiten und zu aktualisieren. Zugleich lässt sich auch eine Intensivierung der Strategie, sich selbst als gebürtigen US-Amerikaner zu präsentieren, feststellen – trotz seiner zweifelhaften Englischkenntnisse. Folgerichtig wurden seine ersten, in den Vereinigten Staaten erschienenen Übersetzungen der Romane *Das Totenschiff*, *Der Schatz der Sierra Madre* und *Die Brücke im Dschungel* als direkt auf Englisch geschriebene Werke präsentiert, und nicht als Übersetzungen eines anderssprachigen Originals. Aber trotz der Korrekturarbeit des Verlagslektors Bernard Smith, der im Fall des *Totenschiffes* 25 % des Textes änderte ohne dabei inhaltlich einzugreifen, blieb der Erfolg aus.[26]

Dieser Misserfolg auf dem englischsprachigen Büchermarkt kann mit Travens – laut Damman bereits Anfang 1936 entworfenen – Strategie, eine neue deutsche Ausgabe seiner Werke herauszubringen, in Verbindung gebracht werden.[27] Die Rückübersetzungen ins Deutsche der überarbeiteten nordamerikanischen Fassungen sollten sich auf dem deutschsprachigen Buchmarkt als Neuerscheinungen verkaufen. Und in der Tat handelte es sich nicht um exakt dieselben Werke, denn ihr Autor hatte sie teilweise gründlich redigiert. Er kam immer wieder auf seine Werke zurück, die er ständig neu überarbeitete, in erster Linie, um sie zu aktualisieren, obwohl Potapova bei ihrer Untersuchung der verschiedenen Ausgaben des *Totenschiffes* zum Schluss kommt, dass Traven weniger an qualitativen Verbesserungen des Gesamtwerkes interessiert gewesen sei als an Änderungen, die etwas Anderes schaffen sollten, denn seine Eingriffe hätten sich auf einzelne Textpassagen beschränkt: „Grundregel seiner Arbeit scheint es zu sein: nicht nach dem Prinzip des Vollkommeneren, sondern nach dem Prinzip des Abweichenden, des Neuen zu arbeiten. Nicht besser, sondern anders".[28] Traven bestand auf seinem Recht als Autor, seine Bücher nach eigenem Gutdünken zu überarbeiten, so oft er wollte, im Widerspruch zu der ebenso vehement geforderten Anonymität, die generell mit seiner politischen Verfolgung erklärt wird. Es wird auch darauf hingewiesen, dass Traven diese

---

[25] Guthke, 1987, S. 486.
[26] Vgl. Guthke, 1987; Damman, 2012a.
[27] Damman, 2012a, S. 20.
[28] Potapova, 2012, S. 79.

Anonymität geschickt nützte, um das Interesse an seinem Werk aufrechtzuerhalten.[29]

Travens Motive zur Selbstübersetzung waren also einerseits finanzieller Art – es war eine Existenzfrage –, andererseits ermöglichten sie ihm ein Weiterschreiben an seinen Werken. Dieses Fortschreiben der eigenen Werke steht in Zusammenhang mit den typischen Funktionen von Selbstübersetzung, die nach Lamping vor allem eine publikumsbezogene (eine Rezeption ermöglichende, i.d.R. eher wort- und formgetreue), eine autorbezogene (in erster Linie als poetische Sprachübung gesehene) und eine werkbezogene (der Fortschreibung dienende) sind.[30] Bei Traven fallen also die erste und die dritte zusammen, wodurch die „Treue" der publikumsbezogenen durch die werkbezogene sehr stark geschwächt wird, denn hier kann der Text in vielerlei Hinsicht verändert werden, sodass die Grenze zwischen Übersetzung und Bearbeitung nicht mehr klar ist – allerdings können diese Änderungen eben das neue Zielpublikum anvisieren. Die Selbstübersetzung neigt am meisten zur Bearbeitung, denn im Gegensatz zum/zur „normalen" Übersetzer/in kennt der/die Selbstübersetzer/in „die Rücksicht auf Fremdes nicht; schließlich ist der Übersetzer in ihrem Fall zugleich der Autor des Originals und in jeder Hinsicht sein eigener Herr".[31] Was dabei letztlich das „Original" und was die „Übersetzung" ist, wird immer unklarer.

Aus einer anderen Perspektive lässt sich das Spiel mit Sprachen und Versionen durch Prozesse „der Übersetzung und der Neuerfindung des Schreibens im Exil"[32] erklären, denn, wie Bischof, Gabriel und Kilchmann feststellen, sind viele der herkömmlichen Begriffe nicht mehr klar anwendbar für diese Art von Literatur:

> Im Exil greifen also bestimmte Konzepte, die die westliche Sprachordnung seit der frühen Neuzeit wesentlich charakterisieren, nicht mehr: die Idee einer »Verwurzelung«, einer unwiderruflichen kulturellen Zugehörigkeit qua Zugehörigkeit zu einer Mutter- und Nationalsprache, die unhintergehbare Determinierung des Sprechens und Schreibens durch diese Muttersprache. Diese Krise lässt Konzepte eines kulturellen Monolingualismus und einer auf der unmittelbaren Verbindung von Sprache und Territorium beruhenden Nationalsprache fragwürdig werden.[33]

---

[29] Vgl. Recknagel, 1983, S. 324.
[30] Lamping, 1992, S. 214 ff.
[31] Ebd., S. 221.
[32] Bischof; Gabriel; Kilchmann, 2014, S. 16.
[33] Ebd., S. 17.

Nicht nur die Sprache gerät in Krise, sondern eben auch die durch sie vermittelte Literatur. Mit Bakhtin könnte man hier also auch von *Hybridisierung* sprechen, die wie folgt definiert wird:

> What is a hybridization? It is a mixture of two social languages within the limits of a single utterance, an encounter, within the arena of an utterance, between two different linguistic consciousnesses, separated from one another by an epoch, by social differentiation or by some other factor. (Bakhtin, 1981, S. 358)

Diese Art von Vermengung zweier Sprachen innerhalb einer Aussage in einem Roman ist laut Bakhtin ein Ambivalenz schaffendes Stilmittel, also intendiert, wohingegen nicht intendierte, unbewusste Hybridisierung eine habitualisierte Sprachmischung ist, die sich in der Entwicklung aller Sprachen feststellen lässt und daher auch als *organisch* bezeichnet wird. Sog. *hybride Literatur* bricht gegebene Normen und Konventionen schöpferisch auf,[34] und genau das lässt sich auf den bewussten Einsatz von Amerikanismen, niederdeutscher Lexik, umgangs- und vulgärsprachlichen Ausdrücken und eigenen Wortschöpfungen[35] im *Totenschiff* anwenden.

2 Das Totenschiff

2.1 Deutsche Fassungen des Werkes

Die Werkgeschichte der deutschen „Originalfassungen" wird hier nach Damman und nach Potapova grob zusammengefasst, um die Übersetzungen ins Spanische jeweils besser zuordnen zu können.[36] Zwischen der ersten Veröffentlichung 1926, in der Büchergilde Berlin, und den darauf folgenden Auflagen bis zum Wechsel der Büchergilde ins Züricher Exil, im Jahr 1933, wurde laut Potapova[37] immer derselbe Text des Romans mit geringen Änderungen

---

[34] Heutzutage spricht man – im Zusammenhang mit von Migrant/innen produzierter Literatur – auch von *hybrider Literatur*, in denen „Konzepte einer homogenen kulturellen Identität durch ‚hybride' Lebensentwürfe und Schreibweisen in Frage gestellt [werden]", wobei „Literatur als sich in ihren Schreibweisen ständig (neu) konstituierend begreift" (Hausbacher, 2008, S. 54). Dieses Konzept der Hybridität wird nach postkolonialistischem Ansatz als Ideal verstanden, in enger Verbindung Homi Bhabas *third space*, der ein Reflektieren über die Erfahrung in Zwischenräumen ermöglicht. Vgl. dazu auch die Überlegungen von Kliems, 2007, S. 31ff.

[35] Dietze, 2005, S. 19-21, erarbeitet eine lange Liste von Wortschöpfungen in Travens Werken, die v.a. durch Lautumstellung, Lautersatz und Morphemverkürzung zustande kommen, wie *eindröseln* (‚einschlafen', zu *eindösen*), aber auch analogisch kreierte onomatopoetische Verballexeme wie *flitschen* (‚gleiten', zu *glitschen*), Neologismen als Simplizia wie *engeln* (‚zu Tode kommen') oder *kannten* (‚weglaufen'), Lexemen niederdeutschen Ursprungs wie *Klopperei* (‚Schlägerei') oder *Schiet* (‚Scheiße'), das auch in einer ganzen Reihe von Komposita zu finden ist: *schieten, anschieten* (‚betrügen'), *Schiethaufen, Schietkram, schietfreundlich, beschiet*. Zudem neigt Traven zur Verkürzung präfigierter Verben, wie *drauf-, raus-, rum-* usw.

[36] Damman, 2012a; Potapova, 2012.

[37] Potapova, 2012, S. 58ff.

veröffentlicht. 1934 erschienen zwei Übersetzungen ins Englische, eine von Eric Sutton angefertigte in London und eine weitere im New Yorker Verlag Alfred Knopf, die von Traven selbst stammte und vom Verlagslektor Bernard Smith stark korrigiert wurde. Letztere ist etwas länger als die erste deutsche Version, da ihr ein paar Passagen hinzugefügt wurden und sie zudem mehr beschreibende Einzelheiten enthält. Andererseits verschwanden einige deutsche Kulturspezifika und neue, US-amerikanische wurden eingefügt. Diese New Yorker Fassung wurde von Wilhelm Ritter (Pseudonym des exilierten SPD-Politikers Wilhelm Hoegner)[38] aus dem Englischen ins Deutsche übersetzt und 1940 von der Büchergilde Gutenberg im Schweizer Exil neu herausgebracht. Da diese Fassung anscheinend nicht den erwarteten Erfolg hatte, erschien 1948 eine andere Version im Verlag Wolfgang Krüger, die die deutsche Erstausgabe als Ausgangspunkt nahm, der allerdings in Kapitel 35 eine aus Travens amerikanischer Selbstübersetzung stammende – und erneut überarbeitete – Episode hinzugefügt wurde und die auch sonst einige Änderungen aufweist. Erst 1952 erschien eine neue Auflage in der Büchergilde, die auf Verordnung Travens in Gänze der Fassung von Wolfgang Krüger folgte.

1959 wurden zwei unterschiedliche Ausgaben von der Büchergilde in Umlauf gebracht, deren erste keine Änderungen aufweist, 304 Seiten lang ist und den Vermerk „Copyright by Esperanza López Mateos and Joseph Wieder"[39] enthält. Die zweite ist nur 294 Seiten lang und verweist das Copyright an „R.E. Lujan and Joseph Wieder". Äußerlich unterscheiden sich die beiden Auflagen nicht. Dabei scheint es sich im ersten Fall um eine von Traven nicht autorisierte Neuauflage der Büchergilde zu handeln, die in der Hoffnung auf einen größeren Absatz angesichts Georg Tresslers Verfilmung des Romans (1959) entstanden sein muss. Die zweite dagegen entspricht einer stark redigierten Version des Autors. Die darin von Potapova identifizierten Änderungen bilden die wichtigste Grundlage zum nachfolgenden Vergleich der spanischen Übersetzungen.[40] Potapova kommt zu dem Schluss, dass diese letzte vom Autor überarbeitete Publikation weder die anarchistische Grundhaltung verloren habe noch „zum Text einer anderen Epoche" geworden sei, sondern weiterhin „ein Roman aus den zwanziger Jahren, nicht aus den Fünfzigern" sei.[41]

---

[38] Dammann 2012a, S. 23.
[39] Esperanza López Mateos (1907-1951) war Travens enge Mitarbeiterin, autorisierte Übersetzerin und Repräsentantin. Nach ihrem Tod nahm die in der zweiten Auflage des Jahres 1959 erwähnte Rosa Elena Luján ihre Rolle ein. Der Namenwechsel kann als Hinweis auf zwei unterschiedliche Auflagen interpretiert werden. Joseph Wieder vertrat seit 1939 Travens Interessen in Europa.
[40] S. auch Anhang 1.
[41] Potapova, 2012, S. 80.

In der von Edgar Päßler vorbereiteten Werkausgabe erschien *Das Totenschiff* 1978 in einer wieder anderen Fassung, die aufgrund der früher üblichen Praxis der Kompilation zustande gekommen zu sein scheint. Potapova spricht von Päßlers Bemühen „den Edierten Text aufgrund verschiedener Druckfassungen und Werkmanuskripte herzustellen",[42] deren Ergebnis keiner der bisher veröffentlichten Versionen des Romans entspricht. Der Herausgeber scheint sich dabei in erster Linie auf die vom Autor überarbeitete Fassung aus dem Jahr 1959 gestützt zu haben, die mit Passagen der Erstausgabe von 1926 ergänzt wurde, wodurch Widersprüche z. B. in der Handhabung der Bezüge auf den Ersten Weltkrieg auftreten, die laut Potapova teilweise – aber nicht konsequent – erneut eingeführt wurden, nachdem sie aus der Version von 1959 verschwunden waren.

2.2 Übersetzungen ins Spanische

Die erste der ins Spanische übersetzten Versionen des Romans erschien unter dem Titel *El Barco de los muertos: historia de un marinero americano* (Das Schiff der Toten: Geschichte eines amerikanischen Matrosen) 1931 im Madrider Verlag Zeus,[43] nur fünf Jahre nach der deutschen Erstausgabe, die also der einzig mögliche Ausgangstext war.[44] Diese Übersetzung stammte von José de Unamuno Lizárraga (1900-1974), Arzt und Professor für Mathematik und Sohn des Philosophen Miguel de Unamuno. Während des Spanischen Bürgerkrieges war er als Offizier des republikanischen Heeres auch zuständig für den Unterricht in Militärtaktik und -strategie. Seine übersetzerische Tätigkeit scheint sich auf zwei Bücher beschränkt zu haben: 1931 wurde ebenso *El falso principe. Aventuras de Harry Domela, escritas por el mismo en la cárcel de Colonia, de enero a junio de 1927*,[45] einer Autobiografie von Harry Domela, im Madrider Verlag Cenit veröffentlicht. Mit Traven teilt dieser Autor die bescheidene Herkunft und das Spiel mit unterschiedlichen Identitäten, die Verfolgung durch die Justiz und die Flucht nach Südamerika, wo er sich in Venezuela niedergelassen zu haben schien. Er hatte in der Internationalen Brigaden am Spanischen Bürgerkrieg teilgenommen, was auf eine ideologische Übereinstimmung mit seinem Übersetzer schließen lässt. Es könnte angenommen werden, dass José de Unamuno diese zwei Werke aus Interesse für deren Autoren und Ideen

---

[42] Ebd., S. 84.
[43] Diese Übersetzung wurde 1936 in Buenos Aires (Ediciones Imán) neu aufgelegt (Treverton, 1999, S. 22, Nr. 38).
[44] Wie zu der Zeit in Spanien durchaus üblich, werden in dieser Ausgabe keine Angaben zu Copyright oder Originaltitel gemacht.
[45] Im Original: *Der falsche Prinz: Leben u. Abenteuer; Im Gefängnis zu Köln von ihm selbst geschrieben Januar bis Juni 1927*. Berlin: Malik-Verlag 1927.

übersetzte und dafür auch entsprechend orientierte Verlage suchte.[46] In beiden Fällen wird davon ausgegangen, dass die Übersetzung aus dem Deutschen angefertigt wurde – im Fall des *Totenschiffes* war zudem noch keine englische Übersetzung erschienen.

Die zweite Übersetzung stammt von Esperanza López Mateos und wurde 1950 in Mexiko vom Verlag Compañía General de Ediciones unter dem Titel *El Barco de la muerte* (Das Schiff des Todes) veröffentlicht. Diese politische Aktivistin und Syndikalistin war Travens Vertraute und Bevollmächtigte und stand auch ideologisch im Einklang mit dem Autor; sie galt als seine offizielle, „autorisierte" Übersetzerin. Ihre Übertragungen ins Spanische gingen von Travens in Nordamerika veröffentlichten Versionen aus, was der Legende seiner US-amerikanischen Herkunft zugutekam, aber auch damit erklärt werden kann, dass es sich dabei um überarbeitete, in seinen Augen aktuellere Versionen handelte.[47] Anzunehmen ist auch, dass Traven bei diesen Übersetzungen ein Mitspracherecht hatte.

Die nach chronologischer Reihenfolge dritte Übersetzung ins Spanische erschien 1993 im Verlag Montesinos, in Barcelona, unter demselben Titel, *El Barco de la muerte*, und stammt von Elsa Chesa Octavio. Der Verlag entstand 1980 um die Literaturzeitschrift *Quimera* herum, widmet sich auch Übersetzungen mehrheitlich von Klassikern, wobei – angesichts der im Katalog zu findenden Titel – kein besonderes Interesse für deutschsprachige Literatur zu bestehen scheint. Auf dem Buchrücken wird Travens Roman angepriesen als „novela de aventuras" (Abenteuerroman). Was die Übersetzerin betrifft, fand ich keine weiteren Angaben zu von ihr übersetzten oder selbst verfassten Werken und auch sonst keine weiterführenden Informationen. Der Grund zur Veröffentlichung dieser Übersetzung ist in diesem Fall schwer zu vermuten. Als Origi-

---

[46] Sowohl Zeus als auch Cenit waren links orientierte Verlage. Es bestünde auch die Möglichkeit, dass José de Unamuno von den Verlagen die Aufträge erhielt, so war z. B. einer der Gründer des Verlages Cenit, Wenceslao Roces Suárez, eng mit Miguel de Unamuno befreundet, dem Vater des Übersetzers, den er in seiner Stellungnahme gegen die Militärdiktatur des Primo de Rivera unterstützte (vgl. Rivaya, Benjamín, „Comunismo y compromiso intelectual: Wenceslao Roces", *Papeles de la FIM*, 14, Madrid, Fundación de Investigaciones Marxistas, 2000, auch zu finden unter http://www.wenceslaoroces.org/arc/roces/trab/cciwr/2.htm). Dennoch scheint aus den angegebenen Gründen die Eigeninitiative wahrscheinlicher.

[47] Bevor Esperanza López Mateos ihre Arbeit aufnahm – der erste von ihr übertragene Roman war *Die Brücke im Dschungel*, erschienen unter *Puente en la selva* (1941) –, waren allerdings weitere, direkt aus dem Deutschen angefertigten Übersetzungen erschienen: 1936 publizierte Ediciones Imán in Buenos Aires *Die Brücke im Dschungel* übersetzt von Alfredo Cahn unter dem Titel *Un puente en la selva*. Im mexikanischen Verlag Insignia erschien 1938 *La rebelión de los colgados (Die Rebellion der Gehenkten)*, in Übersetzung von Pedro Geoffroy Rivas, der zusammen mit Lia Kostakowsky auch *La rosa blanca* (*Die weiße Rose*) übersetzte, die 1940 im mexikanischen Editorial Cima erschien. Da Traven auf seiner US-amerikanischen Herkunft bestand, distanzierte er sich mit Nachdruck von diesen nicht von ihm autorisierten Übersetzungen, denn sie waren ja nicht von den englischsprachigen „Originalen" ausgegangen (vgl. Meyer-Minnemann 2012, S. 95ff.).

naltitel wird in dieser Ausgabe auf den englischen, *The Death Ship*, verwiesen. Des Weiteren erscheint als Angabe zum Copyright, dass die Übersetzung „mediante acuerdo con Scott Meredith Literary Agency", also über einen Vertrag mit einer Literaturagentur zustande gekommen sei. In diesem Fall besteht auch kein Zweifel darüber, welche Version für die Übersetzung verwendet wurde.

Immer noch mit demselben Titel, *El Barco de la muerte,* erschien 2009 eine Übersetzung von María Dolores Ábalos im jungen, 2008 gegründeten Verlag Alfabia (Barcelona). Dem Text ist ein Vorwort von Carlos Bonfil, „B. Traven: el viajero sin sombra" (B. Traven, der Reisende ohne Schatten), vorangestellt, das die wichtigsten Daten zu Leben und Werk des Autors präsentiert. Die auf dem Einband angekündigte Einführung des bekannten Schriftstellers Javier Marías unter dem Titel „El hombre que supo mentir" (Der Mann, der zu lügen verstand) entspricht dagegen einer Literarisierung der über Traven in Umlauf gekommenen Spekulationen. Es ist der bis jetzt einzige aus dem Deutschen übersetzte Titel des Verlags, weshalb vermutet werden kann, dass der 40. Todestag des Autors den Ausschlag für diese Veröffentlichung gegeben haben mag. Auf dem Bucheinband wird hervorgehoben, dass es sich um die „Primera traducción íntegra del original alemán", also die erste vollständige Übersetzung aus dem deutschen Original handle, die allerdings dem deutschen Titel nicht die nötige Aufmerksamkeit widmete, denn sonst hätte dieser wohl anders gelautet. In den Angaben zum Copyright wird auf „The Estate of B. Traven" verwiesen.[48] Was María Dolores Ábalos angeht, so handelt es sich um eine erfahrene Übersetzerin, die bereits mehr als hundert Titel aus verschiedenen Bereichen – wobei Kinder- und Jugendliteratur klar überwiegen – aus dem Deutschen und aus dem Englischen übertragen hat.

Auch im letzten Fall handelt es sich um eine Übersetzung aus dem Deutschen, die ebenso 2009 publiziert wurde. Der Verleger Jaume Vallcorba, der 1979 in Barcelona Quaderns Crema (für Katalanisch) und 1999 Acantilado (für Spanisch) gründete, hat sich im Bereich der Übersetzung allgemein – darunter auch sehr viel deutschsprachige Literatur[49] – einen Namen gemacht und mehrere Auszeichnungen sowohl für seinen Verlagskatalog als auch für seine qualita-

---

[48] Es scheint sich dabei um den Verkauf der Rechte über die Literaturagentur Scott Meredith gehandelt zu haben, während Acantilado darauf bestand, das Exklusivrecht direkt von den Erbinnen erworben zu haben, was zu einem Prozess führte, den Alfabia anscheinend verlor. Dennoch kam eine zweite Auflage dieser Fassung in Umlauf.

[49] Eine schnelle Durchsicht des Onlinekatalogs ergab folgende deutschsprachige Autor/innen und der Anzahl ihrer in Acantilado veröffentlichten Werke: Stefan Zweig (36), Josep Roth (21), Arthur Schnitzler (10), Peter Stamm (8), Heimito von Doderer (3), Friedrich Glauser (3), Inka Parei (2), Herbert Rosendorfer (2), B. Traven (2), Kurt Tucholsky (2), Georg von Wallwitz (2), Zsuzsa Bánk (1), Alfred Döblin (1), Roswitha Haring (1), Daniel Kehlmann (1), Martin Kessel (1), Hans Werner Kettenbach (1), Heinrich von Kleist (1) Martin Mosebach (1), Alfred Polgar (1), Eginald Schlattner (1), Friedrich Torberg (1).

tiv hervorragende Verlagsarbeit erhalten. Der Übersetzer, Roberto Bravo de la Varga, ist ein an der Universidad Autónoma de Madrid lehrender Hispanist und Germanist, der mehrere Werke aus dem Deutschen übertragen hat, wobei er sich v.a. auf österreichische Autoren (Grillparzer, Hofmannsthal, J. Roth usw.) spezialisiert hat. Auch in diesem Fall wird – wenn auch nicht auf dem Einband, sondern auf der Titelseite – erwähnt, dass es sich um eine Übersetzung aus dem Deutschen handelt. Dabei wird mit *La nave de los muertos* (Das Schiff der Toten) zu einer etwas genaueren Übersetzung des Titels zurückgekehrt, in der von „los muertos", den Toten, die Rede ist, wie schon in der ersten Übertragung von José de Unamuno und in Einklang mit Travens Überlegungen zu seinem Roman, in denen er von „diesen Toten, diesen Gespenstern" spricht, die ohne Papiere „draußen, außerhalb der Mauern" blieben und zum Versenken verdammte Schiffe bevölkerten.[50] So scheint diese Version den Geist des Originals wiederzubeleben. Andererseits wird mit der Wahl des Synonyms *nave* statt *barco* in dieser Übersetzung nicht nur ein eher der gehobenen Sprache zuzuordnendes Wort vorgezogen, sondern auch eine Parallele zu Sebastian Brandts *Das Narrenschiff* hergestellt, das auf Spanisch unter *La nave de los necios* (oder *La nave de los locos*) bekannt wurde. „Traducida a casi todas las lenguas europeas, fue espejo inmisericorde de los vicios y defectos de su tiempo" (Übersetzt in fast alle europäischen Sprachen war [*Das Narrenschiff*] der gnadenlose Spiegel der Laster und Mängel seiner Zeit), heißt es zu Brandts *Narrenschiff* auf der Buchrückseite bei Acantilado, um auf die von Traven fünfhundert Jahre später ausgeübte scharfe Kritik an der Politik nur zu Diensten der Mächtigen hinzuweisen. Im Zusammenhang mit dem Copyright werden Rosa Elena Luján und María Eugenia Montes de Oca Luján genannt, also Travens Frau und Stieftochter.

Drei von fünf Übersetzungen erfolgten also aus dem Deutschen, wobei die erste wahrscheinlich auf die Initiative des Übersetzers hin – oder zumindest aus ideologisch motivierter Sympathie – veröffentlicht wurde. Die zweite Übertragung ins Spanische (aus dem Englischen, was die Übersetzung des Titels als *El barco de la muerte* aus *The Death Ship* erklärt) fällt in die Zeit der strengen Kontrolle des Autors über sein Werk, der nur die Übersetzungen von Esperanza López Mateos „autorisierte". Die Initiative für die dritte Übersetzung ist nachträglich kaum zu eruieren und erfolgt ebenso aus dem Englischen durch eine allem Anschein nach wenig erfahrene Übersetzerin. Die beiden letzten Übersetzungen aus dem Jahr 2009 scheinen einer professionellen Verlagspolitik zu entsprechen. Dabei kommt dem Verleger von Acantilado, Jaume Vall-

---

[50] Vgl. das weiter oben angeführte Zitat, nach Beck; Bergmann; Boehncke, 1976, S. 148-149.

corba, der seit 1979 sehr viel für das Zugänglichmachen der deutschsprachigen Literatur getan hat, eine hervorzuhebende Rolle zu. Der Übersetzer verfügt in diesem Fall nicht nur über Erfahrung, sondern ist auch Experte in deutschsprachiger Literatur und hat einige weitere Titel für Acantilado übersetzt. Der Verlag Alfabia wollte anscheinend das Jubiläumsjahr des Todes des Schriftstellers nutzen und versuchte das Buch durch das Voranstellen eines kurzen Textes des Schriftstellers Javier Marías attraktiv zu machen, bemühte sich zudem um ein informierendes Vorwort und beauftragte eine Übersetzerin mit ausreichender Berufserfahrung. Der kurze Überblick suggeriert, dass das Interesse an diesem Roman weiterhin besteht, es sich allerdings von einem vorwiegend ideologischen auf ein in erster Linie literarisches Interesse hin bewegt hat. Aufschlussreich ist auch die Entwicklung der jeweiligen Initiative zur Übersetzung, von einem eher spontanen Übersetzer über den Autor selbst bis hin zu den beiden Verleger/innen einschl. Verlagspolitik.

2.3 Textvergleich von drei deutschen und fünf spanischen Versionen

Für den Textvergleich werden im Deutschen folgende Ausgaben herangezogen: die erste, von der Büchergilde veröffentlichte Ausgabe, die bis einschl. 1933 der Erstausgabe entsprach (1932);[51] eine Ausgabe von Rowohlt aus dem Jahr 1954, die der Nachkriegsausgabe von Wolfgang Krüger aus dem Jahr 1948 entspricht und inhaltlich der Erstausgabe in allem, außer der Einführung der Figur eines Syrers in Kapitel 35, gleicht.[52] Eine Ausgabe der Büchergilde von 1999, die allem Anschein nach Edgar Päßlers Werkausgabe folgt,[53] denn die Änderungen sind kaum einer konkreten Ausgabe zuzuordnen. So verschwindet in Kapitel 13 der Hinweis auf den Kriegsgefangenen Wil'em, das Motiv der „armen *Boches*" sowie andere Bezüge auf den Ersten Weltkrieg, obwohl die Passage über den „Königsberger Klops" beibehalten wird, die in Travens Selbstübersetzung ins Englische wohl verschwunden war und dementsprechend auch nicht in den beiden spanischen Übersetzungen aus dem Englischen (1950 und 1993) zu finden ist. Diese und auch andere Änderungen in Kapitel 17 und 18 entsprechen laut Potapova Travens Überarbeitung von 1959, für die der Autor den Ersten Weltkrieg nicht mehr als aktuell genug empfunden haben muss. Die meisten Streichungen erfolgten in diesem Zusammenhang bei der Gegenüberstellung von Deutschen (als arme *boches*) und Amerikanern, die in der Erstfassung – trotz aller Kritik am staatlichen Verwaltungsapparat – viel-

---

[51] Potapova, 2012, S. 58.
[52] Vgl. auch Potapova, 2012, S. 61-62.
[53] S. Darstellung weiter oben und Potapova, 2012, S. 84. Die wichtigsten Änderungen sind in Tabelle 1 (Anhang) zusammengefasst.

leicht noch zu viel Sympathie für die ersteren ausdrückte. Möglicherweise war die Beziehung des Schriftstellers zu Deutschland nach dem Zweiten Weltkrieg noch problematischer geworden, vielleicht sollten diese Änderungen auch biografische Hinweise auf die eigene Herkunft besser verstecken. Allerdings hatten sie Konsequenzen für die motivische Gesamtstruktur des Romans, wie Potapova feststellt. So wird „das für die Erstfassung des Totenschiffes wichtige Motiv der paradoxen Logik nationaler Sympathien und Antipathien" eliminiert. In der bevorzugten Behandlung eines „armen *Boches*" seitens des ehemaligen Kriegsfeindes Frankreich – der über die Amerikaner hingegen nur Schlechtes zu berichten weiß – zeigt sich „die für Traven charakteristische Vorliebe, scheinbar abwegige Gedankengänge in ihrer eigenartigen Logik zu verfolgen und zu rekonstruieren".[54]

Der sehr freundliche Empfang in Spanien dagegen (Kapitel 16) verschwand 1959 – unter Berücksichtigung des derzeit wirkenden Regimes des General Franco – fast ganz und wurde den weniger sympathischen politischen Umständen des Generals Primo de Rivera angepasst. Dabei war die Erstausgabe einer inneren Logik gefolgt, denn Spanien hatte nicht am Ersten Weltkrieg – durch den die angeblich erstrebten demokratischen Freiheiten nur noch mehr eingeschränkt wurden – teilgenommen, weshalb es als glückliches Land präsentiert wurde.[55] In der verwendeten Büchergilde-Ausgabe von 1999 wird der in Spanien erlebten großen Gastfreundschaft wieder wesentlich mehr Raum gegeben – neuneinhalb Seiten, gegenüber knappen drei Seiten der Erstausgabe, die 1959 noch gekürzt wurde –, wobei dies in gewisser Weise durch eine Erzählung von Kommunistenfolter in Barcelona „kompensiert" wird, die wiederum Überlegungen zu „Christenverfolgungen", „Ketzerverbrennungen" und „Hexenfolterungen" nach sich zieht, die „jedes Zeitalter und jedes Land, mag es noch so zivilisiert sein" hat,[56] wodurch die eher vorsichtig ausgeübte Kritik relativiert wird. Ein weiterer auffälliger Unterschied lässt sich an der Figur des Syrers festmachen, der 1959 ein eigenes Kapitel (36) bekam – zuvor war er Teil des Kapitels 35 –, während er in dieser Fassung von 1999 gar nicht auftaucht. Abgesehen von diesen Unterschieden wurde in der Überarbeitung von 1959 der erste Absatz des Kapitels 17 neu formuliert, während es 1999 dem Wortlaut des Kapitels 18 aus der Erstfassung entspricht („Ich saß auf der Kaimauer ..."). Um mehr als zwei Seiten gekürzt endet dieses Kapitel 1999 in Übereinstimmung mit der Version von 1959 („,Zutritt verboten' Yes, Sir"). Ebenso übereinstimmend in diesen beiden Versionen ist der Anfang des Kapitels 18 („Als ich in

---
[54] Ebd., S. 73.
[55] Ebd., S. 75.
[56] B. Traven, 1999, S. 142.

Barcelona lag"), wobei die Kapitelgrenze gegenüber der Erstausgage neu verläuft.[57] In diesem Kapitel wird der „arme *Boche*" erneut gut behandelt, erhält aber 1999 – wie 1959 – einen, aus der englischen Selbstübersetzung stammenden, erotischen Anstrich, indem die Kellnerin der Marseiller Hafenkneipe sich den Gefallen „bezahlen" lässt. Der radikale Pazifismus der Erstausgabe,[58] mit der dieses Erlebnis endet, verschwindet 1999 wie 1959, denn er passt nicht so recht zu dem nun etwas frivoleren Ton des Kapitels.[59] Schließlich wird in der Werkausgabe und 1999 Spanien am Ende des Kapitels 22 nicht mehr explizit erwähnt, was sich Meyer-Minnemann folgend der „Verwischung der Verweisfunktion von geographischen Eigennamen" zuschreiben ließe, die sich generell in seinen Überarbeitungen feststellen lässt, wodurch die konkrete Verortung der Erzählungen bewusst erschwert wird.[60]

Die spanischen Übersetzungen wurden bereits vorgestellt und stammen aus den Jahren 1931, 1950, 1993 und zwei aus 2009. José de Unamunos Übersetzung (1931) folgt in allem der Erstausgabe, wie erwartet. Die beiden aus dem Englischen übersetzten Versionen stimmen auf den ersten Blick grob überein – beide sind um zwei Kapitel länger als die deutschen Versionen.[61] Die Verlängerung betrifft das Ende des zweiten und das letzte Buch und bringt inhaltliche Umstrukturierungen und Erweiterungen ohne wesentliche Änderungen mit sich.[62] Inhaltlich verzichtet López Mateos (1950) sowohl auf den Kriegsgefangenen Wilhelm als auch auf den „Königberger Klops" in Kapitel 13, während Chesa Octavio (1993) die Figur des „Wil'em" aus der Erstausgabe beibehält, die ganze Passage des „Königsberger Klops" dagegen streicht. In der Version von 1950 sind keine Bezüge zum Ersten Weltkrieg erkenntlich, dagegen wird in der von 1993 am Ende des Kapitels noch einmal explizit darauf hingewiesen: „nosotros ganamos la guerra ..." (wir gewannen den Krieg).[63] Auf derselben Seite fällt ein schwer zu erklärender Anglizismus („Southfalia") auf, der nur aus einer englischen Fassung stammen kann, insgesamt aber ist dieses Kapitel

---

[57] Potapova, 2012, S. 77.
[58] „Ich glaube nicht daran, daß es irgendeine Feindschaft zwischen Völkern gäbe, wenn sie nicht künstlich erzeugt und dann tüchtig geschürt würde. Man sollte eigentlich meinen, daß Menschen vernünftiger seien als Hunde. [...] Menschen dagegen lassen sich immer aufeinander hetzen, und das ‚Ksch-ksch' braucht gar nicht einmal geschickt gemacht zu werden." (B. Traven, 1932, S. 90)
[59] Potapova, 2012, S. 74.
[60] Meyer-Minnemann, 2012, S. 106-107.
[61] Die Nummerierung ist allerdings nicht dieselbe: Bei López Mateos (1950) wird jedes Kapitel neu nummeriert, also 1-22 im ersten und zweiten Buch und 1-6 im dritten; bei Chesa Octavio (1993) ist die Nummerierung durchlaufend (von 1 bis 50), wie in den deutschen Ausgaben (die allerdings i.d.R. nur 48 enthalten, wahrscheinlich mit Ausnahme der aus der New Yorker Version übersetzten Fassung von Wilhelm Ritter bzw. Wilhelm Hoegner).
[62] Vgl. Tabelle 2 im Anhang.
[63] B. Traven, 1993, S. 102.

1993 mit seinen dreieinhalb Seiten wesentlich länger als das der Fassung von 1950, wo es knapp über eine Seite lang ist. Diese gut zwei Seiten mehr entsprechen in etwa, aber nicht ganz, der Darstellung des Jobs als Gelegenheitsarbeiter auf dem französischen Land in der Erstausgabe. So wird z. B. aus dem Motiv, unbedingt nach Spanien zu wollen, das letztlich mit der Polizei erklärt wurde, „die es mir verbieten würde, hier zu arbeiten",[64] ein anstehender Besuch zu Verwandten „a los que no había visto desde los tiempos en que los godos dejaron Alemania y se instalaron en España".[65] In Kapitel 16 findet sich zudem ein etwas zusammenhanglos eingeschobener, aus einem einzigen Satz bestehender Absatz, den es bei López Mateos nicht gibt: „Los españoles no habían luchado por la libertad y por esta razón todavía la conservaban".[66] Hier stellt sich die Frage, welche der englischen Versionen dieser Übersetzung zugrunde liegen bzw. welche anderen Fassungen zu Rate gezogen wurden.

Die beiden Übersetzungen von 2009 stützen sich auf Päßlers Werkausgabe, die mit der Version der Büchergilde von 1999 übereinzustimmen scheint. Inhaltlich sind keine wesentlichen Unterschiede festzustellen, geringe Unterschiede in der Länge v.a. durch unterschiedliches Layout zu erklären. Der Kriegsgefangene Wilhelm und andere Hinweise auf den Ersten Weltkrieg sowie der mysteriöse Syrer verschwinden wieder, wohingegen der „Königsberger Klops" erneut auftaucht. Die wesentlich längere Fassung des Spanienkapitels 16 stimmt ebenso in beiden Versionen mit der deutschen Fassung von 1999 überein. Rein äußerlich sind die 48 Kapitel bei Ábalos (Verlag Alfabia) in jedem Buch neu nummeriert, wie bei López Mateos (1950).[67]

Wie wird nun mit den für den Roman charakteristischen Amerikanismen in den Übersetzungen ins Spanische umgegangen? Die beiden Übertragungen aus dem Englischen unterscheiden sich auch in dieser Beziehung, denn Chesa Octavio übersetzt alles erwartungsgemäß ins Spanische, wodurch dieses auch thematisch bedingte Stilelement verschwindet – allerdings gibt sie französische und niederländische Fragmente, die auch in der englischen Übersetzung beibehalten worden sein müssen, unverändert wieder. López Mateos dagegen gibt z. B. die vielen „yes Sir", „no, Sir" auf Englisch und kursiv wieder, fügt aber auch ursprünglich nicht verwendete Ausdrücke ein, wie „thank you, sir" (Ende Kap. 1), „hell-drummers" (Anfang Kap. 2), „yes, officer" (Kap. 4) und andere,

---

[64] B. Traven, 1932, S. 66.
[65] Rückübersetzt: „die ich nicht mehr gesehen hatte, seit die Goten Deutschland verließen und sich in Spanien niederließen". B. Traven, 1993, S. 102.
[66] Rückübersetzt: „Die Spanier hatten nicht für die Freiheit gekämpft und aus diesem Grund hatten sie sie noch". B. Traven, 1993, S. 114.
[67] Für mehr Einzelheiten vgl. Tabelle 1 im Anhang.

was dem spanischen Text wieder den amerikanischen Hauch verleiht und eine Absprache mit dem Autor vermuten lässt.

In den drei aus dem Deutschen stammenden Fassungen wird z. B. ein „first rate steamer, made in U. S. A." zu „un vapor de primera, *made in U. S. A."* (1931), wobei halb übersetzt, halb beibehalten wurde, zu *„first rate steamer, made in USA"* bei Bravo (2009), wo alles auf Englisch belassen wurde, und zu „un vapor de primera categoría construido en Estados Unidos" bei Ábalos (2009), die generell vorzog, alles ins Spanische zu übertragen. Die letzten beiden Übersetzungsverfahren entsprechen der allgemein zu beobachtenden Tendenz zum einbürgernden Übersetzen, bei Ábalos, und zum verfremdenden Übersetzen, bei Bravo, die jeweils die Extreme eines Kontinuums darstellen, auf dessen Mittellänge sich die Lösungen der ältesten Übersetzung einreihen lassen. So werden auch die häufigen „no, Sir" entsprechend bei Bravo beibehalten, während sie bei Ábalos und bei Unamuno mit „no, señor" übersetzt wurden. Auch die „Cops" bleiben „cops" bei Bravo, während sie bei Ábalos zu „polis" (ugs. für ‚Polizei' bzw. ‚Polizist') und bei Unamuno zu „guindillas" (ugs. und abwertend für ‚Polizist') werden. Im zweiten Kapitel z. B. kommen auch ein paar französische Einsprengsel ins Spiel, gelegentlich vermengt mit Englischem, wie in „well, Mademoiselly, wie spät haben wir es denn?", das von Bravo mit „*well, mademoiselle, ¿qué hora tenemos?*" übertragen wird, von Ábalos mit „bueno, señorita, ¿qué hora tenemos?" und von Unamuno mit „bien, «mademoiselle», ¿qué hora es ya?".

Dabei ist zu sagen, dass die Neigung zu der einen oder anderen Art des Übersetzens sich generell chronologisch und kulturell unterscheiden bzw. auch verschiedene Entwicklungen durchlaufen kann und für einen divers angelegten „Dialog zwischen dem Eigenen und dem Fremden"[68] steht. Wird alles Fremde dem Bekannten, Eigenen angepasst, sodass eine Übersetzung sich liest wie ein Originaltext, ändert sich aber auch ein Teil der Perspektive, in diesem Fall der des amerikanischen Seemanns und Icherzählers, der in der einbürgernden Übersetzung von Chesa Octavio und Ábalos keine sprachlichen Interferenzen und damit auch kein biografisch erklärbares Merkmal dieser Art mehr aufweist. Ein Element des hybriden Charakters des Romans verschwindet damit. Das Schwanken zwischen den beiden Polen bei der ältesten Übersetzung lässt sich in erster Linie durch die fehlende Erfahrung des Übersetzers erklären, der auch gelegentlich Verständnisprobleme hatte, auf die hier nicht weiter eingegangen wird. Die Tatsache allerdings, dass er immer wieder darum bemüht ist, fremde Elemente beizubehalten, deutet auch auf eine größere Bereitschaft seitens

---

[68] House, 2004, S. 107.

des damaligen Zielpublikums, diese Elemente aufzunehmen, hin. Die äußerst starke Neigung zum verfremdenden Übersetzen bei Bravo erlaubt ebenso zwei Interpretationen: Einerseits soll wohl das größere Annähern an den Ausgangstext eine „treuere", genauere Übersetzung ermöglichen, woran dem Experten für deutschsprachige Literatur sicher gelegen ist, andererseits ist es heutzutage eher möglich, verfremdende Übersetzungen auf dem spanischen Buchmarkt zu platzieren, ohne große Risiken einzugehen, wie auch in anderen Ländern sich die Tendenz zum verfremdenden Übersetzen durchsetzt. Schließlich geht es auch darum, die eigene Literatur durch Fremdes zu bereichern. Damit bestätigt diese Übersetzung – im Gegensatz allerdings zur im gleichen Jahr erschienenen Version von Ábalos – die sogenannte *retranslation hypothesis*,[69] nach der Neuübersetzung tendenziell eine größere Nähe zum Ausgangstext suchen als Erstübersetzungen.

Diese Problematik betrifft in gewisser Weise auch die Übertragung von umgangssprachlichen Elementen, die der Standardsprache angepasst (also „eingebürgert") werden oder durch substandardsprachliche Lösungen zwar nicht „verfremdet", aber doch erkenntlich von der Standardsprache abweichen können.[70] So wird in aus „auf diesem Eimer" bei Bravo „de esta bañera" (wörtlich: dieser Badewanne), bei Ábalos „en esa nave" (auf diesem Schiff) und bei Unamuno „en aquel barco" (auf diesem Schiff). „Schiet auf Amerika" heißt bei Bravo „¡a la mierda Estados Unidos!" (scheiß auf Amerika) „¡al carajo con América!" (ähnliche Bedeutung, wobei *carajo* abwertend für ‚Schwanz' steht) bei Ábalos und „me chiflo en América" (ich pfeife/scheiße auf Amerika)[71] bei Unamuno. Im Schlusskapitel wird der Fluch „Bürsten und Bimsstein" von Ábalos sehr ausdrucksstark mit „me cago en la piedra pómez, en Dios y en todos sus discípulos" (ich scheiße auf den Bimsstein, auf Gott und auf alle seine Jünger) übersetzt, von Bravo etwas wörtlicher mit „por los cepillos y la piedra pómez" (um Bürsten und Bimsstein) und von Unamuno mit dem etwas blassen aber verständlichen „maldito sea" (verdammt sei's). Der anschließende Fluch „Kreuzvernagelt nochmal" ist bei Bravo „por los clavos de Cristo" (bei Christus' Nägeln), bei Ábalos „maldita sea" und bei Unamuno „maldito sea". Die Liste der Beispiele ließe sich beliebig verlängern, wobei die festgestellten Tendenzen generell zutreffen, trotz vielerlei Kreativität.

---

[69] Formuliert wurde sie zuerst 1990 von Antoine Berman in „La retraduction comme espace de traduction", *Palimpsestes* 4: 1-7.
[70] Hier wird aus offensichtlichen Gründen nur auf die Übersetzungen aus dem Deutschen eingegangen.
[71] Dabei scheint es sich um einen älteren Ausdruck zu handeln, der sich in diesem Sinn in Texten zwischen Ende des 19. und dem ersten Drittel des 20. Jahrhunderts finden lässt, z. B. Benito Pérez Galdós in *Ángel Guerra*, Miguel de Unamuno in *Paz en la guerra* und *Epistolario americano (1890-1936)* sowie in Pressebeiträgen verschiedener Autoren der 1930er Jahre.

Und Kreativität ist auch beim Übersetzen von Wortschöpfungen gefordert, einem weiteren Merkmal von Travens Sprache. Dietze spricht hier von „analogischen Ad-hoc-Bildungen",[72] die durch den Kontext verständlich sind und gewissen Bildungsmustern folgen. Als Beispiel sei hier „schlurksen" (‚bummelnd spazieren', analogisch zu „schlurfen") genannt, wie am Anfang des zweiten Kapitels: „Ich schlurkste zufrieden" wird von allen drei Übersetzer/innen richtig interpretiert und liest sich bei Ábalos „satisfecho con el mundo, recorría las calles" (zufrieden mit der Welt, lief ich durch die Straßen), ähnlich bei Unamuno „iba por la calle satisfecho" (ich ging zufrieden die Straße entlang) und wieder etwas genauer bei Bravo „atravesaba las calles arrastrando los pies" (ich durchquerte die Straßen die Füße nach mir ziehend), wobei die in romanischen Sprachen nur umständlich wiederzugebende Art der Bewegung auch zum Ausdruck kommt. Einer anderen Wortbildung folgt „Geklatter" (‚Geschwätz', laut Dietze Lehnprägung zum Englischen *clatter*),[73] das in Kapitel 1 in folgendem Zusammenhang verwendet wird: „verstehe ich nicht ein einziges Wort von Ihrem Geklatter", übersetzt als „no entiendo ni una sola palabra de lo que farfulla" (ich verstehe kein einziges Wort von dem, was Sie stammeln, Bravo), als „no entiendo una palabra de lo que masculla" (ich verstehe nicht ein Wort von dem, was Sie murmeln, Ábalos) und „no comprendo ni una palabra de su jerga" (ich verstehe nicht ein Wort von Ihrem Kauderwelsch, Unamuno).

3 Fazit

Aufgrund seines autobiografischen Charakters, seiner Werkgeschichte und seiner stilistischen Merkmale ist *Das Totenschiff* als prototypisches Produkt eines Exilautors anzusehen, das auch den Merkmalen der „hybriden" Literatur entspricht. Amerikanismen und andere fremdsprachige sowie – teilweise sehr eigen geprägte – umgangssprachliche Ausdrücke und vielerlei Wortschöpfungen werden bewusst eingesetzt. Allerdings verschwinden verständlicherweise die Amerikanismen in Travens Selbstübersetzung ins Englische. Aufgrund dieser Eigenarten sind die Übersetzungen des *Totenschiffs* ins Spanische auch unterschiedlich. Die Kritik an Staat, Krieg, Kapital und Religion ist aber in allen fünf Übersetzungen erkennbar, in dem Sinn wurden und wird der Roman auch vom spanischsprachigen Publikum ähnlich gelesen. Was die Unterschiede angeht, so spielt die Sprache des Ausgangstextes eine wichtige Rolle, denn die Übersetzungen aus dem Englischen weisen z. B. eine etwas abgeänderte Struktur auf und gehen von einem stark überarbeiteten Text aus, der auf stilistische Eigen-

---
[72] Dietze, 2005, S. 19. Siehe auch Anmerkung 35.
[73] Ebd., S. 20.

heiten der deutschen Fassungen verzichten oder sie angepasst haben musste. Aber auch der Zeitpunkt und die Charakteristika der daran beteiligten Übersetzer/innen und Verlage sind entscheidend. So ist die erste Übersetzung, nur fünf Jahre nach Erscheinen der deutschen Erstausgabe, wahrscheinlich der Initiative des Übersetzers und seinen ideologisch motivierten Sympathien zu verdanken, was sich einerseits in der Wahl der Verlage, in denen diese und nur eine weitere Übersetzung von José de Unamuno erschienen, niederschlägt, andererseits auch Spuren im übersetzten Text selbst hinterlässt, in dem das Bemühen um die Wiedergabe der stilistischen Eigenheiten aber auch ein Schwanken zwischen den Lösungen und gelegentlich Fehlinterpretationen festzustellen sind, die alles in allem auf die fehlende Erfahrung des Übersetzers schließen lassen. Erst 1950 wurde die von Traven „autorisierte" Übersetzung durch Esperanza López Mateos veröffentlicht. Sie erfolgte aus dem englischen „Original", enthält aber auch neu eingefügte Amerikanismen, die Travens Mitwirken vermuten lassen. Die Initiative zur Übersetzung ist hier wohl auch beim Autor selbst zu suchen. Die 1993 veröffentlichte Übersetzung von Elsa Chesa Octavio erfolgte ebenfalls aus dem Englischen, wobei keine offensichtlichen Motive für die Publikation eruiert werden konnten. Unklar ist auch, auf welchen (und wie vielen) der Versionen diese Übersetzung beruht. Auf das Übertragen der erwähnten stilistischen Merkmale wurde weitgehend verzichtet. Die beiden aktuellsten Übersetzungen aus dem Jahr 2009 gingen von Päßlers Werkausgabe aus und sind sicher die professionellsten in vielerlei Hinsicht, obwohl sie zu sehr gegensätzlichen Strategien gegriffen haben, wobei die Option des Verfremdens des Übersetzers Roberto Bravo de la Varga den Intentionen des Autors am nächsten kommt, indem er den hybriden Charakter des Werkes widerspiegelt.

Primärliteratur

B. Traven: *Das Totenschiff. Die Geschichte eines amerikanischen Seemanns*. Berlin: Büchergilde Gutenberg 1932 [Copyright 1930; Erstausgabe 1926].

B. Traven: *El Barco de los muertos: historia de un marinero americano*, übersetzt aus dem Deutschen von José de Unamuno. Madrid: Zeus 1931.

B. Traven: *El Barco de la muerte*, übersetzt aus dem Englischen von Esperanza López Mateo. México: Compañía General de Ediciones 1950.

B. Traven: *Das Totenschiff. Die Geschichte eines amerikanischen Seemanns*. Hamburg: Rowohlt 1954 [mit Genehmigung des Wolfgang Krüger Verlages].

B. Traven: *El Barco de la muerte*, übersetzt aus dem Englischen von Elsa Chesa Octavio. Barcelona: Montesinos 1993.

B. Traven: *Das Totenschiff*. Frankfurt am Main und Wien: Büchergilde Gutenberg 1999.

B. Traven: *El Barco de la muerte*, übersetzt aus dem Deutschen von María Dolores Ábalos. Vorwort von Javier Marías. Barcelona: Alfabia 2009.

B. Traven: *La nave de los muertos*, übersetzt aus dem Deutschen von Roberto Bravo de la Varga. Barcelona: Acantilado 2009.

Sekundärliteratur

Bakhtin, Mickail M.: „Discourse in the novel", übersetzt von Caryl Emerson und Michael Holquist. In: Holquist, Michael (Hrsg.) *The dialogic imagination: Four essays by Mikhail Bakhtin*. Austin: University of Texas Press 1981 [Original 1975], S. 259–422.

Beck, Johannes; Bergmann, Klaus; Boehncke, Heiner (Hrsg.). *Das B. Traven-Buch*. Reinbek bei Hamburg: Rowohlt 1976.

Bischoff, Doerte; Gabriel, Christoph; Kilchmann, Esther: „Sprache(n) im Exil. Einleitung". In: Bischoff, Doerte; Gabriel, Christoph; Kilchmann, Esther (Hrsg.). *Sprache(n) im Exil*. München: edition text+kritik (*Exilforschung. Ein internationales Jahrbuch* 32) 2014, S. 9–25.

Corkhill, Alan: „B. Travens *Der Schatz der Sierra Madre*. Fassungen und Übersetzungen". In: Damman, Günter (Hrsg.). *B. Travens Erzählwerk in der Konstellation von Sprachen und Kulturen*. Würzburg: Königshausen & Neumann 2005, S. 247–259.

Damman, Günter (Hrsg.): *B. Travens Erzählwerk in der Konstellation von Sprachen und Kulturen*. Würzburg: Königshausen & Neumann 2005.

Damman, Günter (Hrsg.): *B. Traven. Autor – Werk – Werkgeschichte.* Würzburg: Königshausen & Neumann 2012.

Damman, Günter: „Die Rückübersetzung von Traven-Romanen ins Deutsche während des Exils der Büchergilde Gutenberg in Zürich". In: Damman, Günter (Hrsg.). *B. Traven. Autor – Werk – Werkgeschichte.* Würzburg: Königshausen & Neumann 2012(a), S. 13–28.

Dietze, Joachim: „Wortwahl und Gebrauchshäufigkeit bei B. Traven". In: Damman, Günter (Hrsg.). *B. Travens Erzählwerk in der Konstellation von Sprachen und Kulturen.* Würzburg: Königshausen & Neumann 2005, S. 15–21.

Dragowski, Jürgen: „B. Traven und die ‚Büchergilde Gutenberg'. Einige Bemerkungen zu einer Interessengemeinschaft auf Zeit". In: *Text und Kritik. Zeitschrift für Literatur*, München, 102, 1989, S. 22–32.

Grutman, Rainier: „A sociological glance at self-translation and self-translators". In: Cordingley, Anthony (Hrsg.) *Self-Translation: Brokering Originality in Hybrid Culture.* London, New York: Bloomsbury (Bloomsbury Studies in Translation) 2013, S. 63–80.

Guthke, Karl S.: *B. Traven: Biographie eines Rätsels.* Frankfurt am Main: Büchergilde Gutenberg 1987.

Guthke, Karl S.: „Fremd in zwei Sprachen: Traven und sein englischsprachiges Publikum". In: Guthke, Karl S. *Der Blick in die Fremde. Das Ich und das andere in der Literatur.* Tübingen/Basel: Francke 2000, S. 317–329.

Hausbacher, Eva: „Migration und Literatur: Transnationale Schreibweisen und ihre ‚postkoloniale' Lektüre". In: Vorderobermeier, Gisella; Wolf, Michaela (Hrsg.) *‚Meine Sprache grenzt mich ab …'.* Wien/Berlin: LIT 2008, S. 51–78.

Hauschild, Jan-Christoph: *B. Traven – Die unbekannten Jahre.* Zürich: Edition Voldemeer 2012 (a).

Hauschild, Jan-Christoph: „El hombre que se inventó a sí mismo: Otto Feige y sus seudónimos Ret Marut y B. Traven (1882-1969)". In: *Anuari de filologia. Literatures Contemporànies*, Barcelona, 2/2012 (b), S. 53–68.

Hauschild, Jan-Christoph: „Zwischen Selbstinszenierung und Fremdkonstruktion. B. Travens Performance im Licht neuer Forschungsergebnisse". In: Calero Valera, Ana R.; Jirku, Brigitte E. (Hrsg.). *Literatur als Performance: literaturwissenschaftliche Studien zum Thema Performance.* Würzburg: Königshausen & Neumann 2013, S. 165–181.

Helmes, Günter (Hrsg.): *B. Traven. Frühe Romane und mediale Adaptionen.* Siegen: Carl Böschen 2003.

House, Juliane: „Zwischen Sprachen und Kulturen: Dialog und Dominanz in der Übersetzung". In: Albrecht, Jörn; Gerzymisch-Arbogast, Heidrun; Rothfuß-Bastian, Dorothee (Hrsg.) *Übersetzung – Translation – Traduction. Neue Forschungsfragen in der Diskussion*. Tübingen: Gunter Narr 2004, S. 107–126.

Hokenson, Jan Walsh; Munson, Marcella: *The Bilingual Text: History and Theory of Literary Self Translation*. Manchester: St. Jerome 2007.

Kliems, Alfrun: „Transkulturalität des Exils und Translation im Exil. Versuch einer Zusammenbindung". In: Krohn, Claus-Dieter; Rotermund, Erwin; Winckler, Lutz; Koepke, Wulf (Hrsg., unter Mitarbeit von Michaela Enderle-Ristori): *Exilforschung – Ein internationales Jahrbuch* 25 („Übersetzung als Transkultureller Prozess"). München: edition text+kritik 2007, S. 30–49.

Kucher, Primus-Heinz: „Sprachreflexion – Sprachwechsel im Exil", In: *Österreichische Literatur im Exil seit 1933*. A.a.O 2002. http://www.literaturepochen.at/exil/lecture_5011.pdf (3.11.2015)

Lamping, Dieter: „Die literarische Übersetzung als de-zentrale Struktur: Das Paradigma der Selbstübersetzung". In: Kittel, Harald (Hrsg.) *Geschichte, System, Literarische Übersetzung. – Histories, Systems, Literary Translations*. Berlin: Erich Schmidt 1992, S. 212-227.

Lürbke, Anna: *Mexikovisionen aus dem deutschen Exil. B. Traven, Gustav Regler und Anna Seghers*. Tübingen/Basel: Francke 2000.

Meyer-Minnemann, Klaus: „Traven spanisch: *Die Brücke im Dschungel – (Un / El) Puente de la selva*". In: Damman, Günter (Hrsg.). *B. Traven. Autor – Werk – Werkgeschichte*. Würzburg: Königshausen & Neumann 2012, S. 95–113.

Potapova, Galina: „B. Travens Roman *Das Totenschiff*. Fassungsgeschichte eines Werkes zwischen der Erstausgabe und dem Edierten Text der Gesamtausgabe". In: Damman, Günter (Hrsg.). *B. Traven. Autor – Werk – Werkgeschichte*. Würzburg: Königshausen & Neumann 2012, S. 57–94.

Recknagel, Rolf: *B. Traven. Beiträge zur Biografie*. Frankfurt am Main: Röderberg 1983 [Erstausgabe 1966 in Leipzig: Reclam].

Treverton, Edward N.: *B. Traven. A bibliography*. Lanham: Scarecrow Press 1999.

Tucholsky, Kurt: „B. Traven" *Die Weltbühne* 25.11.1930, núm. 48, S. 793. In: *Gesammelte Werke*, hg. von Mary Gerold-Tucholsky und Fritz J. Raddatz, Band 8. Reinbeck bei Hamburg: Rowohlt 1993, S. 296-304; auch in http://www.textlog.de/tucholsky-b-traven.html (3.11.2015).

Wyatt, Will: *The Man who was B. Traven*. London: Cape 1980.

	Kap 13 (Frankreich, auf dem Land)	Kap 16 (Spanien)	Kap 17	Kap 18 (Marseille)	Kap 22	Kap 35 Stanislaw
Dt. 1932 48 Kap.	Die „armen Boches", wie die armen Franzosen; „ehrlichen und richtigen Krieg" mit ihnen gehabt. Kriegsgefangener Wil'em; Königsberger Klops (3 S.)	Anfang: „Zwei Mann mit aufgepflanztem Seitengewehr…" (S. 80). Freundlicher Empfang in Spanien, wird sehr gut behandelt. Niemand fragt ihn nach Papieren. Schluss: „Ich denke, daß ein Vernünftiger unter jenen Leuten lebt, der meine Untat in einem milderen Licht sehen wird" (S. 82) (knappe 3 S.).	Anfang (S. 83) „Sobald es mir in Sevilla zu langweilig wurde…" Ende (S. 87) „Dieses Land soll ich verlassen? Ich wäre ja nicht wert, dass mich die spanische Sonne bescheint" (4 ½ S.)	Anfang (S. 87) „Ich saß auf der Kaimauer…" der „arme Boche" wird freundschaftl. behandelt von den franz. Seeleuten S. 90: Feindschaft zwischen Völkern künstlich erzeugt; Vgl. Menschen-Hunde (5 S.)	Spanien wird am Ende erwähnt	4 S. Kein Syrer
Dt. 1954 Krüger 48 Kap.	Wie in 1930 (2 ½ S.)	Wie in 1930	Wie in 1930	Wie in 1. Fassung S. 72: Feindschaft… (gleich)	Spanien erwähnt	Mit Syrer (6 S.)
Dt 1999 BG 48 Kap.	Boches; Amerikaner schlechtgemacht, über Deutsche nicht gesprochen. Ohne Wilhelm (wie 1959), mit Königsberger Klops. Kein Hinweis auf 1. Weltkrieg (knapp über 2 Seiten)	Anfang wie 1930. Freundl. Empfang in Spanien. S. 140: „[…] das Land hatte ja an dem Krieg für die Freiheit nicht teilgenommen. Deshalb hatte der Krieg hier die Freiheit nicht gewonnen[…]". S. 141-142: Kommunisten in Barcelona gefoltert. Ende Kap.: kommt nach Portugal. Schluss: „Viel Vergnügen beim Fischen" (9 ½ S.)	Anfang (S. 146) „Ich saß auf der Kaimauer…" Ende (S. 148) „Zutritt verboten? Yes, Sir" (wie 1959 redigiert!) (knapp über 2 Seiten)	Anfang (S. 149) „Als ich in Barcelona lag…" Erotisch gefärbte Erweiterung (wie am. Version) Ohne pazifistische Erklärung (5 S.)	Spanien wird NICHT explizit erwähnt am Schluss	Syrer: 1959 bekam er ein eigenes Kap. (36); hier taucht er nicht auf (5 S.)
1931 Unamuno 48 Kap.	Guillermo; Palatinado occidental vs. Bajo Palatinado; „ovoides de Königberg" (4 ½ Seiten)	S. 106: „Me acompañaron dos hombres con la espada en la mano". Schluss: „Creo que habrá alguno más sensato entre aquella gente que verá mi mala acción con una luz más favorable." (S. 110) (knapp 4 S.)	S. 110: „En cuanto me aburría demasiado en Sevilla". S. 117 (Ende) „[…]No sería yo digno de que me alumbrase el sol español." (knapp 7 S.)	Wie in 1. Fassung. S. 117. „Me senté en el muelle…" S. 121: „No creo que hubiera ninguna clase de enemistad entre los pueblos si no se formaran[…]" (7 Seiten)	ja	Kein Syrer
1950 López Mateos: 1. Buch: 22 Kap.; 2. B.: 22 Kap.; 3. B.: 6 Kap. (insg. 2 Kap mehr)	Antiamerik. aber nicht so ausführlich. Ohne Wilhelm und K. Klops. Kein Hinweis auf 1. Weltkrieg. viel kürzer (etwas + als 1 S.).	Alles + wie 1. dt. Fassung. Schluss: „De no haber escapado, habría llegado un día en el que hubiera empezado a matarlos a uno por uno, por haberme inutilizado en forma absoluta, haciéndome odioso a mi mismo." (S. 91) (knappe 3 S.)	S. 92: „Cuando me hube cansado de Sevilla" S. 94 (Ende) „El pueblo español sabe más acerca del valor de la vida […], que cualquier profesor de filosofía de la universidad de Ohio." (2 ½ Seiten)	S. 95 (Anfang) „Me hallaba sentado en el muelle…" (wie 1. Fassung) Erotisch gefärbte Erweiterung (wie am. Version), ohne pazifistische Erklärung (5 S.)	ja	Syrer (Buch 2, Kap. 13, ca. 1½ S.)

1993 Chesa Octavio. 50 Kap. (wie López M.)	Wil'em, ohne Königsb. Klops. (ganze Passage gestrichen) 102: „Wil'em era de Westfalia y yo soy de Southfalia". Am Schluss des Kap. „nosotros ganamos la guerra …". (ca. 3 ½ S.)	S. 112: „Dos soldados me acompañaron hasta la frontera a punta de baioneta" +- wie 1. López M., aber S. 114: „Los españoles no habían luchado por a libertad y por esta razón todavía la conservaban" (eingeschob.). Schluss: „Si no me hubiese largado, habría llegado un día en que me los hubiera cargado a todos, por haberme inutilizado por completo y por hacerme sentir odio hacia mí mismo." (S. 115) (3 ½ S.)	S. 116: „Cuando me hube cansado de Sevilla" S. 121 (Ende) „La gente de aquí sabe más del valor de la vida y del destino de la raza humana, que cualquier profesor de filosofía de la universidad de Ohio." (5 Seiten)	S. 122 (Anfang) „Me senté en el muelle …." Erotisch gefärbte Erweiterung (wie am. Version) Ohne pazifistische Erklärung (6 S.)	ja	Syrer (1 ½ S.)
2009 Ábalos 1. B.: 22 Kap; 2. B.: 22 Kap; 3. B.: 4 Kap. (Einteilung wie in 1950, aber 48 Kap insg.)	Ohne Wilhelm und Südfalen; „albóndigas de K.". Kein Hinweis auf 1. Weltkrieg; kürzer (knapp über 2 S.)	S. 120: „Me acompañaron dos Hombres con la bayoneta calada". S. 125: „el país no había participado en la guerra […] la guerra no había vencido a la libertad, y la gente no la había perdido" S. 126-127: Kommunisten gefoltert. „Toda época y todo país, por muy civilizados que sean …". (wie 1999 BG) Ende Kap.: kommt nach Portugal. Schluss: „Que se divierta pescando" (S. 129) (9 ¼ S.)	S. 130: „Estaba sentado en el muro del muelle" S. 132 (Ende): «Prohibida la entrada». Sí, señor." (2 Seiten)	S. 139 (Anfang) „Cuando estuve en Barcelona, me contaron …" Erotisch gefärbte Erweiterung (wie am. Version) Ohne pazifistische Erklärung (gute 5 S.)	nein	Kein Syrer
2009 Bravo de la Varga 48 Kap.	Ohne Wilhelm und Südfalen; „albóndigas de K.". Kein Hinweis auf 1. Weltkrieg; kürzer (2 ½ S.).	S. 102: „Fui escoltado por dos soldados que llevaban el fusil al hombro y la bayoneta calada". S. 108: „el país no había tomado parte en la guerra que iba a traer la libertad […] la guerra no había triunfado sobre la libertad, y por eso los hombres no la habían perdido" S. 109-110: Kommunisten gefoltert. „Cada época y cada país, por muy civilizados que sean, persiguen …." (wie 1999 BG). Ende Kap.: kommt nach Portugal. Schluss: „Que se lo pase muy bien pescando." (S. 112) (9 ¼ S.)	S. 112: „Estaba sentado en el muro del muelle" S. 114: «Prohibida la entrada». Yes, sir." (2 Seiten)	S. 114 (Anfang) „Cuando estuve en Barcelona me contaron …" Erotisch gefärbte Erweiterung (wie am. Version) Ohne pazifistische Erklärung (5 ½ S.)	nein	Kein Syrer

Tabelle 1: Vergleich der wichtigsten Veränderungen anhand der von Potapova festgestellten Unterschiede der deutschen Fassungen

		Kap 45, Buch 3	Kap 46		Kap 47	Kap 48
Dt. 1930		Anfang, S. 234: „Mag sein, dass man seine Frau nicht zu sehr lieben darf ..." (3 ½ S.) Auf Emp. de Madagascar	S. 237 (Anfang) „Die Quartiere sind wie Salons. Sauber und neu." Versinken E. of Madag. (knappe 6 S.)		S. 243 „Als es völlig hell geworden war ..." (7 Seiten)	S. 250: „Was ist denn das, wo wir drauf sind?" (6 ¼ Seiten)
Dt 1999 BG		Anfang, S. 379: „Mag sein, dass man seine Frau nicht zu sehr lieben soll ..." (4 ½ Seiten)	S. 385 (Anfang) „Die Quartiere sind wie Salons. Sauber und neu." (7 ¼ Seiten)		S. 394 „Nachdem es völlig hell geworden war ..." (8 ½ Seiten)	S. 405: „Was ist denn das, wo wir drauf sind?" (8 Seiten)
1950 López Mateos	(Kap 1, Buch 3) „Contemplar los barcos en el puerto ..." Besuch auf d. norweg. Schiff Norsk (6 ½ Seiten)		Kap 2 (B. 3) Anfang „Mi profunda admiración por el Yorikke me hacía reflexionar en una regla que considero buena: cuando quieras a una mujer te sea fiel, no la ames demasiado ..." (5 S.)	S. 306 (Kap 3, B. 3) „Los camarotes estaban limpios y eran nuevos, todavía olían a pintura fresca ..." (knappe 6 S.)	S. 312 (Kap 4, B. 3) „Creímos que el concierto empezaría un día después. Ocurrió a los dos días de encontramos frente a las calderas" Versinken Empress of Madag. (7 ½ S.)	S. 320 (Kap 5, B. 3) „Cuando el día lució con toda claridad" (9 S.)	S. 329 (Kap 6, B 3) ¿Sabes dónde estamos sentados? (11 S.)
1993 Chesa Octavio	Kap 45, Buch 2 „Observar los barcos del puerto ..." +„Wie L. Mateos (8 S.)		S. 379: (Anfang Kap 46) „Estoy plenamente convencido de lo siguiente: cuando quieras que una mujer te sea fiel ..." (7 S.)	S. 387 (K 47 Anfg.) „Los camarotes eran nuevos y limpios ..." (6 Seiten)	S. 394 (Kap 48) „Pensábamos que el concierto tendría lugar un día después." (9 S.)	S. 404 (K 49) „Cuando se hizo completamente de día ..." (11 S.)	S. 416 (K 50) „Me gustaría saber dónde estamos sentados ..." (13 ¼ S.)
2009 Ábalos			S. 341 (Kap 1): „Es posible que a la propia mujer no haya que amarla demasiado si ..." (4 ½ S.)	S. 346 (Kap 2): „Los camarotes son como salones. Limpios y relucientes." (7 ½ S.)		S. 354 (Kap 3): „Una vez que el cielo se iluminó por completo ..." (9 S.)	S. 364 (K4) „¿Qué es esto a lo que me he subido?" (8 S.)
2009 Bravo de la Varga			S. 317: „Si quieres conservar a tu mujer, no debes amarla demasiado ..." (knappe 5 S.)	S. 321 „Los camarotes eran tan grandes como un salón. Limpios y nuevos" (9 ½ S.)		S. 330: „Ya había amanecido del todo cuando ..." (9 ½ S.)	S. 339: „¿Sobre qué estamos subidos?" (8 ½ S.)

Tabelle 2: Vergleich der Kapitel des letzten Buches

SCHRIFTBILDER
Studien zur Medien- und Kulturwissenschaft
Herausgegeben von Günter Helmes und Stefan Greif

Band 1:
Günter Helmes (Hg.): *„Schicht um Schicht behutsam freilegen."*
Die Regiearbeiten von Rainer Wolffhardt.
Br., 376 S., 49,90 €; ISBN 978-3-86815-553-2

Band 2:
Janna Rakowski: *Ilija Trojanows „Der Weltensammler". Ein postkolonialer Roman?*
Br., 148 S., 34,90 €; ISBN 978-3-86815-558-7

Band 3:
Nils Lehnert: *Oberfläche – Hallraum – Referenzhölle. Postdramatische Diskurse um Text, Theater und zeitgenössische Ästhetik am Beispiel von Rainald Goetz' Jeff Koons.*
Br., 208 S., 36,90 €; ISBN 978-3-86815-566-2

Band 4:
Ada Bieber: *Zyklisches Erzählen in James Krüss' „Die Geschichten der 101 Tage".*
Br., 408 S., 46,90 €; ISBN 978-3-86815-551-8

Band 5:
Christian Volkmann: *Geschichte oder Geschichten? Literarische Historiographie am Beispiel von Adam Scharrers „Vaterlandslose Gesellen" und Uwe Timms „Morenga".*
Br., 172 S., 34,90 €; ISBN 978-3-86815-575-4

Band 6:
Kathrin Holzapfel: *„Ich liebe nur wenige Bilder!"*
Georg Forster, die Kunst und ihre Beschreibung.
Br., 268 S., 42,90 €; ISBN 978-3-86815-579-2

Band 7:
Phillipp Haack: *Leben als „Gleichgewichtsstörung".*
Erfahrungen des Fremdseins in den Romanen Markus Werners.
Br., 340 S., 39,90 €; ISBN 978-3-86815-596-9

Band 8:
Günter Helmes, Günter Rinke (Hg.): *Gescheit, gescheiter, gescheitert?*
Das zeitgenössische Bild von Schule und Lehrern in Literatur und Medien.
Br., 288 S., 29,90 €; ISBN 978-3-86815-713-0

Band 9:
Hans Behrens: *Anpassung – Abwehr – Aufbruch. Deutsch-jüdische Literatur zwischen 1935 und 1947 am Beispiel der Erzähltexte „Auf drei Dingen steht die Welt" und „Die Waage der Welt" von Gerson Stern*
Br., 300 S., 46,90 €; ISBN 978-3-86815-716-1